세상을 향해
자유의 꽃을 피우게 한
흑인여성작가

토니
모리슨의
사색

세상을 향해
자유의 꽃을 피우게 한
흑인여성작가

토니 모리슨의 사색

| 김미아 지음

도서출판 동인

This book is dedicated to several people who have greatly impacted and enriched my life. First, to my father, a professor and composer, who encouraged me to develop a philosophy of life and seek for answers through music. Second, to my mother who made me engrave the power of love and positivity in my deep heart through my whole life. Her ongoing positive support shows me the meaning of thankfulness and gives me a hopeful soul. Third, to Marla Smith Wolfe who introduced me to painting as a meaningful way to find peace and self expression. Fourth, to devout christian James Kim who helped me to regain my emotional and inner sensitivity from the dryness of life. Fifth, to all of my family members whose undying love and everlasting support gives me strength to pursue my dreams. Sixth, to my friends, who in our youth struggles with me down the road of scholarly achievement and literary truth. And finally to my colleagues, who have, for many years, shared a common yearning for scholarly pursuits.

들어가는 글

목격한 것을 증언하라!

 토니 모리슨은 뛰어난 예술적 역량으로 이 시대 문인들 중 단연 선두에 위치한다. 그녀의 성공은 흑인문학과 여성문학이라는 경계를 넘어선지 오래고, 전 세계에 걸친 그녀의 번역본과 명성은 그녀가 현 시대 가장 중요한 작가 중의 하나라는 사실을 입증한다. 사무엘즈와 허드슨윔즈(Wifred Samuels and Clenora Hudson-Weems 142)는 모리슨이 미국문학사에서 쏘로우, 싱클레어 루이스, 포크너 등과 어깨를 나란히 하게 되리라 예견한다(142). 또한 베티 파커(Betty Jean Parker)는 '이 시대의 전설'인 모리슨이 이전의 흑인 문학의 어머니들의 작품을 한 단계 끌어 올렸고, 앞으로 그녀의 작품 또한 다른 후배작가들을 다른 단계로 올려놓을 바탕이 될 것이라고 평가한다(Taylor-Guthrie 66).

 토니 모리슨은 1931년 미국 중서부 오하이오 주에 위치한 작은 도시 로레인에서 4남매 중 둘째로 태어났다. 조선소 직공이었던 모리슨의 아버지는 백인에 대한 저항심이 강한 사람으로 모리슨의 흑인에 대한 긍정적인 자아상의 기반이 된다. 이와 더불어 '블루스, 민담, 신화, 꿈, 해몽' 등과 같은 흑인 고유의 문화를 생활화하는 가정에서 흑인의 쟁취를 체득하게 된다. 1900년대 중반 로레인의 흑인공동체는 주로 남부 출신의 정착민으로 구성되어 있어 마을 전체가 여러 가지 흑인문화와 공동체의식을 보존하고 있었다. 어려서부터 영특하고 글재주가 뛰어났던 모리슨은 아버지가 세 개의 직업을 가질 정도로 열성적인 뒷받침을 해준 덕택으로 '흑인들의 하버드대학'이라는 하워드대학에 진학하게 된다. 하지만 그녀의 기대와는 달리 하워드대학에서 그녀가 배운 과목들은 흑인역사나 문화와 그다지 관련이 없었다. 대학 분위기에 실망한 모리슨은 우연히 대학연극반에 가입하여 다양한 연극모임과 길거리 공연을 하게 된다. 이를 통해 그녀는 처음으로 1940년대와 1950년대 초반의 남부 흑인들의 삶을 경험하게 되고 이것은 모리슨의 삶에 있어서 결정적인 역할을 하게 된다. 특히 그녀의 할아버지가 실제로 겪었던 백인에 의한 흑인 소유 토지의 강탈과 같은 조상들의 이야기는 그녀를 사로잡았고 그로부터 15년 뒤 그녀는 흑인 조상들의 고통과 영광을 작품으로 그려내기 시작하게 된다.

1950년대와 1960년대는 미국 흑인인권운동의 전성기였고 모리슨의 제자 중에는 클로드 브라운(Claude Brown)같은 유명한 인권운동가도 있었지만 모리슨 자신은 흑인인권운동에 직접 관여하지는 않는다. 대신 그녀는 흑인 전승시인(griot)으로 소설을 통해 흑인들에게 사라져 가는 흑인 전통과 흑인 정체성을 찾아야 한다고 노래한다. 모리슨은 1977년 『솔로몬의 노래』(*Song of Solomon*)를 발표하고 나서 비로소 자신이 정말로 작가가 된 사실을 느끼게 되었다고 이야기한 적이 있다. 이즈음 그녀가 한 라디오 방송국 토크쇼에 출연하여 자신이 작가로서 목표로 삼은 사명을 다음과 같이 자세히 밝힌다.

지금까지 말한 적은 없지만 저를 늘 괴롭히는 것이 있었는데, 그것은 넓은 시각으로 보면 작가로서 제가 다루어야 하는 일이고 저는 그것을 '목격을 증언하는 것'이라고 표현하고 싶습니다. 저는 사라져 버리는 그 어떤 것에 대한 소름끼치는 감각이 있어요. 그 무언가가 사라져버리고 말았다면 아니 지금 사라져서 다시는 되찾을 수 없게 되려는 순간이라면 누군가 무엇이라도 해야 하지 않겠습니까? 만약 우리가 우리의 지난 과거를 모른다면, 그리고 특히 우리 여성들, 흑인여성들이 모른다면 이 세상 누가 그것을 알겠습니까? (Samuels and Hudson-Weems 139)

모리슨이 의미하는 것은 '재기억'(rememory)이라는 장치를 이용하여 지난 세월 흑인들의 베일에 가린 역사 속으로 그리고 흑인들의 의식 저 깊은 곳으로 들어가는 것이다. 모리슨은 미국으로 끌려온 6천만 명의 아프리카 출신 흑인 노예들에게 자신의 작품 『빌러브드』(*Beloved*)를 헌정하였다. 그녀는 기꺼이 노예들이 겪어야 했던 참상을 보여 '국가 차원의 기억상실증'(national amnesia)을 일깨우고자 한다. 인류 역사상 범죄 중의 범죄인 노예제가 흑인들의 몸과 마음 그리고 영혼 전체를 얼마나 오랜 세월 압제하고 유린하였는지를 모리슨은 작가의 소명의식을 가지고 증언하려 하는 것이다.

따라서 모리슨은 흑인을 위해 그리고 흑인들에게 읽힐 작품을 쓴다. 그녀는 "나에 관한 책들은 없었다. 나는 내가 읽은 그 어떤 문학 작품에서도 나 같은 사람, 나 같은 여성, 나 같은 흑인은 중심인물로 존재하지 않았다"라고 말한다. 그녀는 흑인의 정체성에 따라 주체적으로 흑인들의 세상을 바라보고 인지하고 묘사한다. 따라서 그녀가 선택하고 전개하는 주제들을 가장 잘 드러내 줄 수 있는 인물들은 당연히 그녀가 만들어 내는 흑인들이고, 이들은 기존의 흑인 문학이 지어낸 부정적이거나 이상적인 인간형이 아니라 현실세계를 바탕으로 한 사실적인 인물들이다. 그렇다고 해서 그녀가 백인들을 포함한 나머지 사람들을 독자로 생각하지 않는 것은 아니다. 오히려 자신이 흑인 문학을 과장하지 않고 있는 그대로 묘사한다면 마치 러시아인이 아닌 우리들이 도스토옙스키의 작품을 읽는 것처럼 누구라도 자신의 소설을 엿볼 수 있을 거라고 이야기한다(Samuels and Hudson-Weems 140).

모리슨은 또한 여성에 대한 특별한 자부심과 애정이 있는 작가였다. "나는 여성이기에 작가로서 가치를 지닌다고 생각한다. 왜냐하면 여성은 어떤 특정한 것에 대해 특별한 지식을 갖고 있다는 생각이 들기 때문이다"(Peach 13-4). 그녀가 바라보는 여성의 완성은 모성에 있고, 모성이 담당하는 양육은 '전통전수의 통로'가 되므로 '사회적이고 문화적인 활동'이다. 흑인 모성들은 아이를 인종차별과 물질주의로부터 보호하고, 한걸음 나아가 그들이 살아갈 힘을 제공하는 흑인정체성(black identity)을 확립하도록 도우며, 이 두 가지는 그들이 가정 혹은 공동체(community) 안에서 흑인전통을 전수함으로 가능하다. 따라서 흑인사회에서 모성은 조상의 자산과 전통을 지키고 전수하는 정신적 지도자이자 역할 모델이다.

또한 그녀는 가부장제하에서 모성이 여성억압의 원천으로 작용하는 것에 반대한다. 아프리카 전통사회에서 모성이 일과 양육을 병행함으로 가정 내의 동등한 지위를 획득한 것에 힘입어, 그녀는 '이동과 모험'으로 상징되는 바깥 일(ship)과 '정박과 편안함'으로 상징되는 양육(harbor)의 두 가지 역할을 모성이 병행할 수 있어야 한다고 주장한다. 이러한 모성의 실천으로 여성은 자신을 해방시키며 진정한 '자유와 자아'를 실현할 수 있다고 말한다.

이 책은 이렇듯 모리슨이 소설가로서 일생을 통해 제기한 문제의식에 대한 고찰과 해답을 그녀의 대표적 소설들 『가장 푸른 눈』(*The Bluest Eye* 1970), 『술라』(*Sula* 1974), 『솔로몬의 노래』(*Song of Solomon* 1977), 『빌러브드』(*Beloved* 1987), 『재즈』(*Jazz* 1992), 『낙원』(*Paradise* 1997) 등의 분석과 연구를 통해 얻고자 하는 노력의 산물이다. 흑인모성의 여러 고통스런 모습과 그 원인이 되는 부성부재 그리고 모성의 도움으로 이루어지는 흑인전통의 전수, 흑인전통의 문화유산을 고수함으로서 형성되고 지켜진 흑인민족의 정체성과 긍정성, 특히 음악적 문화유산인 블루스와 흑인영가적 색채, 그것의 희비극성 등 다양한 문화적 탐색을 시도하고 있는 그녀의 작품들에 대한 비평적 작업과 고찰을 독자들과 함께 공유하고자 한다.

  마지막으로 이 자리를 빌러 음악으로부터 끊임없이 생각의 발상과 해답의 과정을 출발하게 해주신 나의 아버지, 작곡가 김정두 교수님께 감사드리며, 사랑과 긍정의 힘을 가슴과 영혼에 품게 해 주신 나의 어머니 윤배옥님, 학문에의 열정과 인생에서의 신의를 지키고 깨닫게 해 준 나의 영혼의 벗 Mark Allan Pedreira 교수와 지쳐가는 감성을 그림이라는 영혼의 안식처를 통해 일깨워 준 Marla Smith Wolfe, 그리고 사랑하는 가족들과 학문의 꿈을 함께 간직해온 지인 학자들과 동료 교수들께 가슴 깊은 곳에서 고마움을 전하며 이 책을 헌사하고자 합니다.

차례

들어가는 글 • 목격한 것을 증언하라! — 7

1
가장 푸른 눈

1장 **탈식민적 시각에서의 흑백·남녀의 갈등**	19
탈식민주의적 관점에서 보는 여성주의	19
여성과 남성의 갈등	26
흑인여성과 백인여성의 갈등	33
2장 **'갈등'적 요소 연구**	40
갈등적 요소: 탈식민주의적 관점	40
갈등적 요소: 여성과 남성	46

| | 갈등적 요소: 흑인여성과 백인여성 | 54 |

3장   반 언술적 소설 기법 재 고찰   61
모리슨의 탈식민적 문학 전략   61
패러디 기법   66
그로테스크한 인물묘사 기법   73

2
술라

4장   동양철학적 관점에서 재해석되는 『술라』   91
장자의 자유정신   92
장자적 관점에서의 술라의 자유정신   96

5장   해체의 미학   108
경계 허물기   108
해체와 통합   110
통합과 변화   123

6장   '분열'과 '조화'의 양상으로 드러나는 여성주체 분석   127
포스트모던적 경향   127
『술라』의 술라: 분열과 파괴의 자유를 통한 주체적 자아 찾기   128
『재즈』의 바이올렛: 갈등과 조화의 순례를 통한
   주체적 자아 찾기   135

3
솔로몬의 노래

7장 '비상과 상실, 긍정과 조화로움의 변화'에 이르는
흑인 이데올로기   149
   모리슨이 말하는 흑인민족의 '비상' 이데올로기의 양면성   149
   모성 결핍/부성 상실로 드러나는 부정적 흑인이데올로기:
     루스와 메이컨의 아들로서의 밀크맨   153
   모성과 부성의 회복으로 변화되는 긍정적 흑인 이데올로기:
     파일럿과 기타의 아들로서의 밀크맨의 긴 여정   159
   사랑과 조화로움의 이데올로기: 성숙한 인간, 밀크맨   169

8장 모성성의 재해석   173
   모리슨이 말하는 모성성   173
   모성의 결핍 – 루스: 비극의 악순환   177
   모성의 충만함 – 파일럿: 혁신적 변화   182
   모성의 결실 – 밀크맨: 사랑과 해방의 노래   189

4
재즈

9장 타인과의 관계성을 통한 모성성의 이데올로기 연구   193
   흑인여성의 주체성과 모성성과의 유대관계   193

모성성의 결핍으로 드러나는 부정적 정체성:	
조, 바이올렛 그리고 도카스	195
모성성의 회복을 통해 변화를 보이는 긍정적 정체성:	
바이올렛, 조 그리고 엘리스	206
사랑과 조화로움으로 결말지어지는 모성성: 펠리스	212

10장 상실과의 화해   216
존재와 부재   218
치유와 변주   227

5
낙원

11장 가부장적 가족 담론의 부조리   241
가부장적 가족과 젠더의 문제: 루비 공동체   244
대안적 흑인공동체의 부조리적 한계와 비전: 수녀원   255

12장 상실과 복원·변화로 이어지는 흑인정신   268
상실의 공간: 루비마을   269
복원의 공간: 수녀원   275
깨달음과 각성: 디콘   280

참고문헌 — 287

1
가장 푸른 눈
The Bluest Eye

탈식민적 시각에서의
흑백·남녀의 갈등

이 작품은 한 어린 흑인 소녀의 희생을 중심으로 흑인과 흑인 지역 사회의 문제를 명료하게 보여준다. 토니 모리슨Toni Morrison, 1931~의 처녀작인 『가장 푸른 눈』The Bluest Eye의 여러 타자화의 양상을 탐구해 보고, 탈식민주의 여성주의를 중심으로 분석해 나가보려 한다.

탈식민주의적 관점에서 보는 여성주의

그렇다면 먼저 이러한 탈식민주의와 여성주의가 파생하게 된 그 역사적 배경을 살펴보자. 서구 열강 제국들이 무너지고 피 식민주의의 국가가 독립하면서 여러 가지 성격의 배경, 주제, 비평의 문학이 탄생되었다. 이러한 시대의 흐름을 타고 막시즘Maxism에서 경제가치 교환으로의 분석 범주에서 미국의 현대 흑인 페미니스트 여성들에 이르기까지 백인여성으로 주도된 이 투쟁을 묘사하는 '식민지화'Colonization라는 용어는 정치 경제상의 위계질서부터 '제3세계'라는 문화 담론 생산에 이르기까지의 모든 것을 지칭하기 위해 사용된다. 이 이론은 에드워드 사이드Edward said의 『오리엔탈리즘』으로 대표되는 것으로, 그는 여기서 유럽적인 것, 서구적인 것을 우월하다고 보고 그렇지 않은 것을 열등하다고 보는 보편적 관행의 오류를 폭로하면서 동양은 '타자'Other이자 서양에 열등한 것으로 묘사된다고 설명한다.[1] 이렇듯 탈식민주의 개념은 역사를 되돌려 제국주의 역사를 "희생자의" 시각으로 다시 쓰는 일이다. 사이드는 잃어버린 조국에 대한 향수와 정체성 탐색이 자신의 문학적 배경이라며 『문화와 제국주의』Culture and Imperialism에서 영국, 프랑스, 미국의 제국주의의 경험을 언급한다. 여기서 제국주의란 한 나라가 다른 나라에 대해 무력에서뿐만 아니라 정치, 경제, 사회를 토대로 삼아 문화, 정치적 주도권을 행사하는 관계로 제국을 세우고 유지하는 정책과 과정을 지칭한다.[2] 사실 오늘날 직접적 제국주의는 거의 찾아볼 수 없고, 문화, 이념, 사회적 실천의 면에서나 볼 수 있다. 이러한 이유로 해서 탈식민주의의 언술에서는 언어와 문화를 중요시하는데 대영제국의 교육정책, 영어의 강제사용 또는 콜럼버스가 신대륙에 처음 도착했을 때 원주민 섬에 자신의 이름을 다시 붙여 '타자'의 영토를 유럽 백인의 기호

---

[1] 에드워드 사이드, 『오리엔탈리즘』, 교보문고, 1991. p.335. 이하 본고에서의 인용은 페이지를 첨부하여 본문 속에 넣도록 하겠다.
[2] 에드워드 사이드, 『문화와 제국주의』, 김성곤, 김정호 옮김, 창 출판사, 1995년. 이하 본고에서의 인용은 페이지를 첨부하여 본문 속에 넣겠다.

로 정착시키는 과정으로 구체화될 수 있다. 이런 과정은 자기/타자, 백인/유색인, 선/악, 남/녀의 이분법적 체계를 연상시키고 이때 타자란 현대 비평이론과 실행에서 상업화되는 용어로 위계질서 상 종속된 관계를 지칭한다. 이러한 의미를 성의 관점에서 보면 남성은 주체이고 여성은 타자이다. 이러한 언술상의 특징으로 탈식민이론과 페미니즘이론은 상호 연관을 맺고 있다. 루스 이리가라이Luce Irigaray는 이러한 상황에 대해 여성은 '부재, 부정성, 어두운 대륙, 열등한 남성'이고 유럽 중심적, 남근 중심적 문화에서 여성과 탈식민주의는 타자인 동시에 존재하지 않는 어두운 영역에 위치한다고 설명한다.[3]

  이러한 논의를 통해 여성들은 생물학적 이유에서가 아니라 사회적, 인류학적 이유로 묶여진다. 특히 여성을 함께 묶는 것은 억압의 '동일성'에 대한 사회 분석학적 사상이다. 여성은 과학적, 경제적, 법적, 사회적 담론에서 '무력하고' '이용당하고' '성적으로 학대받는' 무리로 나뉘게 된다. 남녀 문제를 이와 같은 권력 투쟁Power Struggle으로 파악한 것은 케이트 밀레트Kate Millet의 『성의 정치학』Sexual Politics에서도 잘 나타나 있다. 밀레트는 남성들이 여성들을 영원히 복종시키기 위해 거짓된 이데올로기를 만들어내어 진리인양 포장하여 억압의 도구로 이용했고 많은 여성들은 그 안에서 안주해 왔다고 한다. 밀레트는 이러한 사회적 구조를 가부장제라고 설명하며 이에 대해 생물학적 개념인 성sex과 구별된 사회심리학적 개념인 성별gender을 도입시킨다(25). 그러나 사실 아직까지 다수 세력에 관한 논의만 활발하다. 페미니즘 자체도 백인 중산층 여성 중심으로 전개된 것이 사실이며 포스트모더니즘이나 탈구조주의의 여

---

[3] 재인용. 이경순. 「탈식민주의의 페미니즘」. 『외국문학』, 1992년 제 31호. p.76. 이하 본고에서의 인용은 페이지를 첨부하여 본문 속에 넣겠다.

파에 휩쓸려 최근에야 새롭게 여성 속에서 소외된 계층의 문제 제기를 활발히 하고 있다. 즉 이제까지의 페미니즘은 식민지종주국 여성에게만 관심을 기울였을 뿐 권력을 박탈당한 피식민지의 현실과 그 지역 여성은 도외시 되었다는 것이다.

유색인종 여성에게 주도 세계에서 적용되는 여성 문제를 대입시키면서 사회계급과 인종계급의 차등 때문에 유색인종 여성 중 과반수는 식민지화된다. 그리고 이는 결국 여성운동의 동인을 무력화 시킨다. 다시 말하면 여성들은 필요성에 의해서 혹은 '자연스러운' 특질로 인해 묶이는 게 아니라 급여 수준과 생산에서의 역할에 기반한 사회적 요소 안에 묶인다는 것이다. 그러나 법적, 경제적, 종교적 기준으로 판단되는 것은 서구적인 기준일 따름이다. 이러한 구조가 '저개발의' 혹은 '개발도상국의' 여성에 적용될 때는 그에 따른 '평범한 여성'의 이미지가 제공되어야 한다. 이에 따라 '억압받는 여성'은 '억압받는 유색인종 여성'으로 바뀌어야 한다(Mohanty 214). 왜냐하면 유색인종 여성에게는 필수적으로 종교적, 가족 중심적, 법적 주변인, 문맹인, 가정적 그리고 때때로 혁명적인 요소가 따라 붙기 때문이다.

아직까지 제 3세계와 주도 세계 사이의 권력이동이 없었기 때문에 제 3세계가 서구만큼 발전되지 못했다는 가정으로, 다른 무리 여성의 경험을 균등화하는 것은 그들 특유의 주변적 경험을 말살하는 것이 된다. 특히 제 3세계에서의 저항은 권력이동에서 자연스럽게 발생하는 것이 아니고 축적되었던 에너지라고 보아야 한다. 때문에 서구의 페미니즘에 대한 해석을 제 3세계 여성에게 적용하는 것은 서구 문화 제국주의를 강화시킬 뿐 아니라 이론적 분석도 한계가 있다. 주도적 세계의 법률을 제 3세계에 적용한 한 예를 보면 서구의 우수성을 인정한 분석임으로

'제 3세계 여성들'에 대해 베일을 쓴 여성, 처녀성을 지닌 성녀, 복종적인 부인이란 이미지를 만들어 낸다.

 결론적으로 제 3세계 여성에 대한 서구 페미니스트들의 글과 보편적 인본주의 사상 사이에는 기이한 상이점이 있다. 즉, 서구 이데올로기이자 정치 목적으로 쓰이는 인본주의는 '여성'과 '동양'을 타자로써 노출시킨다. 이에 대해 스파노스Spanos는 '제 1의 용어 – 대다수의 정체성, 보편성, 문화, 진리, 정의 등에 대한 – 는 사실 부차적이고 파생적이며 제 2의 용어 – 소수의 차이, 일시, 혼돈, 곤기, 이탈 등에 대한 – 에 우세하여 주도권을 쥐게 되지만 사실 후자가 중요하고 근원적인 개념이다. 다시 말하면 남성/인본주의가 그 자체로 중심을 선언하는 것은 '여성/여성들' 그리고 '동양'이 타자로 정의되는 한에서만 가능하다. 주변을 경계 짓는 것은 중심이 아니고 중심을 결정하는 주변이다(Mohanty 25). 경제적으로 우세하다는 유리한 입장에서 제 3세계를 규정하는 담론이 없다면 단일한 특권계층인 제 1의 세계도 없을 것이다. 따라서 '유색여성'에 관한 정의를 다원주의Pluralism나 '공평 타당한'disinterested 학문 연구로 치부하는 것은 '비서구적인 것에 대한 경제, 문화적 식민지화에 다름 아닌 것'이다.

 여러 인종의 혼합으로 백인여성과 유색 여성, 특히 흑인여성과 독특한 갈등 양상을 보이는 미국에서는 이러한 문제에 대항해 60년대 후반 문학을 중심으로 활발한 민권운동과 여성운동으로 흑인 페미니스트를 등장시킨다. 1960년대 말과 70년대 초에 흑인운동은 정부의 억압, 내부 불화 그리고 계속되는 좌절 속에서 쇠퇴하게 된다. 특히 북부의 흑인 국민주의자들은 흑인여성이 흑인남성들의 남성성을 박탈했다고 비난받는다. 1970년대 소니아 프레스먼Sonia Pressman이 직업 차별과 흑인여성에 대한 글에서 불만을 터뜨린 바와 같이 대부분의 사람들이 민권에 대하여 이야기할 때 그것은 흑인남성의 권리를 의미한다. 비록 흑인여성은 여성운동에서 두드러지게 나타나지 않으나 그들이 백인과 흑인남성에게서 이중적 억압을 받으면서도 역사적 저력을 보여주고 여성 해방운동의 주장을 펼쳤다는 사실은 1970년대 초에 흑인여성이 평등권 수정 조항[4]을 지지하고 페미니즘 적극주의를 추종하였다는 점에서 백인보다 훨씬 더 진보적이었음을 의미하는 것이다. 엘리스 워커Alice Walker, 오드리 로드Audley Road, 토니 모리슨Toni Morrison, 엔젤라 데이브스Angela Davis같은 작가들은 젠더와 인종의 남성적 쇼비니즘과 동성애 공포증, 흑인여성이 가지고 있는 전통의 장점 등을 탐구하기 시작한다(Evans 447). 바바라 스미스Barbara Smith는 성, 인종이란 이중적 억압에 시달리는 흑인여성 특유의 위치를 고려해 그들의 문학을 재평가할 기회를 제공한다(168-185). 그 당시 흑인여성 작가에 의한 소설은 첫째, 흑인이 백인으로 되거나 좀 더 밝은 피부가 되는 것, 둘째, 흑인남성의 가정 폭력에 의한 흑인여성의 비극적 희생, 셋째, 흑인여성이 직면한 독특한 성적 인종주의로 인해 세속적 영역 이상의 현실을 찾는 종교적 신비주의자 넷째, 혼외정사로 감정적 회춘을 맞이하는 흑인남성들, 다섯째, 자기 파괴에 직면한 미치광이를 내용으로 한다. 반면 근래의 흑인여성 작가들의 유명작품은 여성성에 대한 이미지로 백인을 기준으로 삼는다. 그들 작품 속 흑인여성은 첫째, 남성들의 요구로 이상화된 백인미 추구를 강요당하는 여성들, 둘째 비극적 흑인으로 환경에 적응이 되지 않아 백인이나 흑인 세계에서 정체성이나 승인을 발견해내지 못하는 경우, 셋째 사회의 거절로부

---

[4] 평등권 수정 조항은 남성과 여성이 미국과 미국의 관할권이 미치는 모든 지역에서 평등한 권리를 향유해야 한다고 선언한 것으로 법 앞에서 개인의 평등한 자유가 전제된다.

터 탈출구를 마련하려는 "보통의" 흑인여성들로 묘사된다. 여기서 마지막 세 번째 범주에서의 탈출구는 종교, 신비주의, 광기, 자살과 레지비언주의를 포함한다. 이런 인물들은 성이나 인종 문제에서 타협할 자기애를 발전시킬 여지가 없는 사회에 의해 선택을 강요당한다.

이런 흐름을 탄 현대 흑인여성작가들의 특성을 살펴보면 성차별과 인종 차별에 동시적 관심을 보여 기존의 서구 페미니즘과 다른 노선을 주장하는데 바바라 스미스는 흑인 페미니즘이란 비평용어를 처음 사용하면서 인종, 계급, 성에 대한 인식을 바탕으로 흑인여성작품을 이해하고 흑인여성 고유의 시각으로 글을 써야 한다고 주장한다(Smith 10). 그녀는 자신의 이론을 한층 발전시켜 흑인여성작가들 고유의 "흑인여성언어"가 있으므로 흑인여성의 경험 중 문화적 공통점을 찾아 백인이나 흑인남성 문학구조와 구별시킬 것을 주장한다. 그러나 그녀가 말한 "흑인여성언어"는 모호한 상태로 정의되지 않은 개념으로 생물학적인 흑인 문제만 대두시킬 뿐이다. 어쨌든 이런 비평적 움직임은 흑인여성 텍스트에 서구비평이론을 도입하면서 흑인여성의 특수성을 외면한 결과 왜곡되게 읽혀졌던 관행을 새로이 조명할 수 있다는 점에서 중요하다.

이처럼 탈식민주의, 여성주의, 흑인여성주의는 타자성에 초점을 맞춘다는 점에서 유사한 계보로 파악된다. 쇼왈터Showalter도 "타자성"을 공유한 면에서 흑인계 미국문학비평과 여성주의 비평의 유사한 전략을 구사한다고 설명한다(169). 이런 맥락에서 흑인여성주의 비평은 '우리만의 비평'인 동시에 여성, 소수 인종들, 하층민 등 주변화된 존재를 다 포괄하는 '탈식민주의' 비평이기도 한 것이다(김애주 184).

여성과 남성의 갈등

와킨스Wakins는 뉴욕 타임즈 북 리뷰New York Times Book Review에서 흑인여성들에게는 '성차별주의'가 '인종차별주의'보다 강압적이라고 말한다(McDowell 151). 역사적으로 흑인여성은 흑인남성을 인종에서 특권 받은 중심으로 간주하기 때문에 흑인 자아는 남성이다. 건국의 아버지들 역시 시민에 대해 제한된 관념을 공유했는데 그들은 여성, 노예, 재산이 없는 사람들은 정신적으로 병든 사람들이고 독립적, 합리적 판단 능력을 결여한 사람들이라고 말한다. "모든 인간은 평등하게 창조되었다"는 독립선언서에 문자적으로 남성들men이란 언어를 사용한다. 공화주의적 원칙의 모든 것에 여성을 제외한다는 것이 암시적으로 내포되어 있다. 대중민주주의의 주창자인 장 자크 루소는 시민이란 반드시 남성 가장, 아버지여야 한다고 가정한다. 한편 '공적 영역'엔 남성, '좀 더 부드러운' 가정적 가치 유지에는 사적 여성체제를 가정한다. 이러한 성차별주의는 부권제에서 기인하고 여성은 이 체제 하에서 주변적 시민이기 때문에 숫자상이 아닌 지위에 의해 소수집단으로 정의된다. 케이트 밀레트는 "소수 집단이란 육체적 문화적 특징 때문에 그들이 사는 사회에서 차별되어 불평등한 대우를 받는 사람들의 무리를 말한다"고 정의한다(Millet 55).

여성교육은 여성성의 완성이 가장 숭고한 가치이고 유일한 기여라고 설명한다. 여기서 문제는 여성성이 너무나 신비하고 직관적이라 창조에 가까운 것이므로 남성 중심 세계에서는 이해할 수 없는 다시 말해 효용 가치가 없는 특질이라 보는데 있다. 여성은 이러한 관점을 내재화시켜 스스로의 가치를 절하하고 남성주관이 주장하는 이미지-선하고 순수한 성녀인 여성과 육적이거나 지적 욕망이 강한 창녀 혹은 마녀 - 에 부응하기 위해 노력한다. 이런 교육은 여성의 자기 정의 능력을 앗아간다. 이런 신화는 앞서의 초등 교본에서도 명백하다. 세 번째의 압축된 형태는 여성의 육체적, 사회적, 개인적 공간이 침해된 상태, 여성교육에서 가르친 이상과 실제의 차이를 구상화하고 소극적인 핑계로 여성을 추방하는 사회는 페이지 위의 형식과 파괴, 언어 위치 전도로 명백해 진다. 푸른 눈에 대한 피콜라의 추구 역시 왕자가 깨우길 기대하며 100년간 기다린 잠자는 공주 이야기와 유사하다. 다른 여성의 이런 류의 바람은 일시적 환상일 경우가 많지만 피콜라의 소원은 강렬해지고 이는 교육적으로 기회 받지 못하여 자신에게 긍정적인 면을 찾지 못했기 때문이다.

폴린의 이야기도 이에 매우 흡사하다. 11명의 아이들 중에 한 아이로 자란 폴린은 1차 대전 시작 때 알라바마에서 켄터키로 이주한다. 집에서 가장 나이가 많았던 폴린은 집과 쌍둥이를 돌보기 위해 기꺼이 학교를 그만둔다. 여성이 교육의 기회를 누리기 위해 가정을 등한시 하는 것은 동양의 관점으로나 서양의 관점으로나 현모양처, 착하고 좋은 딸의 모습이 아니다. 그러나 폴린은 이런 상황에 대해 '왜 내가?'라는 기본적 물음조차 하지 않는다. 폴린의 희생은 쌍둥이가 학교로 떠나자 무의미한 것이 된다. 그녀의 만족한 삶은 무료하게 변한다. 쌍둥이는 학교에서 자신의 생활을 하고 폴린은 착한 딸이라는 구실을 찾을 기회를 잃는다. 따라서 현모양처의 꿈을 꾸기 시작한다. 그녀는 언젠가 자신을 바다로, 도시로, 숲 속으로 데려 갈 미지의 기사를 기다린다. 그 존재는 촐리가 된다. 촐리는 그녀가 담에 기대고 있을 때 두 살 때 녹슨 못 때문에 상처 난 발을 간질이기 시작한다. 폴린은 자신의 약점이라 생각되던 부분을 따스하게 감싸주는 촐리를 백마의 기사로 생각하고 그를 따라서 결혼하여 오하이로 로레인으로 이주한다. 그러나 곧 긴장상태가 발생한다. 폴린은 과거의 집을 그리워하면서 소외감을 느끼고 뜰도 없이 두 사람만이 간신히 지내는 그 집에 불만을 느낀다. 촐리는 그녀가 자신을 의지하는 것에 화를 내고 술로 매일을 소비하기 시작한다. 그녀가 새미Sammy를 임신했을 때 촐리는 잠시나마 부드러워진다. 그러나 폴린에게 이 집에서의 외로움은 사라지지 않는다. 그녀는 영화 속에서 탈출구를 찾는다. 그녀의 이런 모방 태도는 셜리 템플Shirey Temple이 되고자 매일 우유를 마셔대는 피콜라나 베티 게이블Betty Gable이라는 배우에 대한 모린 필의 경배와 맥을 같이 한다. 그들은 한번도 '왜'라는 질문을 하지 않는다. 왜, 흑인이 백인여성처럼 보여야 하는지, 왜 예뻐져야 하는 것인지, 왜 끊임없이 작게 느껴져야 하는지 '자신의 정체성, 즉 자아에 대한 질문 없이 모든 것이 주어진 법률인 양 따르기만 한다. 이는 비판하고 사고하는 여성의 모습을 두려워한 가부장제에서의 여성 교육에서 나온 것이다. 여성은 항상 남성보다 열등해야 하고 여성이 할 수 있는 일은 남성이 시키는 기본적인 일이고 여성이 대답할 수 있는 것은 '예'뿐이다. 이처럼 폴린의 과거 경험은 남성을 기다리는 모습으로 일관되어 있다. 그것은 전형적인 신데렐라의 이야기이다. 그러나 폴린은 한번쯤 자신이 진정으로 원하는 것이 무엇인가 물어 보아야 했다. 여성주의를 남성과의 투쟁으로만 국한하는 것은 한계가 느껴지기도 한다. 여성 자신의 태도가 어땠는지에 대해서도 과감한 질문이 던져져야 한다고 본다.

폴린은 자신이 몸담을 사회를 발견하지 못한다. 흑인들 사이에서 조차 말이다. 그리고 촐리는 알콜에서 삶의 해방구를 발견하고 비슷한 무리와 어울린다. 폴린은 이주로 도시화를 이루면서 "중심의 이탈"을 경험한다. 이로써 그들은 서로의 결혼 생활에서 아무런 쾌락도 발견하지 못한다. 폴린이 촐리에게 의지할수록 둘의 사이는 멀어지고 이에 실망하자 다른 사람의 우호적 눈길에서 외부의 승인을 이끌어낸다. 외로움과 지루함 때문에 폴린은 영화관을 찾고 외부적 미의 기준에 맹종한다. 야코보스키의 시선은 피콜라가 돌이 되게 하고 영화 속의 진 할로우는 폴린을 불구로 만든다. 셜리 템플은 순진한 피콜라에게 강한 사회적 신념이 되고 할로우는 영화 카메라의 기계 눈을 통해 메두사와 같은 시선으로 폴린을 얼어붙게 한다.

폴린은 피셔가의 깨끗한 부엌에서 하녀로 일한다. 그녀는 일에 몰두하면서 피콜라에게 줄 수 없었던 사랑을 푸른 눈, 금발머리 주인 집 딸에게 아끼지 않는다. 이는 대농장 문학Plantation Literature에서 유명한 "흑인 엄마"Black m,ammy처럼 행동하는 유형이다. 그녀의 노예 주인과 가족에 대한 사랑은 자신의 가족에 대한 감정을 뛰어넘는다. 폴린은 절대 비국하고 정치적이지 않은데 왜냐하면 "그녀는 자신의 일에 감사하기 때문"이다. 폴린의 행동은 파괴적이기 보다 창조적이다. 왜냐하면 피셔가에서 그녀의 역할이 평화와 경제적 능력을 주기 때문이다. 이는 그녀가 남편과의 성관계에서 잃어가는 힘에 대한 느낌을 대신해서 힘의 위치에서 움직이게 한다. 그 당시 폴린은 정신적으로 힘 있는 자에게 항복하지 않고 자신만의 권력을 획득하고 있는 것이다.

여성의 수동적 태도를 보여주려는 의도로 모리슨은 피콜라가 자기 눈을 부정하는 많은 예를 보여준다. 이는 단순히 푸른 눈을 부정하는 많은 예를 보여준다. 이는 단순히 푸른 눈에 대한 갈망 때문이 아니고 그렇게 하면서 자신이 속한 세계에 대해 알기를 거부하는 것이다. 모리슨은 브리드러브 가족이 다투는 장면에서 이런 욕구를 설명한다. 폴린은 촐리를 프라이팬으로 친다. 촐리는 주먹으로 되받고 새미는 "이 더러운 검둥이 놈"이라고 욕하면서 촐리를 되받아 친다. 그리고 피콜라는 이불로 자신을 숨긴다. 물론 이불은 이 장면으로부터 완전히 그녀를 차단시킨다. 피콜라의 이런 소극적 태도는 자식으로써 부모에게 대들 수 없다는 도덕적 관점을 떠나서 새미의 태도와 대조된다. 그녀는 과감하게 맞서 싸우려는 태도를 취하지 않는다. 인내 혹은 순종이 여성에게 귀중한 덕목이었듯이 피콜라가 할 수 있는 저항이란 그 상황을 피하는 것이다. 피콜라가 사물을 다르게 보았더라면 그녀는 다를 수 도 있었다. 만약 그녀의 관점이 틀렸더라면 그녀의 세계도 틀렸을 것이다. 모리슨은 피콜라의 세계를 구축하면서 퍼즐 조각을 하나하나 맞추어 나간다(Miner 95). 그러면서 피콜라의 무익함뿐 아니라 욕망 뒤의 충동도 이해하게 된다. 소년들이 그녀에게 "깜둥이, 깜둥이, 너네 아빠는 발가벗고 자지"라면서 놀릴 때 피콜라는 고개를 숙이고 눈을 가린다. 모린이 아버지의 발가벗은 모습을 보았다고 피콜라를 놀릴 때 어린 그녀는 자신의 순수함을 주장한다. "난 아버지를 보긴 보았지만 쳐다보지는 않았어요." 이것은 힘없는 항변에 불과하다. 그녀는 이 상황을 피하기 위해 이상하고 슬프고 무가치한 방식으로 머리를 숙인다. 귀, 눈, 그리고 코를 가리면서 자신이 속한 세계와 자신의 추함을 상기하면서 그녀는 계속적으로 자기부정에 골몰한다. 상황을 피한다고 문제가 해결되는 것은 아니다. 수동적인 저항은 파괴하고자 하는 인간의 본능을 자극한다. 그러나 여성 교육은 이를 미덕이라고 가르쳐 왔다.

여성교육은 성에 관해서도 남성에게 공격적, 여성에게는 수동적임을 가르친다. 이성/광기, 언어/침묵, 존재/부존재의 이분법은 강한 역동성을 띤 채 많은 강간 이야기의 테마가 된다. 촐리가 처음 달린Darlin이란 여성과 사랑을 나누게 되었을 때 백인들에게 들키게 된다. 백인들은 비열한 웃음을 띠며 플래시 불빛을 비추고 계속 하라고 부추긴다. 이때 촐리는 백인보다 성 파트너를 미워한다. 물론 촐리는 부모가 없기 때문에 아버지의 적당한 행동을 모르고 주된 사회화 과정을 거치지 않아 어떤 행동이 받아들여질 수 있는지의 감각이 없다. 그러나 극단의 순간에 치달은 남성은 자신의 무능을 무방비의 상대에게 전가시키고 그 상황을 달아나는데 급급하다. 그는 달린을 더욱 모욕적으로 다루고 내팽개치듯 달아난다. 이 사건은 촐리에게도 큰 상처가 되어 예전에 자신을 거세시켜 왔던 흑인 자아에 대한 혐오와 증오로 발전된다. 그런 식으로 그는 흑인 남녀 간의 관계에 대해 중요한 답안을 도출해 낸다. "스스로 억압의 희생이었던 흑인남성은 똑같은 억압으로 보이는 것 때문에 흑인여성들을 희생화 시킨다"(Samuels & Weems 27).

성의 쾌락추구가 인간이 누릴 수 있는 보편적 현상이라면 여성의 생식기는 절단되어 있다. 생식기 절단의 목적은 '성적 쾌락과 만족을 절단하기 위함'이다. 남성은 여성의 의존성을 확실히 다지기 위해서 놀라운 합의하에 육체적 폭력을 수행한다. 여성은 남성 통제하의 희생자로 정의되며 성적으로 억압되어 있다. 예컨대 중상류층 행복의 영상을 그대로 구현하고 있는 제랄딘의 성 관계 묘사는 전통적 여성의 도리를 보여준다. 그녀는 성행위시 어떤 쾌감도 느끼지 못한다. 아이를 갖기 위해 '침입자'에 대해 치루는 희생일 따름이다. 제랄딘 같은 여성에게 성이란 제한되고, 통제되고, 명령되어지는 것이므로 그에 대한 쾌감을 없애기 위해 인생을 보낸다. 그녀는 남편에게 '몸을 부분적으로 아끼듯 주고 있다는 것'을 알려 고전적 정조관념을 실천한다. 여성에 대한 남성 폭력은 여성을 '자신을 방어하는 객체'로 남성은 '폭력을 행사하는 주체'로 범주화시키고 사회는 무력한 여성과 강한 남성의 이분법을 고정화시켰던 것이다.

무력한 여성은 가부장제에서 교환가치의 대상일 뿐이다. 여성은 생산의 능력이 있고 남성은 이로 인해 사회 경제 구조상, 성적 위계상 일해야 하는 위치에 있다. 때문에 남성의 본능은 땅의 경작과 농사가 되었고 이 구조는 그 상태를 유지하게 된다. 이는 재생기구인 어머니가 아버지의 이름으로 표시되는 집에 갇혀 이제는 교환대상이 아닌 사유재산이 되어야 한다는 것이다. 이는 다른 남성을 위한 교환 가치로서의 생산본능을 금지하는 강간 금기이다. 어머니란 위치는 모성애를 지녀 아이양육, 가정유지를 위해 노동력을 재생산하므로 재생에 있어 필수적이다. 그들은 이런 식의 사회질서 유지를 책임진다. 물론 이런 재생은 아버지의 이름으로 행해지고 아버지의 법안에서 인정받아야만 그 질서 내에서 법정 화폐 가치가 있다. 처녀성을 지닌 여성은 이를 위한 순수한 교환가치 대상이다. 그녀 내부나 스스로를 볼 때 그녀는 존재하지 않는다. 그녀는 위태로이 베일에 싸인 존재일 따름이다. 여성에서 어머니로의 의식적 단계는 베일의 파괴-처녀막, 처녀성의 금기-로 수반된다. 일단 처녀가 아닌 여성은 효용가치가 전락하고 남성들 간의 교환가치에서 배제된다. 어느 날 헨리Henry 아저씨는 프리다Freida의 몽우리 진 젖가슴을 만지고 이 사실을 전해들은 그녀의 어머니는 괴성을 지르며 '버려졌는지' 의사에게 진찰해 보자고 한다. 이는 여성으로서의 가치가 떨어진 것을 걱정하는 것이다.

이런 점에서 모리슨은 경제적 독립과 성적 자치를 실현하는 세 명의 창녀를 차라리 높이 사는 듯하다. 그들은 인종법을 이용해 돈을 번 모린 필 가족이나 서쪽 인도에 살면서 흑인들을 이용한 휘트컴Whitcomb 가족과는 다르게 종족을 이용해서 부를 축적하지 않을 뿐 아니라 자기 정체성을 확신하기에 피콜라를 위로하며 받아들이는 유일한 안식처가 되어 준다. 그들은 창녀라는 직업을 부끄러워하지 않는다. 도리어 그런 직업의 존재를 가장 필요로 하면서 그 일을 멸시하는 남성에게 강한 적대감을 갖는다. 그들에게 성이란 생계수단일 뿐이다. 처녀성을 자랑삼아 다른 여성을 멸시하지도 않고 정숙한 여성이 되기 위해 애써 성쾌락을 도외시하지도 않는다.

　이렇듯 남성과 여성의 성과 힘의 갈등은 오랜 역사적 배경 속에서 끊임없이 재기되어 오고 있는 이슈이다. 모리슨은 이런 여성과 남서의 갈등의 이슈를 흑인여성과 백인여성간의 갈등과 연결시켜 페미니즘적 고찰을 이어가고 있다.

흑인여성과 백인여성의 갈등

제 3세계의 경우이던 주요국가의 경우이던 여자의 '지위'를 논의할 때는 종교, 가족/친족 구조, 법적 체계, 노동의 성적 분화, 교육과 정치적 저항의 측면을 고려해야 한다. 그러나 사실 여성의 위치는 변함없이 계급이나 인종에 상관없이 이분법적 구조의 세계에서 남성위주의 가부장제에 반대되는 주변적 타자이며 대부분 사회의 종교, 법, 경제, 가족 구조는 남성에 의해 구성된다. 또한 이런 간단한 이분법은 남성과 여성의 경험, 인식을 통해 자연스레 인지되어 있다. 그러나 이런 억압은 남녀문제에 국한된 것이 아니라 서구 페미니스트와 흑인여성들 사이에서도 존재한다.

　문화면에서 흑인여성들이 보편 기준으로 백인여성들을 가장 바람직한 사랑의 객체로 받아들인 것은 논의의 여지가 없는 일이다. 이는 백인 남성이 교묘하게 제작한 통제 수단의 일부이고 일부 흑인남성들은 미국 문화 현상의 일부로 받아들였다. 미의 기준으로써 백인여성은 보통 남성뿐 아니라 여성 운동가들에게도 만연되어 있다. 예컨대 1851년 오하이오 애크론에서 한 흑인여성이 다음처럼 회상하였다.

> 저기 계시는 남자 분께서 여성은 마차에 오르려면 도움을 받아야 하며 도랑을 건너기 위해서는 도움을 받아야 한다고 말씀하셨습니다. . . . 어느 누구도 내가 마차에 오르거나 진흙 웅덩이를 건널 때 도와주지 않았습니다. . . . 그리고 그녀는 벌떡 일어나 천둥이 치는 것처럼 목소리를 높여 "그렇더라도 난 여자가 아닌가요? 나를 보세요. 나의 팔을 보세요." "나는 쟁기질을 했고 씨를 뿌렸으며 헛간에 들어가 일을 했습니다. 어떤 남자도 나의 머리가 될 수 없었습니다. 그렇다 하더라도 난 여자가 아닌가요? 난 열 세 명의 아이를 낳았고 그 대부분이 노예로 팔려 나가는 것을 바라보았으며 내가 어머니의 슬픔에 마음 아파 크게 울고 있을 때 예수 이외에 어느 누구도 나에게 귀를 기울여 주지 않았습니다. 그렇다 하더라도 난 여자가 아닌가요?" (Evans 171).

작가들이 흑인을 목표로 묘사할 때 거의 예외 없이 "도둑, 변태 그리고 절대 잘 지낼 수 없는 사람들"이라는 부정적 방식으로 해왔다. 이런 추정은 다음과 같은 비평 기준에서 가능한 것이다. 첫째, 세계는 흑인과 백인으로 나뉘었다. 둘째, 인종은 성적 차이를 포함해서 존재와 정체성의 유일한 결정자다. 셋째, 정체성은 이미 존재하고 일관되게 알려진 것이다. 넷째, 문학은 인종을 통일하고 자유로이 만드는 힘이 있다(McDowell 151). "긍정적인" 인종 표현에 대한 편견은 읽기 행위에서 정체성에 본성에 대한 정적인 관점과 나란히 적용된다. "난 흑인이고 아름답고 강하고 항상 옳다." 이것은 흑인계 미국 비평가들이 결사적으로 획득하고자 노력하는 자아SELF이다.

많은 백인여성주의 비평가들은 영화에서 남성 시선의 만족을 위해 전개된 성적 개체와 연결시켜 자기 부정을 겪는 여자들을 언급한다. 그러나 폴린은 흑인여성으로써 복합적 의미의 자기부정을 겪어야 한다. 왜냐하면 그녀가 즐기는 영화 속 어디에도 자신과 같은 흑인여성은 존재하지 않기 때문이다. 고전 영화에 심어진 주도적 시선에 대한 폴린의 문제는 여성, 흑인, 가난의 삼중 평가절하를 이끌 수 있다.

피콜라의 경우 모리슨은 자연과 대화에서 자아감을 발견하는 가능성을 보인다. 피콜라는 길을 걷다가 민들레를 발견하고 자신이 잡초가 아닌지 고민한다. 피콜라는 아이의 순수한 상상력을 즐기면서 어른들이 놓친 세부사항을 즐기며 걷는다. 피콜라의 공상과 사물과의 방해받지 않은 일치의 순간에 모리슨은 피콜라에게 깊이 뿌리박힌 자기혐오를 역전시킬 가능성을 제시한다. 그러나 피콜라에게 어린 시절 순수와 자기확신의 순간은 너무 짧았다. 피콜라는 민들레가 못생긴 잡초라는 결정을 확실하게 하면서 외양에 대한 자기부정을 반추하며 걷는다. 이 사건은 피콜라가 완전히 미쳐 우울한 끝을 보일 때까지 자존심이 서서히 붕괴되게 한다.

이런 만연된 미의 기준은 역사적으로 백인 남성들이 조작한 기준이다. 그리고 이는 항상 흑인여성들을 희생시켰다. 고대 서구 세계 학자들의 묘사를 보면 아프리카, 동양 여성들을 과거와 현재의 독특한 모델로 제시하면서 흰 피부나 유럽화된 특질이 미의 기준이 아닌 다른 문화를 보여준다. 백인과 유색여성 사이의 인종 간 결혼이나 종교적 초상 연구가 유행했을 당시 흑인여성은 고대 서구문화에서 영광스러운 전형적 모델이 되었다.

이에 대해 오리젠Origen은 흑인여성이 예수 신부의 상징이었다고 지적하면서 그녀가 쉬바의 여왕이라고 지적한다. 수백 년 후 또 다른 이디오피아 여왕은 예수 사후와 부활 직후 새 시대에 관한 계시를 들은 비유태계국가의 최초 독재자였다. 오리젠은 계속해서 첫 번째 부인과 헤어진 모세와 결혼한 이디오피아 여성인 케투라Keturah를 언급한다. 이는 흑인여성이 기독교 사회의 전형이라는 것을 시사한다.

흑인여성에 대한 이런 긍정적 이미지는 16세기에 노예제도가 출현하면서 문학에서 경멸적 이미지로 변화하게 된다. 즉, 흑인여성들은 신적 미의 전형이 아니라 악의 대표가 된다. 쉬바는 더 이상 미의 여신이 될 수 없다. 14세기 교회 지도자들은 그녀의 머리를 금발로 바꾸어 예수의 신부로 묘사한다. 미의 기준이 바뀐 것이다. 흰 피부와 금발 머리의 쉬바가 다시 검은 얼굴과 곱슬 거리는 머리로 변했을 때 이디오피아 여왕은 솔로몬을 배신한 범인이라는 소문에 시달려야 했다.

16세기 흑인여성은 숨겨진 관능의 대상이었다. 그때부터 여왕, 연인, 감상의 신이었던 그녀는 과도한 성 욕구의 상징이 된다. 이로써 흑인은 노예 재생산을 위한 종마가 되고 흑인여성은 모든 남성의 성적 피난처가 된다. 이러한 이미지 변모로 흑인여성은 누구의 소설에서도 주요하게 다루어질 수 없었다. 즉 일부의 소설을 제외하곤 "자신을 찾는" 것으로 묘사되지 않았다. 실상 그녀들의 문제는 조화롭게 존재할 수 있는 세계를 찾는데 있다. 그러나 자신의 권리를 찾기 위한 흑인여성의 용기 있는 언급은 백인여성이 "여왕"인 세계를 짓밟을 수밖에 없다. 따라서 페미니스트 문학이 흑인여성 이야기를 백인여성 관점으로 처리한다면 여성운동은 수렁에 빠지게 된다.

폴린이 하녀로 일하는 백인 가정의 여주인은 폭력과 만족스럽지 못한 성관계로 일관된 그녀의 결혼생활을 알고 남편 촐리와 헤어질 것을 제안한다. 이 순간 백인여성은 임금을 제때에 주지 않고 사사건건 트집 잡는 주인이 아니라 같은 여성으로서 요구한 것이다. 그러나 폴린은 '자매애'sisterhood를 따르기보다는 동포애를 우선시하며 거절한다. 그녀의 출산 시에 백인 의사가 백인여성과 흑인여성을 어떻게 차별했는지 보고 깨달은 기억이 있기 때문이다. 그녀에게는 성보다 인종이 중요하다. 폴린에게는 현실을 고려하지 않은 백인 주인의 요구가 공허한 구호이자 이상주의로 들렸을 뿐이다. 백인여성은 동질적이고 획일적인 정체성으로 흑인여성을 규정하면서 은연중 남성이 여성에게 가했던 우월주의를 억압의 수단으로 다시 이용한 것이다. 모리슨 자신도 흑인여성의 낮은 위치를 냉담하게 설명하고 있다.

> 흑인여성들은 성장하면서 모든 사람들이 내리는 명령을 받아야만 했다. 백인여자는 '이걸 해'였고 백인아이들은 '저것 줘'였고 백인남자는 '이리 와'였고 흑인남자는 '드러누워'라는 명령뿐이었다. 그녀들이 명령을 받지 않는 사람은 흑인아이들과 같은 처지의 흑인여자들뿐이었다. (TBE 109)

흑인여성의 억압되었던 경험은 60년대 이후 흑인계 미국인들에 대해 그리고 그들에 의해서 문학에 등장했다. 표면화 되지 않았던 많은 국면은 역사적으로 생존의 수단이었다. 흑인들은 "한의 숨소리를 죽이기 위해" 삶과 문학에서 가면을 쓰고 살았다. 그때까지 흑인여성 독자들은 밝은 피부와 긴 머리로 묘사되는 주인공만이 바람직한 여성상이라 믿어

왔다. 따라서 흑인여성 인물을 창조하고자 하는 작가들은 흑인 미국 문학 전통을 강화할 수 있는 페미니스트 음성을 소리 내야 하는데 그 임무한 만만한 것은 아니다. 인종차별과 성차별이 만연된 사회에서 "자유로운" 예술 창조란 불가능할 수도 있다. 그러나 만약 그것이 수행될 수 있는 어떤 길이 있다면 정화된 여성적 이상의 페미니스트 운동은 최고의 희망을 제공할 것이다. 이런 과정에서 작가들은 흑인사회의 여성 경험 전체를 고려해야 한다. 그 내부에 흑인 삶의 기본이 있고 결과적으로 흑인 문학의 기본이 있으며 흑인 페미니스트 표현의 기본이 되어야 한다. 작가, 인물 그리고 비평가로 흑인여성의 성숙한 표현은 흑인여성 독자로의 자기 이미지를 높이고 더욱 자유롭게 하면서 다양한 정체성과 타협해야 한다.

이상으로 모리슨의 가장 푸른 눈을 탈식민주의 여성주의 관점에서 그 갈등 형태를 분석해 보았다. 그녀의 소설 속 인물에서 극단적 정체성은 주변 사회의 주변 인물이라는 점에서 기인한다. 모리슨이 그들의 소외된 비참한 고독을 나타내기 위해 "천민"으로 인물을 설정하는 것은 흑인여성에 대한 사실적 묘사이다. 때문에 흑인여성에 의한, 흑인여성에 대한 최근 소설 대부분에는 광기의 주제가 섞여 있다. 주변 인물과 "보편적" 광기의 묘사는 다른 소설에서 유용할 수도 있다. 그러나 이 인물들이 흑인 삶을 대표하지 않는다. 사실 대부분의 흑인여성들은 백인 여성이 되길 원치 않는다. 그들은 다만 있는 그대로 존재할 수 있는 자유를 원했다. 모리슨 자신은 "흑인여성들은 . . . 백인여성들을 적으로 간주했는데 왜냐하면 인종차별주의가 백인 남성에 국한된 것이 아니라는 것을 알았기 때문이다"(O' Neale 139)라고 말한다. 모리슨의 작품에 나타난 일반적인 주제는 흑인으로 태어난 것에 대한 아픔이다. 모리슨의 소설은 흑인 또는 여성 또는 인간으로 태어난 것에 대한 양자택일 그리고 흑인의 인간성과 백인문화의 가치와의 차이점 등을 제시해주는 부정적인 주제로부터 출발하여 문화의 정체성을 추구하는 긍정적인 주제로 향한다. 그런 관점에서 이 소설은 어린 소녀의 희생에 관한 것이 아니라 그렇게 만든 미국 시민과 지역 사회에 관한 이야기이다. 피콜라가 푸른 눈의 유일한 희생자는 아니다. 바로 미국시민 전부가 개인적 집단적 희생자이자 가해자이다. 클라우디아가 심은 매리골드가 피지 못했는데 땅 자체의 생산성이 없었기 때문이다. 이것은 소설을 지배하는 자연스런 이미지로 환경이 개인의 운명을 지배하는 최고의 권력이 될 수도 있다는 이데올로기를 제안하고 있는 것이다.

가장 푸른 눈은 푸른 눈 뒤에 숨겨진 흑인여성의 삶을 이야기하며 통탄해 하지만 비극은 아니다. 왜냐하면 모리슨이 밝히고자 한 것은 피콜라가 주술사를 만나서 푸른 눈을 얻었다고 믿는 바를 통해 투쟁에 의한 사회의 전복이라기보다는 "세상은 세상을 보는 눈이 변하면 변하게 된다"는 재생의 신화이기 때문이다.

'갈등'적 요소 연구

갈등적 요소: 탈식민주의적 관점

이 장에서는 모리슨의 처녀작인 『가장 푸른 눈』의 여러 타자화의 양상에 대해 탐구해 보고자 한다. 이 작품은 한 어린 흑인 소녀의 희생을 중심으로 흑인과 흑인 지역 사회의 문제를 명료하게 보여준다. 필자는 이러한 요소를 탈식민주의 여성주의를 중심으로 분석해 나가보려 한다. 그렇다면 먼저 이러한 탈식민주의와 여성주의가 파생하게 된 그 역사적 배경을 살펴보자. 서구 열강 제국들이 무너지고 피 식민주의의 국가가 독립하면서 여러 가지 성격의 배경, 주제, 비평의 문학이 탄생되었다. 이러한 시대의 흐름을 타고 미국의 현대 흑인 페미니스트 여성들에 이르기까지 백인여성으로 주도된 그러한 투쟁을 묘사하는 '식민지화'Colonization라는 용어는 정치 경제상의 위계질서부터 '제3세계'라는 문화 담론 생산에 이르기까지의 모든 것을 지칭하기 위해 사용된다. 이 이론은 에드워드 사이드의 『오리엔탈리즘』으로 대표되는 것으로, 그는 여기서 유럽적인 것, 서구적인 것을 우월하다고 보고 그렇지 않은 것을 열등하다고 보는 보편적 관행의 오류를 폭로하면서 동양은 '타자'Other이자 서양에 열등한 것으로 설명한다(335). 이렇듯 탈식민주의 개념은 역사를 되돌려 제국주의 역사를 "희생자의" 시각으로 다시 쓰는 일이다. 사이드는 잃어버린 조국에 대한 향수와 정체성 탐색이 자신의 문학적 배경이라며 『문화와 제국주의』에서 영국, 프랑스, 미국의 제국주의의 경험을 언급한다. 여기서 제국주의란 한 나라가 다른 나라에 대해 무력에서 뿐만 아니라 정치, 경제, 사회를 토대로 삼아 문화, 정치적 주도권을 행사하는 관계로 제국을 세우고 유지하는 정책과 과정을 지칭한다. 사실 오늘날 직접적 제국주의는 거의 찾아볼 수 없고, 문화, 이념, 사회적 실천의 면에서나 볼 수 있다. 이러한 이유로 해서 탈식민주의의 언술은 언어와 문화를 중요시하는데 대영제국의 교육정책, 영어의 강제사용, 또는 콜럼버스가 신대륙에 처음 도착했을 때 원주민 섬에 자신의 이름을 다시 붙여 '타자'의 영토를 유럽 백인의 기호로 정착시키는 과정으로 구체화될 수 있다. 이런 과정은 자기/타자, 백인/유색인, 선/악, 남/녀의 이분법적 체계를 연상시키고 이때 타자란 현대비평이론과 실행에서 상업화되는 용어로 위계질서 상 종속된 관계를 지칭한다. 이러한 의미를 성의 관점에서 보면 남성은 주체이고 여성은 타자이다. 이러한 언술상의 특징으로 탈식민이론과 페미니즘이론은 상호 연관을 맺고 있다. 루스 이리가라이는 이러한 상황에 대해 여성은 '부재, 부정성, 어두운 대륙, 열등한 남성'이고 유럽 중심적, 남근 중심적 문화에서 여성과 탈식민주의는 타자인 동시에 존재하지 않는 어두운 영역에 위치한다고 설명한다(76).

이러한 논의를 통해 여성들은 생물학적 이유에서가 아니라 사회적, 인류학적 이유로 묶여진다. 특히 여성을 함께 묶는 것은 억압의 '동일성'에 대한 사회 분석학적 사상이다. 여성은 과학적, 경제적, 법적, 사회적 담론에서 '무력하고' '이용당하고' '성적으로 학대받는' 무리로 나뉘게 된다. 남녀 문제를 이와 같은 권력 투쟁Power Struggle으로 파악한 것은 케이트 밀레트Kate Millet의 『성의 정치학』Sexual Politics에도 잘 나타나 있다. 밀레트는 남성들이 여성들을 영원히 복종시키기 위해 거짓된 이데올로기를 만들어내어 진리인 양 포장하여 억압의 도구로 이용했고 많은 여성들은 그 안에서 안주해 왔다고 한다. 밀레트는 이러한 사회적 구조를 가부장제라고 설명하며 이에 대해 생물학적 개념인 성sex과 구별된 사회심리학적 개념인 성별gender을 도입시킨다(25). 그러나 사실 아직까지 다수 세력에 관한 논의만 활발하다. 페미니즘 자체도 백인 중산층 여성 중심으로 전개된 것이 사실이며 포스트모더니즘이나 탈구조주의의 여파에 휩쓸려 최근에야 새롭게 여성 속에서 소외된 계층의 문제 제기를 활발히 하고 있다. 즉 이제까지의 페미니즘은 식민지종주국 여성에게만 관심을 기울였을 뿐 권력을 박탈당한 피식민지의 현실과 그 지역 여성은 도외시 되었다는 것이다.

유색인종 여성에게 주도 세계에서 적용되는 여성 문제를 대입시키면서 사회계급과 인종계급의 차등 때문에 유색인종 여성 중 과반수는 식민지화된다. 그리고 이는 결국 여성운동의 동인을 무력화 시킨다. 다시 말하면 여성들은 필요성에 의해서 혹은 '자연스러운' 특질로 인해 묶이는 게 아니라 급여 수준과 생산에서의 역할에 기반한 사회적 요소 안에

묶인다는 것이다. 그러나 법적, 경제적, 종교적 기준으로 판단되는 것은 서구적인 기준일 따름이다. 이러한 구조가 '저개발의' 혹은 '개발도상국의' 여성에 적용될 때는 그에 따른 '평범한 여성'의 이미지가 제공되어야 한다. 이에 따라 '억압받는 여성'은 '억압받는 유색인종 여성'으로 바뀌어야 한다(Mohanty 214). 왜냐하면 유색인종 여성에게는 필수적으로 종교적, 가족 중심적, 법적 주변인, 문맹인, 가정적 그리고 때때로 혁명적인 요소가 따라 붙기 때문이다.

아직까지 제 3세계와 주도 세계 사이의 권력이동이 없었기 때문에 제 3세계가 서구만큼 발전되지 못했다는 가정으로, 다른 무리 여성의 경험을 균등화하는 것은 그들 특유의 주변적 경험을 말살하는 것이 된다. 특히 제 3세계에서의 저항은 권력이동에서 자연스럽게 발생하는 것이 아니고 축적되었던 에너지라고 보아야 한다. 때문에 서구의 페미니즘에 대한 해석을 제 3세계 여성에게 적용하는 것은 서구 문화 제국주의를 강화시킬 뿐 아니라 이론적 분석도 한계가 있다. 주도적 세계의 법률을 제 3세계에 적용한 한 예를 보면 서구의 우수성을 인정한 분석임으로 '제 3세계 여성들'에 대해 베일을 쓴 여성, 처녀성을 지닌 성녀, 복종적인 부인이란 이미지를 만들어낸다.

결론적으로 제 3세계 여성에 대한 서구 페미니스트들의 글과 보편적 인본주의 사상 사이에는 기이한 상이점이 있다. 즉, 서구 이데올로기이자 정치 목적으로 쓰이는 인본주의는 '여성'과 '동양'을 타자로써 노출시킨다. 이에 대해 스파노스Spanos는 '제 1의 용어-대다수의 정체성, 보편성, 문화, 진리, 정의 등에 대한-는 사실 부차적이고 파생적이며 제 2의 용어-소수의 차이, 일시, 혼돈, 곤기, 이탈 등에 대한-에 우세하여 주도권을 쥐게 되지만 사실 후자가 중요하고 근원적인 개념이라고 말한다. 다시 말하면 남성/인본주의가 그 자체로 중심을 선언하는 것은 '여성/여성들' 그리고 '동양'이 타자로 정의되는 한에서만 가능하다. 주변을 경계 짓는 것은 중심이 아니고 중심을 결정하는 주변이다(Mohanty 25). 경제적으로 우세하다는 유리한 입장에서 제 3세계를 규정하는 담론이 없다면 단일한 특권계층인 제 1의 세계도 없을 것이다. 따라서 '유색여성'에 관한 정의를 다원주의Pluralism나 '공평 타당한'disinterested 학문 연구로 치부하는 것은 '비서구적인 것에 대한 경제, 문화적 식민지화에 다름 아닌 것'이다.

여러 인종의 혼합으로 백인여성과 유색 여성, 특히 흑인여성과 독특한 갈등 양상을 보이는 미국에서는 이러한 문제에 대항해 60년대 후반 문학을 중심으로 활발한 민권운동과 여성운동으로 흑인 페미니스트를 등장시킨다. 1960년대 말과 70년대 초에 흑인운동은 정부의 억압, 내부 불화 그리고 계속되는 좌절 속에서 쇠퇴하게 된다. 특히 북부의 흑인 국민주의자들은 흑인여성이 흑인남성들의 남성성을 박탈했다고 비난받는다. 1970년대 소니아 프레스먼Sonia Pressman이 직업 차별과 흑인여성에 대한 글에서 불만을 터뜨린 바와 같이 대부분의 사람들이 민권에 대하여 이야기할 때 그것은 흑인남성의 권리를 의미한다. 비록 흑인여성은 여성운동에서 두드러지게 나타나지 않으나 그들이 백인과 흑인남성에게서 이중적 억압을 받으면서도 역사적 저력을 보여주고 여성 해방운동의 주장을 펼쳤다는 사실은 1970년대 초에 흑인여성이 평등권 수정 조항[5]을 지지하고 페미니즘 적극주의를 추종하였다는 점에서 백인보다 훨씬 더 진보적이었음을 알 수 있다. 엘리스 워커Alice Walker, 오드리 로드

---

[5] 평등권 수정 조항은 남성과 여성이 미국과 미국의 관할권이 미치는 모든 지역에서 평등한 권리를 향유해야 한다고 선언한 것으로 법 앞에서 개인의 평등한 자유가 전제된다.

Audley Road, 토니 모리슨Toni Morrison, 엔젤라 데이브스Angela Davis같은 작가들은 젠더와 인종의 남성적 쇼비니즘과 동성애 공포증, 흑인여성이 가지고 있는 전통의 장점 등을 탐구하기 시작한다(Evans 447). 바바라 스미스Barbara Smith는 성, 인종이란 이중적 억압에 시달리는 흑인여성 특유의 위치를 고려해 그들의 문학을 재평가할 기회를 제공한다(168-185). 그 당시 흑인여성 작가에 의한 소설은 첫째, 흑인이 백인으로 되거나 좀 더 밝은 피부가 되는 것, 둘째, 흑인남성의 가정 폭력에 의한 흑인여성의 비극적 희생, 셋째, 흑인여성이 직면한 독특한 성적 인종주의로 인해 세속적 영역 이상의 현실을 찾는 종교적 신비주의자 넷째, 혼외정사로 감정적 회춘을 맞이하는 흑인남성들, 다섯째, 자기 파괴에 직면한 미치광이를 내용으로 한다. 반면 근래의 흑인여성 작가들의 유명작품은 여성성에 대한 이미지로 백인을 기준으로 삼는다. 그들 작품 속 흑인여성은 첫째, 남성들의 요구로 이상화된 백인미 추구를 강요당하는 여성들, 둘째 비극적 흑인으로 환경에 적응이 되지 않아 백인이나 흑인 세계에서 정체성이나 승인을 발견해내지 못하는 경우, 셋째 사회의 거절로부터 탈출구를 마련하려는 "보통의" 흑인여성들로 묘사된다. 여기서 마지막 세 번째 범주에서의 탈출구는 종교, 신비주의, 광기, 자살과 레지비언주의를 포함한다. 이런 인물들은 성이나 인종 문제에서 타협할 자기애를 발전시킬 여지가 없는 사회에 의해 선택을 강요당한다.

이런 흐름을 탄 현대 흑인여성작가들의 특성을 살펴보면 성차별과 인종 차별에 동시적 관심을 보여 기존의 서구 페미니즘과 다른 노선을 주장하는데 바바라 스미스는 흑인 페미니즘이란 비평용어를 처음 사용하면서 인종, 계급, 성에 대한 인식을 바탕으로 흑인여성작품을 이해하고 흑인여성 고유의 시각으로 글을 써야 한다고 주장한다(Smith 10). 그녀는 자신의 이론을 한층 발전시켜 흑인여성작가들 고유의 "흑인여성언어"가 있으므로 흑인여성의 경험 중 문화적 공통점을 찾아 백인이나 흑인남성 문학구조와 구별시킬 것을 주장한다. 그러나 그녀가 말한 "흑인여성언어"는 모호한 상태로 정의되지 않은 개념으로 생물학적인 흑인 문제만 대두시킬 뿐이다. 어쨌든 이런 비평적 움직임은 흑인여성 텍스트에 서구비평이론을 도입하면서 흑인여성의 특수성을 외면한 결과 왜곡되게 읽혀졌던 관행을 새로이 조명할 수 있다는 점에서 중요하다.

이처럼 탈식민주의, 여성주의, 흑인여성주의는 타자성에 초점을 맞춘다는 점에서 유사한 계보로 파악된다. 쇼왈터Showalter도 "타자성"을 공유한 면에서 흑인계 미국문학비평과 여성주의 비평은 유사한 전략을 구사한다고 설명한다(169). 이런 맥락에서 흑인여성주의 비평은 '우리만의 비평'인 동시에 여성, 소수 인종들, 하층민 등 주변화된 존재를 다 포괄하는 '탈식민주의' 비평이기도 한 것이다(김애주 184).

갈등적 요소: 여성과 남성

와킨스Wakins는 뉴욕 타임즈 북 리뷰에서 흑인여성들에게는 '성차별주의'가 '인종차별주의'보다 강압적이라고 말한다(McDowell 151). 역사적으로 흑인여성은 흑인남성을 인종에서 특권 받은 중심으로 간주하기 때문에 흑인 자아는 남성이다. 건국의 아버지들 역시 시민에 대해 제한된 관념을 공유 했는데 그들은 여성, 노예, 재산이 없는 사람들은 정신적으로 병든 사람들이고 독립적, 합리적 판단 능력을 결여한 사람들이라고 말한다. "모든 인간은 평등하게 창조되었다"는 독립선언서에 문자적으로 남성들men이란 언어를 사용한다. 공화주의적 원칙의 모든 것에 여성을 제외한다는 것이 암시적으로 내포되어 있다. 대중 민주주의의 주창자인 장 자크 루소는 시민이란 반드시 남성 가장, 아버지여야 한다고 가정한다. 한편 '공적 영역'엔 남성, '좀 더 부드러운' 가정적 가치 유지에는 사적 여성체제를 가정한다. 이러한 성차별주의는 부권제에서 기인하고 여성은 이체제하에서 주변적 시민이기 때문에 숫자상이 아닌 지위에 의해 소수 집단으로 정의된다. 케이트 밀레트는 "소수 집단이란 육체적 문화적 특징 때문에 그들이 사는 사회에서 차별되어 불평등한 대우를 받는 사람들의 무리를 말한다"고 정의한다(Millet 55).

여성교육은 여성성의 완성이 가장 숭고한 가치이고 유일한 기여라고 설명한다. 여기서 문제는 여성성이 너무나 신비하고 직관적이라 창조에 가까운 것이므로 남성 중심 세계에서는 이해할 수 없는 다시 말해 효용 가치가 없는 특질이라 보는데 있다. 여성은 이러한 관점을 내재화시켜 스스로의 가치를 절하하고 남성주관이 주장하는 이미지-선하고 순수한 성녀인 여성과 육적이거나 지적 욕망이 강한 창녀 혹은 마녀-에 부응하기 위해 노력한다. 이런 교육은 여성의 자기 정의 능력을 앗아간다. 이런 신화는 앞서의 초등 교본에서도 명백하다. 세 번째의 압축된 형태는 여성의 육체적, 사회적, 개인적 공간이 침해된 상태, 여성교육에서 가르친 이상과 실제의 차이를 구상화하고 소극적인 핑계로 여성을 추방하는 사회는 페이지 위의 형식과 파괴, 언어 위치 전도로 명백해 진다. 푸른 눈에 대한 피콜라Peacola의 추구 역시 왕자가 깨우길 기대하며 100년간 기다린 잠자는 공주 이야기와 유사하다. 다른 여성의 이런 류의 바람은 일시적 환상일 경우가 많지만 피콜라의 소원은 강렬해지고 이는 교육적으로 기회 받지 못하여 자신에게 긍정적인 면을 찾지 못하기 때문이다.

폴린Paulin의 이야기도 이에 매우 흡사하다. 11명의 아이들 중에 한 아이로 자란 폴린은 1차 대전 시작 때 알라바마에서 켄터키로 이주한다. 집에서 가장 나이가 많았던 폴린은 집과 쌍둥이를 돌보기 위해 기꺼이 학교를 그만둔다. 여성이 교육의 기회를 누리기 위해 가정을 등한시 하는 것은 동양의 관점으로나 서양의 관점으로나 현모양처, 착하고 좋은 딸의 모습이 아니다. 그러나 폴린은 이런 상황에 대해 '왜 내가?'라는 기본적 물음조차 하지 않는다. 폴린의 희생은 쌍둥이가 학교로 떠나자 무의미한 것이 된다. 그녀의 만족한 삶은 무료하게 변한다. 쌍둥이는 학교에서 자신의 생활을 하고 폴린은 착한 딸이라는 구실을 찾을 기회를 잃는다. 따라서 현모양처의 꿈을 꾸기 시작한다. 그녀는 언젠가 자신을 바다로, 도시로, 숲 속으로 데려 갈 미지의 기사를 기다린다. 그 존재는 촐리Cholly가 된다. 촐리는 그녀가 담에 기대고 있을 때 두 살 때 녹슨 못 때문에 상처 난 발을 간질이기 시작한다. 폴린은 자신의 약점이라 생각되던 부분을 따스하게 감싸주는 촐리를 백마의 기사로 생각하고 그를 따라서 결혼하여 오하이로 로레인으로 이주한다. 그러나 곧 긴장상태가 발생한다. 폴린은 과거의 집을 그리워하면서 소외감을 느끼고 뜰도 없이 두 사람만이 간신히 지내는 그 집에 불만을 느낀다. 촐리는 그녀가 자신을 의지하는 것에 화를 내고 술로 매일을 소비하기 시작한다. 그녀가 새미Sammy를 임신했을 때 촐리는 잠시나마 부드러워진다. 그러나 폴린에게 이 집에서의 외로움은 사라지지 않는다. 그녀는 영화 속에서 탈출구를 찾는다. 그녀의 이런 모방 태도는 셜리 템플Shirley Temple이 되고자 매일 우유를 마셔대는 피콜라나 베티 게이블Betty Gable이라는 배우에 대한 모린 필의 경배와 맥을 같이 한다. 그들은 한번도 '왜'라는 질문을 하지 않는다. 왜, 흑인이 백인여성처럼 보여야 하는지, 왜 예뻐져야 하는 것인지, 왜 끊임없이 작게 느껴져야 하는지 '자신의 정체성 즉, 자아에 대한 질문 없이 모든 것이 주어진 법률인양 따르기만 한다. 이는 비판하고 사고하는 여성의 모습을 두려워한 가부장제에서의 여성 교육에서 나온 것이다. 여성은 항상 남성보다 열등해야 하고 여성이 할 수 있는 일은 남성이 시키는 기본적인 일이고 여성이 대답할 수 있는 것은 '예'뿐이다. 이처럼 폴린의 과거 경험은 남성을 기다리는 모습으로 일관되어 있다. 그것은 전형적인 신데렐라의 이야기이다. 그러나 폴린은 한번쯤 자신이 진정으로 원하는 것이 무엇인가 물어 보아야 했다. 여성주의를 남성과의 투쟁으로만 국한하는 것은 한계가 느껴지기도 한다. 여성 자신의 태도가 어땠는지에 대해서도 과감한 질문이 던져져야 한다고 본다.

폴린은 자신이 몸담을 사회를 발견하지 못한다. 흑인들 사이에서 조차 말이다. 그리고 촐리는 알콜에서 삶의 해방구를 발견하고 비슷한 무리와 어울린다. 폴린은 이주로 도시화를 이루면서 "중심의 이탈"을 경험한다. 이로써 그들은 서로의 결혼 생활에서 아무런 쾌락도 발견하지 못한다. 폴린이 촐리에게 의지할수록 둘의 사이는 멀어지고 이에 실망하자 다른 사람의 우호적 눈길에서 외부의 승인을 이끌어 낸다. 외로움과 지루함 때문에 폴린은 영화관을 찾고 외부적 미의 기준에 맹종한다. 야코보스키Yakoboski의 시선은 피콜라가 돌이 되게 하고 영화 속의 진 할로우Jean Hallow는 폴린을 불구로 만든다. 셜리 템플은 순진한 피콜라에게 강한 사회적 신념이 되고 할로우는 영화 카메라의 기계 눈을 통해 메두사와 같은 시선으로 폴린을 얼어붙게 한다.

폴린은 피셔가의 깨끗한 부엌에서 하녀로 일한다. 그녀는 일에 몰두하면서 피콜라에게 줄 수 없었던 사랑을 푸른 눈, 금발머리 주인 집 딸에게 아끼지 않는다. 이는 대농장 문학Plantation Literature에서 유명한 "흑인 엄마"Black m,ammy처럼 행동하는 유형이다. 그녀의 노예 주인과 가족에 대한 사랑은 자신의 가족에 대한 감정을 뛰어넘는다. 폴린은 절대 비국하고 정치적이지 않은데 왜냐하면 "그녀는 자신의 일에 감사하기 때문"이다. 폴린의 행동은 파괴적이기 보다 창조적이다. 왜냐하면 피셔가에서 그녀의 역할이 평화와 경제적 능력을 주기 때문이다. 이는 그녀가 남편과의 성관계에서 잃어가는 힘에 대한 느낌을 대신해서 힘의 위치에서 움직이게 한다. 그 당시 폴린은 정신적으로 힘 있는 자에게 항복하지 않고 자신만의 권력을 획득하고 있는 것이다.

여성의 수동적 태도를 보여주려는 의도로 모리슨은 피콜라가 자기 눈을 부정하는 많은 예를 보여준다. 이는 단순히 푸른 눈에 대한 갈망 때문이 아니고 그렇게 하면서 자신이 속한 세계에 대해 알기를 거부하는 것이다. 모리슨은 브리드러브Breedlove 가족이 다투는 장면에서 이런 욕구를 설명한다. 폴린은 촐리를 프라이팬으로 친다. 촐리는 주먹으로 되받고 새미는 "이 더러운 검둥이 놈"이라고 욕하면서 촐리를 되받아 친다. 그리고 피콜라는 이불로 자신을 숨긴다. 물론 이불은 이 장면으로부터 완전히 그녀를 차단시킨다. 피콜라의 이런 소극적 태도는 자식으로써 부모에게 대들 수 없다는 도덕적 관점을 떠나서 새미의 태도와 대조된다. 그녀는 과감하게 맞서 싸우려는 태도를 취하지 않는다. 인내 혹은 순종이 여성에게 귀중한 덕목이었듯이 피콜라가 할 수 있는 저항이란 그 상황을 피하는 것이다. 피콜라가 사물을 다르게 보았더라면 그녀는 다를 수 도 있었다. 만약 그녀의 관점이 틀렸더라면 그녀의 세계도 틀렸을 것이다. 모리슨은 피콜라의 세계를 구축하면서 퍼즐 조각을 하나하나 맞추어 나간다(Miner 95). 그러면서 피콜라의 무익함뿐 아니라 욕망 뒤의 충동도 이해하게 된다. 소년들이 그녀에게 "깜둥이, 깜둥이, 너네 아빠는 발가벗고 자지"라면서 놀릴 때 피콜라는 고개를 숙이고 눈을 가린다. 모린Maulin이 아버지의 발가벗은 모습을 보았다고 피콜라를 놀릴 때 어린 그녀는 자신의 순수함을 주장한다. "난 아버지를 보긴 보았지만 쳐다보지는 않았어요." 이것은 힘없는 항변에 불과하다. 그녀는 이 상황을 피하기 위해 이상하고 슬프고 무가치한 방식으로 머리를 숙인다. 귀, 눈, 그리고 코를 가리면서 자신이 속한 세계와 자신의 추함을 상기하면서 그녀는 계속적으로 자기부정에 골몰한다. 상황을 피한다고 문제가 해결되는 것은 아니다. 수동적인 저항은 파괴하고자 하는 인간의 본능을 자극한다. 그러나 여성 교육은 이를 미덕이라고 가르쳐 왔다.

여성교육은 성에 관해서도 남성에게 공격적, 여성에게는 수동적임을 가르친다. 이성/광기, 언어/침묵, 존재/부존재의 이분법은 강한 역동성을 띤 채 많은 강간 이야기의 테마가 된다. 촐리가 처음 달린Darlin이란 여성과 사랑을 나누게 되었을 때 백인들에게 들키게 된다. 백인들은 비열한 웃음을 띠며 플래시 불빛을 비추고 계속 하라고 부추긴다. 이때 촐리는 백인보다 성 파트너를 미워한다. 물론 촐리는 부모가 없기 때문에 아버지의 적당한 행동을 모르고 주된 사회화 과정을 거치지 않아 어떤 행동이 받아들여질 수 있는지의 감각이 없다. 그러나 극단의 순간에 치달은 남성은 자신의 무능을 무방비의 상대에게 전가시키고 그 상황을 달아나는데 급급하다. 그는 달린을 더욱 모욕적으로 다루고 내팽개치듯 달아난다. 이 사건은 촐리에게도 큰 상처가 되어 예전에 자신을 거세시켜 왔던 흑인 자아에 대한 혐오와 증오로 발전된다. 그런 식으로 그는 흑인 남녀 간의 관계에 대해 중요한 답안을 도출해 낸다. "스스로 억압의 희생이었던 흑인남성은 똑같은 억압으로 보이는 것 때문에 흑인여성들을 희생화 시킨다"(Samuels & Weems 27).

　성의 쾌락추구가 인간이 누릴 수 있는 보편적 현상이라면 여성의 생식기는 절단되어 있다. 생식기 절단의 목적은 '성적 쾌락과 만족을 절단하기 위함'이다. 남성은 여성의 의존성을 확실히 다지기위해서 놀라운 합의하에 육체적 폭력을 수행한다. 여성은 남성 통제하의 희생자로 정의되며 성적으로 억압되어 있다. 예컨대 중상류층 행복의 영상을 그대로 구현하고 있는 제랄딘Geraldine의 성 관계 묘사는 전통적 여성의 도리를 보여준다. 그녀는 성행위시 어떤 쾌감도 느끼지 못한다. 아이를 갖기 위해 '침입자'에 대해 치루는 희생일 따름이다. 제랄딘 같은 여성에게 성이란 제한되고, 통제되고, 명령되어지는 것이므로 그에 대한 쾌감을 없애기 위해 인생을 보낸다. 그녀는 남편에게 '몸을 부분적으로 아끼듯 주고 있다는 것'을 알려 고전적 정조관념을 실천한다. 여성에 대한 남성 폭력은 여성을 '자신을 방어하는 객체'로 남성은 '폭력을 행사하는 주체'로 범주화시키고 사회는 무력한 여성과 강한 남성의 이분법을 고정화시켰던 것이다.

　무력한 여성은 가부장제에서 교환가치의 대상일 뿐이다. 여성은 생산의 능력이 있고 남성은 이로 인해 사회 경제 구조상, 성적 위계상 일해야 하는 위치에 있다. 때문에 남성의 본능은 땅의 경작과 농사가 되었고 이 구조는 그 상태를 유지하게 된다. 이는 재생기구인 어머니가 아버지의 이름으로 표시되는 집에 갇혀 이제는 교환대상이 아닌 사유재산이 되어야 한다는 것이다. 이는 다른 남성을 위한 교환 가치로서의 생산본능을 금지하는 강간 금기이다. 어머니란 위치는 모성애를 지녀 아이양육, 가정유지를 위해 노동력을 재생산하므로 재생에 있어 필수적이다. 그들은 이런 식의 사회질서 유지를 책임진다. 물론 이런 재생은 아버지의 이름으로 행해지고 아버지의 법안에서 인정받아야만 그 질서 내에서 법정 화폐 가치가 있다. 처녀성을 지닌 여성은 이를 위한 순수한 교환가치 대상이다. 그녀 내부나 스스로를 볼 때 그녀는 존재하지 않는다. 그녀는 위태로이 베일에 싸인 존재일 따름이다. 여성에서 어머니로의 의식적 단계는 베일의 파괴-처녀막, 처녀성의 금기-로 수반된다. 일단 처녀가 아닌 여성은 효용가치가 전락하고 남성들 간의 교환가치에서 배제된다. 어느 날, 헨리Henry 아저씨는 프리다Freida의 몽우리 진 젖가슴을 만지고 이 사실을 전해들은 그녀의 어머니는 괴성을 지르며 '버려졌는지' 의사에게 진찰해 보자고 한다. 이는 여성으로서의 가치가 떨어진 것을 걱정하는 것이다.

이런 점에서 모리슨은 경제적 독립과 성적 자치를 실현하는 세 명의 창녀를 차라리 높이 사는 듯하다. 그들은 인종법을 이용해 돈을 번 모린 필 가족이나 서쪽 인도에 살면서 흑인들을 이용한 휘트컴Whitcomb 가족과는 다르게 종족을 이용해서 부를 축적하지 않을 뿐 아니라 자기 정체성을 확신하기에 피콜라를 위로하며 받아들이는 유일한 안식처가 되어 준다. 그들은 창녀라는 직업을 부끄러워하지 않는다. 도리어 그런 직업의 존재를 가장 필요로 하면서 그 일을 멸시하는 남성에게 강한 적대감을 갖는다. 그들에게 성이란 생계수단일 뿐이다. 처녀성을 자랑삼아 다른 여성을 멸시하지도 않고 정숙한 여성이 되기 위해 애써 성적 쾌락을 도외시하지도 않는다.

이렇듯 남성과 여성의 성과 힘의 갈등은 오랜 역사적 배경 속에서 끊임없이 재기되어 오고 있는 이슈이다. 필자는 모리슨이 말하고자 한 여성과 남성의 갈등의 이슈를 흑인여성과 백인여성간의 갈등과 연결시켜 페미니즘적 고찰을 이어가고자 한다.

갈등적 요소: 흑인여성과 백인여성

제 3세계의 경우이던 주요국가의 경우이던 여자의 '지위'를 논의할 때는 종교, 가족/친족 구조, 법적 체계, 노동의 성적 분화, 교육과 정치적 저항의 측면을 고려해야 한다. 그러나 사실 여성의 위치는 변함없이 계급이나 인종에 상관없이 이분법적 구조의 세계에서 남성위주의 가부장제에 반대되는 주변적 타자이며 대부분 사회의 종교, 법, 경제, 가족 구조는 남성에 의해 구성된다. 또한 이런 간단한 이분법은 남성과 여성의 경험, 인식을 통해 자연스럽게 인지되어 있다. 그러나 이런 억압은 남녀 문제에 국한된 것이 아니라 서구 페미니스트와 흑인여성들 사이에서도 존재한다.

문화면에서 흑인여성들이 보편 기준으로 백인여성들을 가장 바람직한 사랑의 객체로 받아들인 것은 논의의 여지가 없는 일이다. 이는 백인 남성이 교묘하게 제작한 통제 수단의 일부이고 일부 흑인남성들은 미국 문화 현상의 일부로 받아들인다. 미의 기준으로써 백인여성은 보통 남성뿐 아니라 여성 운동가들에게도 만연되어 있다. 예컨대 1851년 오하이오 애크론에서 한 흑인여성이 다음과 같이 회상하고 있다.

> 저기 계시는 남자 분께서 여성은 마차에 오르려면 도움을 받아야 하며 도랑을 건너기 위해서는 도움을 받아야 한다고 말씀하셨습니다. . . . 어느 누구도 내가 마차에 오르거나 진흙 웅덩이를 건널 때 도와주지 않았습니다. . . . 그리고 그녀는 벌떡 일어나 천둥이 치는 것처럼 목소리를 높여 "그렇더라도 난 여자가 아닌가요? 나를 보세요. 나의 팔을 보세요." "나는 쟁기질을 했고 씨를 뿌렸으며 헛간에 들어가 일을 했습니다. 어떤 남자도 나의 머리가 될 수 없었습니다. 그렇다 하더라도 난 여자

가 아닌가요? 난 열 세 명의 아이를 낳고 그 대부분이 노예로 팔려 나가는 것을 바라보았으며 내가 어머니의 슬픔에 마음 아파 크게 울고 있을 때 예수 이외에 어느 누구도 나에게 귀를 기울여 주지 않았습니다. 그렇다 하더라도 난 여자가 아닌가요?" (Evans 171).

작가들이 흑인을 목표로 묘사할 때 거의 예외 없이 "도둑, 변태 그리고 절대 잘 지낼 수 없는 사람들"이라는 부정적 방식으로 해왔다. 이런 추정은 다음과 같은 비평 기준에서 가능한 것이다. 첫째, 세계는 흑인과 백인으로 나뉘어져 있다. 둘째, 인종은 성적 차이를 포함해서 존재와 정체성의 유일한 결정자다. 셋째, 정체성은 이미 존재하고 일관되게 알려진 것이다. 넷째, 문학은 인종을 통일하고 자유로이 만드는 힘이 있다 (McDowell 151). "긍정적인" 인종 표현에 대한 편견은 읽기 행위에서 정체성의 본성에 대한 정적인 관점과 나란히 적용된다. "난 흑인이고 아름답고 강하고 항상 옳다." 이것은 흑인계 미국 비평가들이 결사적으로 획득하고자 노력하는 자아SELF이다.

많은 백인여성주의 비평가들은 영화에서 남성 시선의 만족을 위해 전개된 성적 개체와 연결시켜 자기 부정을 겪는 여자들을 언급한다. 그러나 폴린은 흑인여성으로써 복합적 의미의 자기부정을 겪어야 한다. 왜냐하면 그녀가 즐기는 영화 속 어디에도 자신과 같은 흑인여성은 존재하지 않기 때문이다. 고전 영화에 심어진 주도적 시선에 대한 폴린의 문제는 여성, 흑인, 가난의 삼중 평가절하를 이끌 수 있다.

피콜라의 경우 모리슨은 자연과의 대화에서 자아감을 발견하는 가능성을 보인다. 피콜라는 길을 걷다가 민들레를 발견하고 자신이 잡초가 아닌지 고민한다. 피콜라는 아이의 순수한 상상력을 즐기면서 어른들이 놓친 세부사항을 즐기며 걷는다. 피콜라의 공상과 사물과의 방해받지 않은 일치의 순간에 모리슨은 피콜라에게 깊이 뿌리박힌 자기혐오를 역전시킬 가능성을 제시한다. 그러나 피콜라에게 어린 시절의 순수와 자기 확신의 순간은 너무 짧았다. 피콜라는 민들레가 못생긴 잡초라는 결정을 확실하게 하면서 외양에 대한 자기부정을 반추하며 걷는다. 이 사건은 피콜라가 완전히 미쳐 우울한 끝을 보일 때까지 자존심이 서서히 붕괴되게 한다.

이런 만연된 미의 기준은 역사적으로 백인 남성들이 조작한 기준이다. 그리고 이는 항상 흑인여성들을 희생시켰다. 고대 서구 세계 학자들의 묘사를 보면 아프리카, 동양 여성들을 과거와 현재의 독특한 모델로 제시하면서 흰 피부나 유럽화 된 특질이 미의 기준이 아닌 다른 문화를 보여준다. 백인과 유색여성 사이의 인종 간 결혼이나 종교적 초상 연구가 유행했을 당시 흑인여성은 고대 서구문화에서 영광스러운 전형적 모델이 되었다.

이에 대해 오리젠Origen은 흑인여성이 예수 신부의 상징이었다고 지적하면서 그녀가 쉬바의 여왕이라고 지적한다. 수백 년 후 또 다른 이디오피아 여왕은 예수 사후와 부활 직후 새 시대에 관한 계시를 들은 비유태계국가의 최초 독재자였다. 오리젠은 계속해서 첫 번째 부인과 헤어진 모세와 결혼한 이디오피아 여성인 케투라Keturah를 언급한다. 이는 흑인여성이 기독교 사회의 전형이라는 것을 시사한다.

흑인여성에 대한 이런 긍정적 이미지는 16세기에 노예제도가 출현하면서 문학에서 경멸적 이미지로 변화하게 된다. 즉, 흑인여성들은 신적 미의 전형이 아니라 악의 대표가 된다. 쉬바는 더 이상 미의 여신이 될 수 없다. 14세기 교회 지도자들은 그녀의 머리를 금발로 바꾸어 예수의 신부로 묘사한다. 미의 기준이 바뀐 것이다. 흰 피부와 금발 머리의 쉬바가 다시 검은 얼굴과 곱슬머리로 변했을 때 이디오피아 여왕은 솔로몬을 배신한 범인이라는 소문에 시달려야 했다.

16세기 흑인여성은 숨겨진 관능의 대상이었다. 그때부터 여왕, 연인, 감상의 신이었던 그녀는 과도한 성 욕구의 상징이 된다. 이로써 흑인은 노예 재생산을 위한 종마가 되고 흑인여성은 모든 남성의 성적 피난처가 된다. 이러한 이미지 변모로 흑인여성은 누구의 소설에서도 주요하게 다루어질 수 없었다. 즉 일부의 소설을 제외하곤 "자신을 찾는" 것으로 묘사되지 않았다. 실상 그녀들의 문제는 조화롭게 존재할 수 있는 세계를 찾는데 있다. 그러나 자신의 권리를 찾기 위한 흑인여성의 용기 있는 언급은 백인여성이 "여왕"인 세계를 짓밟을 수밖에 없다. 따라서 페미니스트 문학이 흑인여성 이야기를 백인여성 관점으로 처리한다면 여성운동은 수렁에 빠지게 된다.

폴린이 하녀로 일하는 백인 가정의 여주인은 폭력과 만족스럽지 못한 성관계로 일관된 그녀의 결혼생활을 알고 남편 촐리와 헤어질 것을 제안한다. 이 순간 백인여성은 임금을 제때에 주지 않고 사사건건 트집잡는 주인이 아니라 같은 여성으로서 요구한 것이다. 그러나 폴린은 '자매애'sisterhood를 따르기보다는 동포애를 우선시하며 거절한다. 그녀의 출산 시에 백인 의사가 백인여성과 흑인여성을 어떻게 차별했는지 보고 깨달은 기억이 있기 때문이다. 그녀에게는 성보다 인종이 중요하다. 폴린에게는 현실을 고려하지 않은 백인 주인의 요구가 공허한 구호이자 이상주의로 들렸을 뿐이다. 백인여성은 동질적이고 획일적인 정체성으로 흑인여성을 규정하면서 은연중 남성이 여성에게 가했던 우월주의를 억압의 수단으로 다시 이용한 것이다. 모리슨 자신도 흑인여성의 낮은 위치를 냉담하게 설명하고 있다.

> 흑인여성들은 성장하면서 모든 사람들이 내리는 명령을 받아야만 했다. 백인 여자는 '이걸 해'였고 백인 아이들은 '저것 줘'였고 백인 남자는 '이리 와'였고 흑인 남자는 '드러누워'라는 명령 뿐 이었다. 그녀들이 명령을 받지 않는 사람은 흑인 아이들과 같은 처지의 흑인 여자들뿐이었다. (TBE 109)

 흑인여성의 억압되었던 경험은 60년대 이후 흑인계 미국인들에 대해 그리고 그들에 의해서 문학에 등장한다. 표면화되지 않았던 많은 국면은 역사적으로 생존의 수단이었다. 흑인들은 "한의 숨소리를 죽이기 위해" 삶과 문학에서 가면을 쓰고 살았다. 그때까지 흑인여성 독자들은 밝은 피부와 긴 머리로 묘사되는 주인공만이 바람직한 여성상이라 믿어왔다. 따라서 흑인여성 인물을 창조하고자 하는 작가들은 흑인 미국 문학 전통을 강화할 수 있는 페미니스트 음성을 소리 내야 하는데 그 임무란 만만한 것은 아니다. 인종차별과 성차별이 만연된 사회에서 "자유로운" 예술 창조란 불가능할 수도 있다. 그러나 만약 그것이 수행될 수 있는 어떤 길이 있다면 정화된 여성적 이상의 페미니스트 운동은 최고의 희망을 제공할 것이다. 이런 과정에서 작가들은 흑인사회의 여성 경험 전체를 고려해야 한다. 그 내부에 흑인 삶의 기본이 있고 결과적으로 흑인 문학의 기본이 있으며 흑인 페미니스트 표현의 기본이 되어야 한다. 작가, 인물 그리고 비평가로 흑인여성의 성숙한 표현은 흑인여성 독자로의 자기 이미지를 높이고 더욱 자유롭게 하면서 다양한 정체성과 타협해야 한다.

이상으로 모리슨의 『가장 푸른 눈』을 탈식민주의 여성주의 관점에서 그 갈등 형태를 분석해 보았다. 그녀의 소설 속 인물에서 드러나는 극단적 정체성은 주변 사회의 주변 인물이라는 점에서 기인한다. 모리슨이 그들의 소외된 비참한 고독을 나타내기 위해 "천민"으로 인물을 설정하는 것은 흑인여성에 대한 사실적 묘사이다. 때문에 흑인여성에 의한, 흑인여성에 대한 최근 소설 대부분에는 광기의 주제가 섞여 있다. 주변 인물과 "보편적" 광기의 묘사는 다른 소설에서 유용할 수도 있다. 그러나 이 인물들이 흑인의 삶을 대표하지는 않는다. 사실 대부분의 흑인여성들은 백인여성이 되길 원치 않는다. 그들은 다만 있는 그대로 존재할 수 있는 자유를 원한다. 모리슨 자신은 "흑인여성들은 . . . 백인여성들을 적으로 간주했는데 왜냐하면 인종차별주의가 백인 남성에 국한된 것"(O' Neale 139)이 아니기 때문이다. 모리슨의 작품에 나타나는 일반적인 주제는 흑인으로 태어난 것에 대한 아픔이다. 모리슨의 소설은 흑인 또는 여성 또는 인간으로 태어난 것에 대한 양자택일 그리고 흑인의 인간성과 백인문화의 가치와의 차이점 등을 제시해주는 부정적인 주제로부터 출발하여 문화의 정체성을 추구하는 긍정적인 주제로 향한다. 그런 관점에서 이 소설은 어린 소녀의 희생에 관한 것이 아니라 그렇게 만든 미국시민과 지역 사회에 관한 이야기이다. 피콜라가 푸른 눈의 유일한 희생자는 아니다. 바로 미국시민 전부가 개인적 집단적 희생자이자 가해자인 것이다. 클라우디아Claudia가 심은 매리골드가 이 땅에서 피지 못하는 이유는 이 땅 자체에 생산성이 전혀 없기 때문이다. 이것은 소설을 지배하는 자연스런 이미지로 환경이 개인의 운명을 지배하는 최고의 권력이 될 수도 있다는 이데올로기를 제시하고 있는 것이다.

『가장 푸른 눈』에 대한 선행된 많은 부정적 시각에서의 연구에도 불구하고, 필자는 이 작품에서 모리슨이 이미 흑인과 백인, 남성과 여성, 백인여성과 흑인여성 이라는 뒤얽힌 갈등의 이중구조에 희망이라는 이데올로기의 초석을 마련하고 있다고 본다. 결국 필자가 이 작품의 연구를 통해 밝히고자한 바는 피콜라가 주술사를 만나서 푸른 눈을 얻었다고 믿는 상징적 행위를 통해 모리슨이 주창하고자 했던 바와 같이, 투쟁에 의한 사회의 전복이라기보다는 '세상은 세상을 보는 눈이 변하면 변하게 된다'는 재생의 신화, 긍정과 통합의 염원인 것이다.

반 언술적 소설 기법 재 고찰

모리슨의 탈식민적 문학 전략

흑인여성들은 인종적으로 백인사회의 소수 집단에 속하며, 성적으로 흑인남성의 가부장적 억압 하에 있어왔다. 이러한 이유로 인해 흑인여성작가들의 이야기는 백인여성작가의 이야기와도, 흑인남성작가의 그것과도 다를 수밖에 없다. 따라서 흑인여성작가들은 자신들이 처한 상황을 묘사하기 위해서 그들만의 고유한 문학적 특징들을 가지게 되는데, 그 중에서도 가장 손꼽을 수 있는 것이 바로 이들의 소설기법이다. 우선 그녀들은 흑인문학의 흐름을 주도해온 남성작가들과는 달리, 인종차별에 대한 저항이라는 주제를 전면에 내세우기보다는 그들이 창조해낸 인물들의 삶을 통해서 보여준다. 이것은 그들이 여성의 시각으로서 여성들이 직면하는 문제들을 자아인식의 과정과 결부시켜 탐색하기 때문이다. 그리고 그 문제들이란 흑인과 여성이라는 이중의 불가시적 억압 속에서 자라나면서 겪게 되는 심리적 손상과 그것이 초래하는 결과에 관한 것들이다. 이와 같은 흑인여성작가들의 태도는 최근의 탈식민주의[6]Post-Colonialism 문예사조와 같은 맥락에서 이해될 수 있다.

탈식민주의는 식민지 그 자체보다는 오히려 그 이후의 정신적 식민주의에 더 많은 관심을 가지고 있기에 국가와 국가, 인종과 인종, 남자와 여자사이의 모든 억압적 구조 또한 식민지적 상황으로 파악한다. 따라서 탈식민주의적 시각에서 보면 '식민지인'the colonized이라는 용어는 문자 그대로의 뜻을 초월해 여성, 억압받고 종속되어 있는 하층민, 소수 인종들, 그리고 주변으로 밀려난 학문의 세부 분야까지 그 의미가 확장된다(Said, 207). 이러한 점에서 우리는 인종적, 성적 이중의 정신적 식민지하에 처한 흑인여성들을 '식민화된 타자'로 볼 수 있으며, 또한 그들의 삶을 독특한 기법으로 그려냄으로써 자신들만의 목소리를 구축해온 흑인여성작가들의 소설기법을 이들만의 글쓰기 전략이라고 할 수 있을 것이다(김성곤, 29-30).

그러므로 흑인여성작가들의 글쓰기는 중심에 대항하는 주변, 그리고 제국주의적 언술에 대항하는 피지배 식민지인들을 위한 언술인 '반 언술'counter-discourse과 연결시킬 수 있다. 다시 말해서 식민지인으로써의 경험을 압제자의 언어-백인, 그리고 남성의 언어로 표현해야만 했던 흑인여성들에게 있어서 반언술은 지배언어의 음모와 허구성을 폭로함과

---

[6] 빌 에쉬크로프트(Bill Ashcroft)는 Post-Colonialism이란 용어가 예전에는 독립 전과 독립 후를 구별하기 위해 쓰인 적도 있지만, 이제는 식민지 시대에서부터 독립을 하고 난 후인 현재에 이르기까지 제국주의적 과정의 피해를 본 모든 문화를 지칭하기 위해 사용되고 있다고 주장한다(1-2). 김성곤 교수는 에쉬크로프트의 이러한 의견에 동의하면서 Post-Colosialism을 '탈식민주의'로 번역하였다. 필자 역시 두 사람의 의견과 같으므로 Post-Colonialism을 탈식민주의라고 지칭하겠다.

동시에, 주변으로 밀려난 자신들의 경험과 문화를 새롭게 조명하는 도구인 것이다. 이렇게 함으로써 반언술은 식민지인들로 하여금 현대의 제국주의적 억압문화와 지배 이데올로기의 언술행위, 즉 지배권력과 지식이 담합해서 조작해놓은 공식적인 진리들이 사실은 언어의 허구였음을 인식하게 하고, 더불어서 그런 허구적인 사실들을 다시 읽고 다시 해석하며 다시 쓰도록 그들을 유도하는 것이다(김성곤, 24-30).[7]

이러한 연유로 인해 흑인여성비평가들은 흑인여성작가들의 작품들이 그들에게 강요되어온 정치, 사회, 경제적 경험의 직접적인 결과로서 주제나 문체 등의 표현양식에 있어 공통된 접근방식을 취하고 있다는 점을 주목할 수 있다(Smith, 8). 여기서 우리는 조라 닐 허스트, 엘리스 워커, 그리고 토니 모리슨 등이 자신이나 작중인물들의 생각을 표현하기 위해 그들만의 언어를 사용한 것은 결코 우연의 일치가 아님을 알 수 있다. 그런데 이것은 흑인여성작가들 스스로가 자신들이 속한 흑인공동체의 중요성을 인식하고, 그것과의 관계를 매우 소중히 한다는 점을 증명한다. 이에 대해 메리 헬렌 워싱턴Mary Helen Washington은 흑인공동체 내부의 여성들 간의 시공을 초월한 유대감이 이들의 존재와 성장에 가장 핵심적인 역할을 하고 있다고 논평한다(35).

모리슨은 오랫동안 흑인문화와 백인문화의 가치충동 사이에서 흑인

---

[7] 탈식민주의는 지배권력의 언술행위에 대항하는 반언술을 창출해낸다는 점에서 포스트모더니즘(Post-Modernism), 탈구조주의(Post-Structuralism)와 상통한다. 반언술은 중심에 대항하는 주변, 그리고 제국주의적 언술에 대항하는 피지배 식민지들을 위한 언술을 의미한다. 반언술이론은 1986년 리처드 터디만(Richard Terdiman)이 출판한 책 『언술과 반언술』(*Discourse/ Counter-Discourse*)에서부터 활발히 논의되기 시작해, 1987년에 나온 헬렌 티핀(Helen Tiffin)의 글 「탈식민 문화와 반언술」(*Post-Colonial Literatures and Counter-Discourse*)과 스티븐 셀먼(Stephen Selmon)의 『제국의 기념비들: 탈식민적 글쓰기의 알레고리와 반언술』(*Moments of Empire: Allegory/ Counter-Discourse/Post-Colonial Writing*)에 의해 본격화되었다. 반언술에 대한 이와 같은 관심은 자연히 침묵당하고 소외되고 상속권이 박탈된 타자에게 잃었던 목소리를 되돌려주는 계기가 되었다(김성곤, 29).

들이 "어떻게 온전히 살아남을 수 있을까"How to survive whole?(Bakerman, 69)라는 생존전략에 대해서도 깊은 관심을 가져왔다. 모리슨의 이러한 태도는 탈식민주의적 시각에서 볼 때 식민지 이전의 자국의 문화와 언어 회복이 불가능하다는 것을 인정하면서 현재의 다문화적 리얼리티, 즉 현실상황을 수긍하는 '통문화적 혼성성'cross-cultural hybridity을 인정한 것으로 볼 수 있다.[8] 그녀는 이 생존전략에 대한 대답으로 긍정적인 것만을 제시하지 않고, 오히려 부정적인 것을 대비시킴으로써 긍정을 강조하는 효과를 취한다.

이 과정에서 모리슨도 다른 흑인여성작가들처럼 여러 가지 다양한 소설기법들을 사용해 왔는데, 그 중에서도 가장 두드러진 것이 패러디와 그로테스크한 기법이다. 그녀는 흑인문학의 특징인 우화나 환상적 요소, 신화적인 전설 등을 작품의 소재로 선택하면서, 백인에 의해 왜곡되어졌던 흑인사회의 역사적 사실들을 새롭게 조명하기 위한 방법으로 패러디와 그로테스크라는 방법을 채택한다. 패러디는 탈식민주의의 문학적 전략인 '되받아쓰기'write back와 같은 맥락에서 이해될 수 있는 것으로, 역사를 재탐색함으로써 지배문화가 흑인들의 역사에 가했던 왜곡과 손상을 정정하려는 모리슨의 의도가 짙게 깔려있는 것이다. '그로테스크'grotesque라는 용어의 기원은 로마문화의 초기 기독교 시대로까지 거슬러 올라가지만,[9] 문학에서의 그로테스크는 셔우드 앤더슨Sherwood

---

[8] 탈식민화를 제시된 전략은 크게 두 가지로 분류되는데, 그 첫 번째가 식민지 이전의 자국의 문화와 언어 회복을 주장하는 태도이고, 두 번째가 그것의 불가능성을 인정하고 문화적 합병을 제안하는 태도이다. 대부분의 탈식민주의 작가와 비평가들은 국수주의에 빠지기 쉬운 전자보다는 후자를 지향한다. 따라서 그들은 통문화적 혼성성을 인정하는데, 이러한 이유로 탈식민주의 문학은 망명의식, 소유권 및 상속권 박탈의 문제, 중심문학과 주변문학, 소속과 자리 뺏김의 문제, 그리고 지배문화의 불가시적 억압과 임의적인 정체성 부여문제 등을 다룬다. 이러한 문제들이 『가장 푸른 눈』을 비롯한 대부분의 모리슨 작품에서 다루어지고 있다는 점에서 그녀의 문학을 탈식민주의 문학이라고 지칭할 수 있는 근거가 제공된다.

[9] 초기 기독교 시대의 그로테스크는 하나의 예술풍조로써 회화면에서 인간, 동물, 식물 등의 요소가 복잡하게 결합된 하나의 스타일이었다. 아서 클레이보로우(Arthur Clayborough)는 그로테스크한 양식의 예술이 갖는 특

Anderson의 『와인즈 버그, 오하이오』Winesburg, Ohio라는 작품에서 가장 잘 설명된다. 앤더슨은 작품의 서문격인 "그로테스크한 사람들의 책"The Book of the Grotesque을 포함, 총 22편의 단편들로 이루어진 이 소설에서 인간소외로 인해 병들은 사람들의 생활과 그 내면세계를 그려내고 있다. 여기서 그는 인간의 내면적인 욕구가 억눌려짐으로써 고립되고 좌절된 인물들을 '그로테스크'라는 용어를 들어 설명한다.[10]

그런데 앤더슨의 관점에서 본 그로테스크는 『가장 푸른 눈』의 주인공인 피콜라, 클라우디아, 폴린, 촐리의 모습에서도 공통적으로 나타난다. 피콜라는 아름다운 백인소녀 셜리 템플Shirley Temple을 따르는데 어떠한 흔들림도 없다. 그녀는 오직 자신의 우상, 즉 셜리 템플과 같이 되기를 바라는 신자의 모습으로 작품 전체에서 묘사되는데, 이것은 피콜라가 자아에 대한 어떠한 확신도 갖고 있지 않다는 것과 그로 인하여 야기될 그녀의 비참한 결말을 암시한다.

모리슨의 초기 작품인 『가장 푸른 눈』은 이미 많은 선행연구가 이루어진 바 있으나 한동안 뜸했던 이 작품의 연구에 대한 필요성이 느껴지는 것은, 모리슨의 소설기법에 대한 연구가 아직도 미비하다는 점과 또한 현대 미국 사회의 모습, 현대인의 모습에서 드러나는 상징적 자아 결핍, 자아의 소외, 자기 경멸 등의 인간의 근본적 속성에 대한 갈증 때문일지도 모르겠다. 본 연구는 미국사회의 모순을 통해 모리슨이 말하

성을 자연스런 질서에 대한 거부이자 동시에 비웃음과 불만을 표시하는 것이라고 하였다. 볼프강 카이저(Wolfgang Kayser)는 멀리 떨어져 있거나 소외된 세계를 표현하는 말로써 희극적이거나 무서운, 또는 그 두 가지 요소를 모두 갖추고 있는 것으로 보았고, 필립 톰슨(Philip Thomson)은 그로테스크의 정의를 서로 양립할 수 없는 것들이 조화되지 못한 채 비정상적인 상태로 남아있는 것을 의미한다고 하였다(Thomson, 13–27).

[10] 앤더슨은 『와인즈버그, 오하이오』에서 보기에는 못생긴 "비틀어진 사과"(twisted apples)가 보기 좋은 사과보다 더 맛있는 것처럼 그로테스크한 인물들도 사회에서 인식될 때는 그 사회의 부적응자로 오인되지만, 그들의 내면세계는 좌절의 경험을 갖지 못한 일반인들보다 더 진실하다는 것을 보여주었다. 아이린 맥케나(Irene McKenna)는 앤더슨의 그로테스크 관점에 찬성하면서 인간은 누구나 그로테스크한 면을 갖고 있기 때문에, 그 내면에는 어둠과 밝음의 양면성이 항상 존재한다고 주장한다(76).

는 현대인의 고갈되고 비틀린 모습을 『가장 푸른 눈』에서 드러나는 반언술적 소설기법을 통해 전면적으로 재고찰해 보고자 한다.

패러디 기법

『가장 푸른 눈』은 간략히 두 유형의 서문으로 시작된다. 하나는 1930-1940년대 미국 초등학교 교과서에 등장하는 이상적인 가족상에 대한 서술이고, 또 다른 하나는 소설의 결말을 암시하는 불모의 땅에 관한 서술이다. 이 두 서문은 매우 대조적으로 이상적인 가족상의 모습에서는 풍요로움과 안락함, 행복이 넘치는 반면, 불모의 땅에서는 금잔화를 비롯해 사람들까지 죽어가는 황폐한 모습이 그려져 있다. 여기서 우리는 백인 중산층 이데올로기가 지배하는 사회에서 백인들이 가지는 풍요로움과 흑인소녀들이 가지는 빈곤한 현실 사이의 대비를 읽을 수 있으며, 또한 백인세계와 부르주아 계급을 동일시하는 작가의 태도가 드러남을 알 수 있다(Willis, 83).

모리슨은 이상적인 가족상에 대한 서술을 한 번은 구두점이 없이, 또 한 번은 단어 사이의 여백이나 구두점이 전혀 없는 상태로 반복하여 서술한다. 이것은 미국의 이상적인 가족형태가 붕괴되어가는 이미지를 나타내기 위한 것이기도 하고, 또한 작품 속에 등장하는 다양한 가족들의 유형을 상징하기 위한 것이기도 하다.

집이 있군요. 초록색과 하얀색이 칠해져 있는 집이죠. 빨간색 문이 있어요. 정말 아름답군요. 한 가족이 살고 있어요. 이 가족은 아주 행복합니다. 제인을 볼까요. 그녀는 빨간 드레스를 입고 있어요. 그녀는 놀고 싶어요. 제인과는 누가 놀아줄까요? 고양이를 볼까요. 고양이는 야옹거리죠. 이리 와서 같이 놀자. 제인과 같이 놀자. 그러나 새끼 고양이는 놀려고 하지 않아요. 어머니를 볼까요. 어머니는 아주 멋져요. 어머니, 제인과 같이 놀아 주실래요? 어머니는 웃으셔요. 웃으셔요. 어머니는 웃으시는군요. 아버지를 볼까요. 아버지는 크고 강하십니다. 아버지, 제인과 놀고 싶지 않니? 강아지가 뛰어갑니다. 뛰어갑니다. 강아지가 뛰어가는군요. 보세요, 보세요. 친구가 오고 있어요. 친구는 제인과 놀려고 오고 있는 것이에요. 재미있는 놀이를 할 거에요. 신나게 논다, 제인은 신나게 놀아요. (4)

첫 번째 서문에서는 고양이와 강아지 등의 애완동물과 멋진 어머니, 그리고 크고 강한 아버지가 있는 행복한 가족의 모습으로 흑인들로서는 도저히 얻을 수 없는 동화와 같은 세계이다. 두 번째 구두점을 없앤 서술에서는 질서가 가능한 세계 속의 무질서를 볼 수 있다. 이것은 독자가 인정하고 인식할 수 있는 세계이며 경제적인 어려움, 인종적인 편견에도 불구하고 사랑과 절제와 질서를 지니려고 노력하는 맥티어MacTeer가로 대표되는 세계이다. 마지막으로 구두점도, 단어 사이의 여백도 없이 반복되는 세 번째 서술은 질서의 괴멸과 혼돈을 보여주는데, 이것은 피콜라의 가족인 브리들러브가Breedlove를 상징한다고 할 수 있다(Klotman, 123) 이렇게 교과서 속에서나 등장할 법한 서문의 반복된 서술을 통해서 우리가 알 수 있는 것은 학교에서 흑인아이들에게 심어주는 것이 그들의 실제 삶과는 얼마나 동떨어진 허상의 세계인가를 보여줌으로써, 미국 내 이상적인 가족상에 대한 신념을 해체시키고자 하는 작가의 의도이다(Awkward, 61).

그리고 특히 이 서문에서 등장하는 "집", "고양이", "어머니", "아버지",

"강아지", "친구" 등은 미국이 선전하는 이상적인 가족상이 흑인들의 실제 삶에는 적용될 수 없는 기만적이고도 오도된 것임을 보여주는 중요한 요소로써 사용된다. 모리슨은 이 일곱 가지 요소들을 〈가을〉, 〈겨울〉, 〈봄〉, 〈여름〉으로 분류되어 있는 소설의 구조 속에서 각 장면에 알맞은 플롯의 핵심이 되도록 패러디 하고 있다. 예컨대 〈가을〉에서는 "집"과 "가족"이, 〈겨울〉에서는 "고양이"가, 〈봄〉에서는 "어머니", "아버지", "강아지"가, 〈여름〉에서는 "친구"가 소제목으로 소속된다.

〈가을〉에서 "집이 있군요"라는 소제목 하에 보이는 피콜라의 집은 이상적인 가족상의 그것과는, 또한 풍요로운 결실의 계절이 주는 상황과는 너무나 대조적인 방치된 채 버려진 상점으로 묘사된다. 이 상점은 주변의 환경과는 전혀 조화를 이루지 못하는 짜증스러운 존재일 뿐만 아니라, 인근 주민들에게는 그것의 음울한 모습 때문에 피할 정도로 초라한 존재이다.

이렇듯 브리들러브 가족들이 거주하고 있는 집의 음울한 분위기는 실제로 그 내부에서 살고 있는 브리들러브 가족들의 분위기와도 일치한다. 이들은 이웃에서 일어나는 어떠한 소동에도 관여하지 않고 그저 상자와도 같은 상점 속을 미끄러지듯 드나든다. 그들은 미래에 대한 어떠한 확신도 없이 그저 무의미한 삶을 살아가고 있는데, 작가는 브리들러브 가족들의 이러한 모습을 현실이라는 이불을 바느질하는 것으로 비유한다.

> 가족들은 저마다 자기 자신이란 의식의 세포 속에서, 여기서 경험의 부스러기를 줍고 저기서 지식의 쪼가리를 주우면서 현실이라는 이불을 누덕누덕 기워가며 살아나갔다. (34)

또한 먼지를 뒤집어 쓴 채 몇 년째 서있는 인조 크리스마스트리, 배달될 때부터 뒷부분이 갈라져 있던 소파, 늘 죽어가는 난로불 등의 을씨년스런 집안풍경은 브리들러브 가족 구성원들 간에 사랑이 식은 지 이미 오래되었음을 암시한다. 이제 그들 사이에 남은 것이라고는 가족이라는 허울 밑에 숨겨진 서로에 대한 증오이며 이것은 종종 폭력과 욕설로써 분출된다. 예컨대 "한 가족이 살고 있습니다"라는 제목 하에서 벌어지는 촐리와 폴린의 부부싸움은 서로를 죽일 정도로 격심한 폭력이 난무한다. 그런데 여기서 우리가 주의를 기울여야 할 것은 부모들의 싸움에 대한 자녀들의 반응이다. 새미Sammy와 피콜라는 부모들의 싸움에 있어 너무나도 극명한 대조를 이루는데, 먼저 새미는 아버지에게 "벌거숭이 자식"You naked Fuck(44)이라고 계속 소리를 지르면서 촐리를 죽일 것을 주장하여, 그에게 폭력을 휘둘렀던 폴린을 오히려 놀라게 만든다.

반면에 피콜라는 조그마한 목소리로 "그러지 마세요, 브리들러브 부인. 그러지 마세요."Don't, Mrs. Breedlove, Don't(43)라고 속삭이면서 부모들의 싸움이 멈추길 바랄뿐이다. 이와 함께 그녀가 할 수 있는 일이란 오직 자신의 몸이 사라지게 해달라고 신께 기도하는 것이다. 그러나 자신의 몸이 하나씩 해체되어 가는 상상 속에서 그녀의 눈만은 결코 사라지지 않는다. 왜냐하면 그녀에게 있어서 눈은 가장 중요한 것이기 때문이다. 피콜라는 눈 때문에 자신이 추하다고 믿었고, 따라서 아름다운 백인소녀 셜리 템플의 눈처럼 자신도 푸른 눈을 가지고 있으면, 모든 사람들이 자신을 무시하거나 경멸하지 않을 것이며 부모들 또한 싸움을 하지 않을 것이라고 확신한다. 그래서 그녀는 매일 밤 푸른 눈을 갖게 해달라고 기도한다. 여기에서 피콜라는 자아에 대한 확신이 부족하다는 것을 여실히 드러내는데, 이것은 폭력과 욕설, 그리고 삭막한 집안풍경으로 대변되는 브리들러브 가족들 간의 깊고 넓은 괴리감에서 비롯되는 것이다.

이렇듯 브리들러브 가족들이 보여주는 서로에 대한 깊은 증오심은 이상적인 가족상의 사랑과 화목함과는 너무나도 대조적인 것으로, 여기서 우리는 브리들러브 가족들이 교과서속의 이상적인 가족상을 패러디하고 있음을 알 수 있다.

〈가을〉에 이어 〈겨울〉에서는 백인중심의 가치기준에 길들여진 흑인 상호간의 갈등으로 인해 피콜라의 자아가 상처받게 되는데, 이러한 상황은 피부색이 덜 검다고 우월감을 느끼는 모린 필Maulin Peal과 제랄딘 Geraldine, 그리고 흑인소년들에 의해서 조성된다. 어느 날 모린과 함께 하교하던 클라우디아와 프리다Frieda는 흑인소년들에 의해서 괴롭힘을 당하고 있는 피콜라를 만나게 된다. 피콜라를 괴롭히던 소년들은 그녀 아버지의 검은 피부색깔과 잠버릇을 가지고 그녀를 놀려대고 있었는데, 그들 자신의 피부색깔 역시 검다는 것을 생각해 볼 때 이들의 행동은 피콜라를 괴롭힘으로써 자신들이 갖고 있는 자기혐오를 분출하는 것이라고 할 수 있다.

> 첫 모욕은 그들 자신의 검은 피부색에 대한 자기경멸이었다. . . . 그들은 자신이 부드럽게 가꾼 무지, 공들여서 배운 자기혐오, 고심해서 생각해낸 절망감 등 모든 것을 취해서, 그것을 여러 해 동안 그들 마음속의 텅 빈 골짜기 속에서 – 태웠고 식힌, 그리고 만나는 무엇이든 간에 태워버리는 모욕의 입술로 흩뿌려졌던 경멸의 불길 속으로 모든 것을 빨아들였다. 그들은 자신들의 목적을 위해 제물로 바치려고 준비한 희생자를 둘러싼 채 끔찍한 죽음의 춤을 추었다. (65)

피콜라의 부모, 촐리와 폴린은 어떠한가. 부모와 자식 간의 사랑에 대한 촐리의 무지는 그가 피콜라에게서 느끼게 되는 자신의 무력감을 떨쳐버리기 위해서, 그리고 그녀에 대한 자신의 사랑을 표현하기 위해서 피콜라를 강간하게 되는 근본적인 원인을 제공한다. 비정상적인 성장과정과 생활태도에서 연유한 폴린과 촐리의 불안정한 자아와 부정적인 태도는 서문에서 보인 이상적인 부모상이 패러디된 모습이다. 특히 그들의 부정적인 태도는 딸의 자아형성을 방해하는 가장 큰 요인으로 작용한다. 하지만 피콜라는 부모의 부정적인 영향으로 인해 끊임없이 자기혐오와 자기비하에 시달리면서도, 정작 이 상황을 벗어나려는 어떠한 노력도 하지 않는다. 오히려 그녀는 자기 자신이 추하다고 스스로 단정 짓는다. 그녀의 이런 소극적이고도 자기부정적인 태도는 결국 피콜라로 하여금 그녀 스스로 현실을 도피하게 만든다.

소설의 마지막 구조인 〈여름〉에서 피콜라는 그녀를 진정으로 사랑하는 친구를 만나게 된다. "보아라 보아라 친구들이 온다"라는 소제목 하에 묘사된 두 사람의 대화는 피콜라와 그녀 친구와의 대화인데, 여기서 우리는 그녀의 친구가 피콜라의 자아임을 알게 된다. 하지만 그녀의 자아는 그녀의 부모를 비롯해서 피콜라를 무시하고 경멸하는 이들에 의해 이미 상처받을 대로 상처받은 상태이다. 그런데 이러한 상황을 더욱더 악화시키는 것은 피콜라의 현실도피적인 행동이다. 그녀는 자신이 처한 현실상황을 회피한 채 상상 속으로 도피함으로써 자신의 자아를 더욱 허약하게 만든다. 따라서 피콜라의 허약한 자아는 그녀로 하여금 현실을 타개해 나갈 어떠한 용기와 방법도 제공해주지 못하며, 단지 그녀의 상상속의 푸른 눈을 칭찬해줌으로써 피콜라를 위로할 뿐이다.

그런데 여기서 우리가 주의를 기울여야 할 것은 이 작품에서 등장하는 토요일의 분위기이다. 일반적인 토요일의 이미지와는 달리 클라우디아는 토요일을 "쓸쓸하고 심드렁하며, 비누거품은 날"Saturdays were lonesome, fussy, soapy days(25)이라고 표현한다. 이것을 증명이라도 하듯 가장 푸른 눈에서 보이지는 토요일은 대체적으로 음울하고 어두우며 또한 비극적이다. 그리고 이 작품에서 나타나는 성적인 무질서-촐리의 첫 성경험, 촐리의 피콜라 강간, 프리다에 대한 헨리Henry의 성적 추행-는 모두 토요일과 연관되어 발생한다. 예컨대 피콜라는 어느 토요일 오후 그녀의 아버지로부터 강간을 당하게 되는데, 이것은 그녀가 첫 월경을 토요일에 시작했던 것에서 이미 암시되어진 것이다.

피콜라가 첫 월경을 시작한 토요일, 그녀는 셜리 템플의 모습을 조금이라도 더 보기위해서 우유를 많이 마시다가 클라우디아의 어머니인 맥티어 부인으로부터 꾸중을 듣는다. 맥티어 부인의 잔소리를 피해 집밖으로 나온 피콜라는 갑자기 클라우디아와 프리다 앞에서 치마를 적갈색으로 물들이며 월경을 시작한다. 이것에 대해 클라우디아와 프리다는 피콜라가 아기를 낳을 수 있는 완전한 여자로 성숙하였다는 사실을 깨달으면서 그녀에게 경이로움을 표시하지만, 정작 피콜라는 어떻게 하면 아기를 가지게 되는지, 어떻게 하면 사람들이 자신을 사랑해 줄 수 있는지가 궁금할 따름이다. 하지만 그녀의 궁금증은 딸에게 연민을 느낀 아버지의 근친상간으로 인한 임신으로 해소된다.

피콜라를 강간하는 촐리에게 있어서도 토요일은 늘 음울한 분위기로 기억된다. 촐리를 돌봐주던 단 하나의 혈육인 지미 할머니는 비오는 어느 토요일 밤 갑작스럽게 세상을 떠남으로써, 촐리가 첫 성경험을 하게 되는 계기를 마련한다. 그렇지만 그의 첫 성경험은 촐리로 하여금 수치심과 자신의 무력함만을 깨닫게 할 뿐이다. 따라서 그는 이것에서 벗어나기 위해 아버지를 찾아가지만, 아버지 역시 촐리에게 절망감만을 심어줄 뿐이다. 그리고 폴린과의 결혼생활에서도, 또한 자식과의 관계에서도 끊임없이 무력감에 시달리던 촐리는 결국 어느 토요일, 연민과 증오에 휩싸인 채 피콜라를 강간하게 된다.

토요일에 발생하는 또 다른 성적인 무질서는 클라우디아의 하숙인이자 이중적인 성격의 소유자인 헨리에 의해서도 발생된다. 〈가을〉의 어느 토요일, 클라우디아의 집에 나타난 헨리는 〈봄〉의 어느 토요일에 프리다를 성적으로 추행한다. 그런데 그가 프리다를 추행한 토요일은 피콜라가 펴셔가의 부엌에서 음식물을 엎질러 부엌을 더럽힘으로써, 어머니로부터 폭력과 욕설을 듣게 되는 날과 동일한 날이기도 하다.

이렇듯 비극적이고도 그로테스크한 사건들이 토요일에 일어나는 것은 모리슨이 토요일의 우울한 분위기를 부각시킴으로써, 일반적으로 인식된 토요일의 즐거움을 패러디하려는 의도에서 비롯되고 있다. 이렇게 함으로써 모리슨은 미국이 자랑하는 일반적인 사회적 인식이 흑인들과는 무관한 것임을 보이고 있는 것이다.

이와 같이 서문에서 등장하는 "집", "가족", "아버지", "어머니", "친구" 등은 소설의 구조 속에서 각 장의 플롯의 핵심이 됨과 동시에, 이상적인 가족상을 자연스럽게 패러디하고 있다. 그리고 이러한 패러디 기법 속에서 각 등장인물들의 그로테스크함이 돋보이고 있는 것이다.

그로테스크한 인물묘사 기법

본 연구에서 이야기 하고자 하는 그로테스크함은 흑인공동체 내의 그로테스크함과 함께 촐리와 폴린, 그리고 피콜라에 관한 것이다. 특히 촐리는 근친상간이라는 가장 직접적이고도 파괴적인 방법으로 그녀를 파멸시킨다. 그러나 작가는 그의 파괴적이고도 그로테스크한 행위를 보여주기 전에 촐리의 어린 시절을 서술함으로써, 촐리의 그로테스크함이 결코 단순하게 형성된 것이 아님을 보여준다. 이와 더불어서 소설의 화자인 클라우디아를 비롯한 흑인공동체 구성원들과 주인공 피콜라의 자기부정과 자기혐오로 야기된 사고와 행위가 제시됨으로써, 그들이 갖는 그로테스크함의 원인 또한 제공된다.

소설의 시작단계에서 볼 수 있는 것은 클라우디아가 침대에 토해 놓은 자신의 구토물에서 깨끗함과 더러움을 동시에 느끼는 장면이다.

> 그 토해 버린 오물이 베개 위에서 침대보를 더럽히며 흐른다. 오렌지빛 반점이 섞인 녹회색 구토물. 그것은 어찌 보면 깨어 놓은 달걀의 내용물이 미끄러져 움직이는 것같이 보인다. 완강하게 그 자체의 덩어리에 엉겨 붙어서 깨어지거나 제거되어 떨어지는 것을 거부하면서. 나는 궁금했다. 그것은 동시에 어떻게 그렇게도 깨끗하고 또 더러울 수 있을까? (11)

구토물에서 깨끗함을 발견할 수 있는 클라우디아의 능력은 그녀가 일반적인 통념에 사로잡히지 않고 사물, 그 자체를 직시하는 능력을 갖고 있음을 보여준다. 클라우디아의 이러한 태도는 그녀로 하여금 대부분의 사람들이 감탄해마지 않는 백인소녀의 금발 머리와 푸른 눈의 아름다움에 의문을 갖게 하고, 그 의문을 해결하기 위해서 크리스마스 선물로 받은 푸른 눈과 금발머리의 아기 인형을 분해하게 만든다.

> 나는 처음 인형 그 자체의 모습에 넋을 잃을 지경이었다. 그것을 어떻게 가지고 놀아야 하는지를 궁리했다. 인형의 어머니 역할을 할까? . . . 나

는 그 둥글고 정신박약적인 눈과 팬케이크 같은 얼굴, 오렌지 빛 머리칼 등 인형이 모습에서 비위가 상하였고 은근히 두렵기까지 하였다. . . . . 나는 오로지 한 가지 욕망을 가지고 있었다. 인형을 분해하는 것이다. 그것이 무엇으로 만들어졌는가를 알기 위해서, 사랑스러움을 발견하기 위해서, 아름다움을 찾아내기 위해서, 유독 나만은 알지 못하는 그것을 알고 싶었다. . . . 나는 한 번에 한 줄로 그려진 눈썹에 놀라면서 손가락으로 얼굴을 만져보고 팽팽한 빨간 입술 상에 두 줄의 피아노 건반처럼 끼어있는 진주 같은 이빨을 만져보았다. . . . 나는 그것을 사랑할 수 없었다. 그러나 나는 온 세상에 사랑스럽다고 말하는 그것이 무엇인지를 알기 위해 그것을 검사해 볼 수는 있었다. (20-21)

클라우디아가 백인소녀의 미에 대한 궁금증을 풀기 위해 인형을 분해하는 행동은 셜리 템플의 미를 맹목적으로 숭배하는 프리다와 피콜라의 모습과는 크게 대조된다. 하지만 그로테스크하게도 클라우디아는 이 사건 이후 살아있는 귀여운 백인소녀도 분해하고 싶은 충동을 느끼게 된다. 그렇지만 그녀는 자신의 폭력적인 호기심에 대해 수치심을 느끼고 그러한 욕구를 억제한다. 이에 대해 비평가 윌프레도 사무엘스는 클라우디아의 이러한 모습은 인간과 사물을 혼동하는 태도로써, 백인중심의 문화가 지닌 비인간화의 한 단면을 역설적으로 증명하는 예가 된다고 주장한다(192).

그리고 촐리와 함께 이 작품에서 등장하는 몇몇의 흑인남성인물들 중 클라우디아의 하숙인으로 등장하는 헨리는 흑인공동체의 신의를 저버리는 흑인남성의 표본으로 제시된다. 그는 맥티어 부인이 이웃집 여인들과 나누는 대화에서 처음 소개되는데, 이때 그녀들이 나누는 대화는 헨리가 이전에 있었던 하숙집 주인인 델라 존슨에 관한 이야기이다.

델라 존슨Dela Johnson은 마을 사람들로부터 신앙심이 깊고 정숙한 여자로써 칭송받았으나, 정작 그녀의 남편인 존슨은 그녀가 너무 깨끗하고 정숙하다는 이유로 술집 여자와 함께 도망을 친다. 그 충격으로 인해 정신분열증에 걸린 그녀는 자신의 식구들도 알아보지 못하게 된다. 이처럼 헨리의 등장이 비정상적이고 그로테스크한 흑인공동체 구성원들에 관한 서술로 시작된 것은 작가인 모리슨이 헨리의 성격 또한 심상치 않음을 은연중에 암시하기 위함인 듯하다.

〈가을〉의 어느 토요일 저녁 헨리는 싱싱한 나무와 레몬 향기를 풍기면서 클라우디아의 집에 나타난다. 그는 웃을 때마다 가운데 이 하나가 빠진 것을 드러내는데, 이것은 소설의 결말부분에서 임신한 폴린이 스크린의 환상에 젖어있을 때 점차 자아를 상실하게 되면서 이를 잃었던 것과 연결된다. 즉 헨리는 첫 등장에서부터 이가 없는 모습을 보여줌으로써 그의 자아가 이미 상실되었음을 드러낸다. 헨리는 클라우디아와 프리다에게 동전이 사라지는 마술을 보여주면서 맥티어 가족을 즐겁게 한다. 그러나 〈겨울〉에서는 그는 클라우디아와 프리다에게 그들을 즐겁게 했던 동전을 주면서 밖으로 내보낸 뒤 창녀들을 집안으로 끌어들인다. 헨리가 창녀들과 어울리는 모습을 엿본 클라우디아는 말할 때마다 보이는 그의 이가 친절하면서도 절망스럽게 느껴졌음을 고백한다. 〈봄〉에서 헨리는 클라우디아의 언니인 프리다를 추행하는데, 그의 이러한 행동은 〈가을〉을 거쳐 〈겨울〉에서 보여준 행동에서 이미 예상되었던 것이다.

한편 피콜라는 첫 등장에서부터 집이 불에 타 갈 곳이 없는 인물로 묘사됨으로써, 처음부터 자신이 있어야 할 자리를 찾지 못하고 방황하는 허약한 자아를 가진 인물로 표현된다. 또한 피콜라가 야코보코스키

Yacobowski 가게에 들어서기 전 길가에 핀 민들레를 보며 느꼈던 긍정적인 감정이 가게를 나온 뒤, 그것을 그저 한낱 추한 잡초라고 생각하는 부정적인 시각으로 바뀌는 것에서도 그녀의 자아가 얼마나 허약한지를 드러낸다.

야코보코스키 가게에서 피콜라는 자신을 한 인간으로서가 아닌 '아무 것도 아닌 것'nothing으로 격하시키는 백인의 시선을 느낀다.

> 시간과 공간 속 어떤 고정점에서도 그는 애써 보려고 힘을 낭비할 필요가 없다는 것을 자각했다. 그는 그녀를 보지 않았다. 왜냐하면 거기에는 그가 볼 것이 아무 것도 없었기 때문이다. (48)

야코보코스키의 이러한 태도는 피콜라의 마음에 커다란 상처를 남기고 그녀로 하여금 길가에 핀 민들레와 자신을 동일시하게 만든다. 월프레드 사무엘스는 이와 같은 현상을 한 개인이 다른 사람에게 자신이 어떻게 비치는 가를 의식하기 전에는 독자성과 자부심을 지니지만, 그것을 의식한 이후에는 그 개인은 타인의 눈에 비치는 한낱 대상이자 사물로 전락할 뿐이라는 사라트르의 '시선'Look의 개념을 빌어 설명한다(17).

인간으로 인식하기를 거부하는 야코보코스키의 태도를 어떠한 저항도 없이 수용하는 피콜라는 그것을 자기부정, 자기경멸로 연결시킨다. 그리고는 스스로를 위로하면서 자신의 눈앞에 펼쳐진 금발머리와 푸른 눈의 메리 제인 그림을 바라보며 사탕을 먹는다. 그런데 그로테스크하게도 피콜라는 메리 제인의 그림이 그려진 포장지의 사탕이 그녀의 푸른 눈이라고 생각하면서 사탕을 먹는데 이것이 메리 제인의 푸른 눈을 먹는 것이라고 착각한다. 그리고 사탕을 먹음으로써 자신이 메리 제인이 된다고 상상한다.

피콜라의 이러한 태도는 부모나 친구들로부터 자신이 사랑받지 못하는 이유를 자신의 추한 눈 때문이라고 믿은 것에서 비롯된다. 따라서 그녀는 자신이 푸른 눈을 가지게 되면 모든 사람들이 자신을 사랑해 줄 것이며, 심지어는 부모들의 싸움조차도 일어나지 않을 것이라고 확신한다. 때문에 그녀는 매일 밤 푸른 눈을 갖게 해달라고 기도한다.

> 예쁜 눈, 예쁜 푸른 눈, 크고 푸른 예쁜 눈.
> 달려간다. 지피, 달려간다. 지피가 달려간다, 엘리스가 달려간다. 엘리스는 푸른 눈을 가졌다.
> 제리는 푸른 눈을 가졌다. 제리가 달려간다. 엘리스가 달려간다. 그들은 푸른 눈과 함께 달려간다. 네 개의 푸른 눈. 네 개의 예쁜 푸른 눈. 푸른 하늘 같은 눈. 포레스트 부인의 푸른 블라우스 같이 푸른 눈. 아침처럼
> - 빛나는 - 푸른 - 눈. 엘리스 - 와 - 제리의 - 푸른 - 이야기책 - 눈. (46)

이렇듯 푸른 눈에 대한 피콜라의 열망과 갈구는 그녀가 아버지로부터 강간을 당한 후, 마지막 피난처이자 모든 문제의 해결책인 푸른 눈을 얻기 위해서 가짜 심령술사인 소파헤드 처치Soaphead Church를 찾아가게 만든다.

그러나 소파헤드는 푸른 눈을 얻기 위해 자신을 찾아온 피콜라에게 자신이 해 줄 수 있는 일이라고는 하나도 없음을 깨닫게 해 준다. 그는 자신이 증오하는 개 밥Bob을 죽이기 위해 마련한 약을 통조림에 넣은 뒤 그것을 피콜라에게 준다. 그리고는 만약 이것을 먹은 개가 죽는다면, 신께서 그녀에게 푸른 눈을 줄 것이라며 거짓말을 한다. 약이 든 음식물을 먹은 밥이 경련을 일으키며 죽자, 피콜라는 개가 죽음으로써 신이

자신에게 푸른 눈을 줄 것이란 소파헤드의 말을 믿게 된다. 그리고 마침내 이 장면 이후의 그녀는 비록 완전한 정신분열 상태이기는 하지만, 자신이 원하는 푸른 눈을 가진 듯하고 더불어서 진정한 친구를 찾은 듯하다. 그러나 그녀의 친구는 거울 속의 또 다른 자신의 자아로써, 단지 그녀의 상상속의 푸른 눈을 칭찬해 줄 뿐, 피콜라가 현재의 괴로운 상황을 벗어날 수 있는 어떠한 지혜와 용기도 제공하지 못한다.

이렇게 피콜라의 자아가 부정적이고 소극적인 것은 근본적으로 그녀의 부모인 폴린과 촐리가 그들 스스로에 대해 가지는 자기혐오에서부터 비롯된다. 그들의 자기혐오는 딸의 자아가 건강하게 성숙할 수 있는 어떠한 밑거름도 되지 못한다. 오히려 그들은 상대방을 죽일듯한 폭력을 자녀들 앞에서 거리낌 없이 휘두름으로써 자녀들의 자아가 원만하게 성장하는 것을 방해한다.

백인 가정에서 하녀로 일하는 폴린은 남편인 촐리를 인생의 실패자이자 죄인의 본보기로 삼으면서, 자신의 아이들을 그녀가 짊어지고 나가야할 십자가로 여긴다. 남편에 대한 폴린의 부정적인 시각은 때때로 그녀가 주님께 드리는 기도에서 드러난다. 그녀는 예수님께 "완두콩만한 양심으로부터 그 잡초를 때려눕힐 수 있도록 도와주십사"(42)하고 기도드린다. 폴린에게 있어서 촐리는 신이 그녀를 벌주기 위해 보낸 형편없는 남자이며, 구원이라는 말조차 거론할 자격이 없는 사람이다. 하지만 젊은 시절의 촐리는 폴린에게 사랑이란 것을 알려준 첫 남자였다.

폴린은 그녀가 두 살 되던 해 가족들의 무관심 때문에 녹슨 못에 한쪽 발을 찔렸는데, 이것은 그녀를 절름발이로 만들지는 않았으나 그녀로 하여금 가족들이 지어놓은 고치 속에서 홀로만의 즐거움을 만들어 나가게 하였다. 그녀의 즐거움이란 집안의 물건들을 자신의 손으로 직접 정돈하는 것으로, 이러한 습성은 일생동안 계속도어 훗날 피셔가의 완벽한 하녀의 모습에서 더욱 잘 드러난다. 이는 질서를 만들어냄으로써 자신의 불구와 추함을 보상받고자 하는 욕구 때문인 듯하다.

사춘기가 되자 폴린은 외로움을 느끼게 되고 막연히 낭만적인 사랑을 꿈꾸는데, 이러한 그녀가 처음으로 관심을 보인 남성이 바로 남편 촐리였다. 그러나 촐리와의 결혼과 함께 북부로 이주한 폴린은 백인들에 의한 억압보다도 더 견디기 힘든 흑인 상호간의 차별로 인한 소외감으로 괴로워하게 된다. 폴린의 이웃들은 그녀의 촌스러운 옷차림과 머리모양을 조소하였으며, 그녀의 말하는 어투가 어린 아이 같다고 흉을 본다. 따라서 폴린은 이러한 것들을 개선하기 위해 돈이 필요했고, 촐리는 그녀의 욕구를 채워주지 못했기에 두 사람의 관계는 급속히 악화되어간다.

두 사람간의 불화는 촐리로 하여금 술을 찾게 만들고, 임신한 폴린은 영화의 환상 속으로 빠져들게 된다. 폴린은 영화 속으로 도피하면서 영화배우들의 모습을 흉내 내고 그러한 과정이 되풀이되면서 서서히 자신을 잃어간다. 폴린의 자아 상실은 사탕을 먹던 그녀가 갑자기 이빨이 빠지는 경험을 하게 되는 것에서 보인다.

> 내가 행복한 것처럼 보이는 유일한 시간은 영화를 보고 있을 때뿐이었다. . . . 불이 꺼지면 모든 것이 어두워졌다. 그러면 스크린이 환해지고 나는 곧 그 영화속으로 들어간다. . . . 영화는 나를 굉장히 기쁘게 해주었지만 그것이 끝나고 집으로 돌아가는 것은 그리고 남편 촐리의 얼굴을 보는 일은 힘들었다. 알 수 없는 일이었다. 난 언젠가 크라크 케이블과 진 해로우를 보러갔다. 난 내 머리형을 언젠가 잡지에서 본 그녀의 머리형으로 만들었다. . . . 영화가 끝나자 난 다시 한 번 더 보려고

마음 먹고 매점에서 사탕을 사들고 다시 그 자리에 앉았다. 사탕을 약하게 깨물었는데 이가 하나 뽑혀 나왔다. 임신 오 개월 째인 흑인여자가 앞 이빨 하나가 빠진 채 진 해로우처럼 보이려고 기를 쓰면서 영화관에 있었다. (123)

그리고 이 장면 이외에 폴린의 이가 빠지는 장면이 하나 더 나오는데, 이것은 폴린이 자기 가족을 사랑으로써 보다는 자신에게 부과된 책임으로 여길 때이다. 이 두 경우에서 이가 빠진다는 것은 하나씩 자신의 위치를 잃어가는 것, 즉 자신의 정체성을 잃어가는 것과 연관시켜 볼 수 있다. 그녀는 스크린을 통해 현실성 없는 낭만적인 꿈과 더불어 백인들이 표방하는 외적인 아름다움만이 중요하다고 여기게 된다. 그 결과 영화 속의 주인공과 같은 아름다움을 갖지 못한 자신을 경멸하게 되고, 더불어서 그녀의 자기혐오는 피콜라를 낳았을 때 그녀가 추하다는 말을 당장에 내뱉을 수 있게 한다.

반면 촐리는 근친상간이라는 직접적인 방법으로 피콜라를 파멸시킨다. 서문 속의 이상적인 아버지의 모습과는 크게 대조되는 촐리 브리들러브는 백인 위주의 사회에서 겪는 좌절과 울분을 자기 가족에 대한 폭력을 통해 분출하는 흑인남성부류를 대표한다.

그는 출생 때부터 부모로부터 버림을 받는다. 그의 아버지는 그가 태어나기도 전에 임신한 그의 어머니를 두고 달아났으며, 어머니는 그가 태어난 지 사흘째 되던 날 그를 신문지에 싸서 쓰레기통에 버린다. 이렇게 아버지에 이어 어머니에 의해서도 유기된 촐리는 지미 이모할머니 밑에서 자라게 된다. 그러나 그런 지미 이모할머니마저 갑작스런 병으로 죽게 되자 그는 또 다시 혼자가 되고 만다. 그렇지만 이모할머니의 장례식은 그로 하여금 첫 성경험을 갖게 하는 계기를 제공한다.

장례식에 참석한 소녀 다알린Darlin과 함께 소나무 숲에서 성관계를 갖고 있던 촐리는 갑자기 백인들의 플래시 불빛 세계를 받게 된다. 그들은 총으로 위협하면서 촐리에게 멈추지 말고 그 행위를 계속할 것을 명령한다. 여기서 촐리는 굉장한 수치심과 증오심을 느끼는데, 놀랍게도 그것을 백인들을 향한 것이 아니라 자신의 무력함을 보고 있는 다알린을 향한 것이다.

촐리의 이러한 태도는 아무것도 할 수 없었던 자신의 분노를 상대방인 다알린에게 분출한 것에서 비롯된다. 이것은 촐리와 폴린의 결혼생활이 부부싸움의 연속인 것과도 연관된다. 왜냐하면 그에게 있어 폴린은 다알린의 경우와 같이 자신의 무능력을 계속적으로 상기시키는 인물이기 때문이다. 즉 촐리에게 있어 첫 성경험의 상처는 그의 남성다움이 신체적으로, 정신적으로 수탈당하게 된 것을 의미한다. 캘빈 헌튼Calvin Hernton은 촐리의 다알린에 대한 이러한 증오심을 억압의 희생자인 흑인남성들이 자신이 받던 억압을 그것을 보고 있는 흑인여성들에게 되돌려 퍼붓던 그들의 특성과 연결시킬 수 있다고 논평한다(11). 집으로 돌아온 촐리는 다알린이 임신했을지도 모른다는 강박관념에 시달리다가 결국에는 자신의 아버지가 그랬었던 것처럼 다알린에게서 떠날 것을 결심한다. 그리고 아버지를 찾아 메이콘으로 향한다.

그러나 메이콘에서 만난 촐리의 아버지는 자신을 찾아온 아들에게 증오심만을 표시할 뿐 그에게 어떠한 반가움의 표시도 하지 않는다. 오히려 그는 촐리에게 욕설을 내뱉음으로써 그의 마음속에 깊은 상처를 입힌다. 출생을 하기도 전에 버림받았던 아버지로부터 또 다시 버림받게 된 촐리는 사랑과 화합을 의미하는 악수하는 두 손이 그려진 오렌지

상자위에 걸터앉는다. 그리고 갓난아이처럼 설사를 한다. 여기에서 우리는 아버지와 자식 간에 있어야 할 화합과 사랑이 촐리에게는 거부되었음을, 그리고 이 사건이 촐리로 하여금 자신의 자식인 피콜라를 파멸시킬 수도 있게 하였음을 암시받는다.

촐리가 갓난아이처럼 설사를 하는 것은 백인들의 위협 하에 그들이 보는 앞에서 성행위를 강요당할 때의 감정과 연결된다. 그는 무력한 자신을 목격하고 있는 다알린에게 증오심을 느끼면서 그녀의 손이 마치 갓난아기의 그것과 같다고 생각한다. 이것은 아마도 백인들의 위협에 어떠한 저항도 하지 못했던 자신을 목격한 다알린이 그에게 수치심보다도 더 견디기 힘든 무력감을 일깨워주었기 때문인 듯하다. 또한 자신을 반겨 주리라고 믿었던 아버지가 퍼붓는 욕설은 다시 한 번 촐리에게 자신의 무력함을 일깨워주었다. 두 경우 모두 촐리가 무력한 자기 자신을 느낄 때인데, 아마도 이것은 부모로부터 버림받았던 자신의 유아시절이 그가 증오하는 무력함의 상징으로 여겨졌기 때문인 듯하다. 따라서 그는 부모들이 처음 자신을 유기했던 시기인 유아 때로 되돌아가 마치 갓난아이처럼 설사를 함으로써, 위험하고도 그로테스크한 완전한 자유를 누리게 된다.

> 촐리는 자유로웠다. 위험할 정도로 자유로웠다. 그가 무엇을―공포, 죄의식, 부끄러움, 사랑, 고뇌, 연민―느끼든지 간에 자유였다. 온화하든, 폭력적이든, 휘파람을 불든, 울든 간에 자유였다. . . 언제 어떻게 죽느냐 하는 것은 그의 흥미를 끌 수 없었다. 그 즈음 촐리는 정말로 자유스러웠다. 어머니에 의해 쓰레기 더미에 버려졌고, 주사위 놀이 때문에 아버지에게 거부당하자 그는 더 이상 잃을 것이 없었다. 그는 그 자신의 지식과 욕구 내에서만 행동하였고, 오직 그것들만이 관심 있는 것이

었다. (159-160)

이렇듯 그로테스크한 그의 자유는 이 소설의 클라이막스인 피콜라의 강간으로 이어진다. 술에 취한 채 집으로 돌아온 촐리는 연민과 애정이 담긴 감정으로 자신의 딸을 강간하는데, 그의 이러한 행동은 극단적인 자유의 표현이자 자신의 무력함에 대한 반항이라고 할 수 있다. 왜냐하면 그는 그녀의 애처로운 모습에서 딸에 대한 죄의식과 연민, 그리고 깊은 사랑을 느꼈기 때문이다. 하지만 촐리의 이러한 감정은 매우 그로테스크하게 표현된다.

> 촐리의 감정은 죄의식에서 연민으로, 그런 다음 사랑으로 격변하였다. 이런 격변은 그녀가 어리고 도움 받을 수 없고 절망적인 존재라는 것에 대한 반응이었다. . . . 어째서 그녀는 매 맞은 것처럼만 보여질까? 그녀는 아직 어린 소녀인데 왜 행복한 모습이 아닐까? 그런 참담함이 그에게는 하나의 트집이었다. 그는 갑자기 그녀의 목을 부러뜨리고 싶은 충동을 받았다. ─그러나·부드럽게. 죄의식과 무력감이 동시에 마음속에서 일어났다. 그는 그녀를 위해서 무엇을 할 수 있었을까? (161)

촐리의 근친상간에 대한 키스 바이어만은 그의 행위가 피콜라의 촐리에 대한 사랑에서 비롯되었음을 주장한다. 즉 촐리는 자신을 경멸함으로써 자기 증오를 강화하는 딸의 모습을 기대하였지만, 피콜라는 촐리를 사랑하였고, 이것은 그의 절망을 강화시켰다는 것이다. 또한 바이어만은 젊은 시절 폴린을 생각나게 하는 그녀의 발을 긁는 행동이 촐리로 하여금 사랑과 증오의 혼돈에서 성적으로 공격하게 만들었음을 주목한다(451). 그리고 윌프레드 사무엘스는 촐 리가 자신의 딸을 강간한 행위는 그의 아내와 그가 사회적, 심리적, 개별적인 폭력의 직접적인 표현을 피콜라에게 행사한 것이라고 주장한다(14).

이렇듯 피콜라 주변의 인물들이 그로테스크함은 백인 중심의 미의 기준이 지배하는 사회에서 흑인들이 어쩔 수 없이 가지게 되는 태도이다. 특히 백인 중심의 미의 기준을 무비판적으로 수용하는 피콜라의 태도는 그녀 스스로가 자기 자신을 추한 인간으로 비하하게 만든다. 그리고 폴린과 촐리의 자기비하와 자기혐오로 형성된 그로테스크함은 피콜라의 자아형성에 있어 무엇보다도 큰 방해요소가 되었으며, 그것은 결국 피콜라 파멸의 근본적인 원인으로 작용한다.

1970년대 이래 미국문단에 새로운 활력소가 되어 온 흑인여성작가들 중 특히 두드러진 활약을 보이고 있는 토니 모리슨은 지금까지 흑인문학에서 다루어지지 않았던 여러 소재들을 그녀만의 독특하고 다양한 기법들을 통해서 다루어왔다. 그 소재란 대개 백인 중심의 미국사회에서 주변적인 위치에 자리 잡고 있는 흑인여성들의 삶과 관련된 것이었는데, 모리슨은 이 과정에서 그들의 의식을 각성시킴으로써 이들이 건강한 자아를 보유하며 건전하게 살아갈 수 있도록 하는데 역점을 두어왔다.

그 예로 그녀는 미국사회에서 성적, 인종적 이중의 억압 구조 안에서 고통받아온 흑인여성들의 삶을 『가장 푸른 눈』에서부터 『재즈』에 이르는 모든 작품에서 그려냄으로써, 다중적인 억압 속에 놓여 있는 흑인여성들의 삶을 그들의 입장에서 진지하게 묘사해왔다.

이 과정에서 모리슨은 무엇보다도 흑인여성의 자아를 위협하는 것은 백인의 가치기준을 아무런 비판 없이 내면화하면서, 흑인이자 여성인 자기 자신의 현실상황을 스스로 부정하고 증오하게 만드는 현상임을 강조한다. 그것은 흑인여성들이 백인사회에 동화되고자 애쓰는 과정에서 필연적으로 발생하게 되는 종족의 역사와 문화의 상실로 인하여 자신들의 근본적인 뿌리를 잃게 되는 경우가 허다하기 때문이다. 따라서 그녀는 흑인여성들이 자신들을 이중의 타자로 정의내리는 백인사회의 가치 기준과 흑인사회의 성차별주의에 저항하면서 주체적인 자아를 추구하여야 한다고 주장한다.

모리슨의 첫 작품인『가장 푸른 눈』은 흑인여성의 삶 중에서도 거의 다루어지지 않은 흑인소녀의 삶을 다룬 소설로써, 여기서 그녀는 여러 가지 다양한 기법들을 사용함으로써 탈식민주의적 반언술을 시도한다. 이렇게 함으로써 그녀는 백인중심문화의 무비판적 수용으로 야기된 흑인들의 좌절이란 주제를 효과적으로 전달한다.

먼저 서문에서 보인 이상적인 가족상의 모습은 브리들러브 가족들의 비참한 현실상황에서 가장 먼저 패러디된다. 뿐만 아니라 이상적인 가족상을 구성했던 일곱 가지 모티브들인 "집", "가족", "고양이", "어머니", "아버지", "강아지", "친구" 등이 〈가을〉, 〈겨울〉, 〈봄〉, 〈여름〉으로 분류되어 있는 소설의 구조 속에서 다시 한 번 패러디됨으로써 흑인들의 빈곤한 현실을 더욱 강조한다.

과거의 가슴 아픈 상처로부터 비롯된 폴린과 촐리의 그로테스크함은 딸인 피콜라에게 파괴적인 영향을 미침으로써 그녀가 파멸하게 되는데 결정적인 역할을 담당한다. 즉 모리슨은 이들의 그로테스크함이 비록 흑인들의 자아성장에 영향력을 행사하는 백인우월주의에서 비롯되기는 하지만, 폴린과 촐리가 백인우월주의를 아무런 비판 없이 내면화함으로써 피콜라 파멸의 근본적인 원인을 제공하였음을 분명히 하고 있는 것이다.

모리슨은 이러한 사실을 서문을 이용한 패러디, 그로테스크한 인물묘사, 탈식민주의적 소설기법 등을 사용하여, 백인중심문화의 무비판적 수용으로 빚어진 흑인들의 좌절이란 주제를 내세움으로써 흑인들에게 악영향을 미치는 백인중심문화의 폭력성을 강조한다.

본 논문에서 고찰한 토니 모리슨의 소설기법 연구는 방대하고도 다양한 관점에서 행해질 수 있는 토니 모리슨 연구에 있어 극히 일부분에 지나지 않는다. 그러나 모리슨은 무비판적 수용이 빚어내는 문화적 정체성의 부재, 자신의 정체성의 고갈에 대해 명백히 되돌아 볼 것을 경고하고 있다.

2
술라
sula

동양철학적 관점에서
재해석되는 『술라』

토니 모리슨은 흑인의 문화유산을 보존하여 정체성을 확립하고자 하는 선배 작가들의 기본 입장을 계승하되, 한 걸음 더 나아가 여성의 시각을 적용함으로써 흑인 문학의 지평을 확대시켰다는 평가를 받고 있는 작가이다. 모리슨의 작품 중 초기 작품에 속하는 『술라』sula는 메델리온 Medallion읍의 바텀Bottom이라는 미국 흑인사회 내부에 초점을 맞춰 넬 라이트Nel Wright와 술라 피스Sula Peace라는 두 여성의 상호 의존적이며 모순적인 관계를 다루고 있다. 『술라』는 모리슨의 작품 가운데 가장 급진적 자아 찾기를 시도하며 자유를 몸소 실천한 흑인여성에 관한 소설이며, 이 때문에 상당한 논쟁을 불러 일으켰다. 평자들의 관심은 특히 술라라는 여성 인물에 집중된다. 술라는 중심인물로서 일반적인 자아의 개념,

즉 단선적이고 일관되며 고정적인 자아의 개념을 벗어나 복합적이고 비일관적이며 유동적인 자아와 도전적 자유의지를 표상한다. 술라는 살아서는 바텀마을의 공공의 적이자 부도덕의 상징으로 여겨졌던 인물이지만, 오히려 죽어서는 그녀의 부재를 통해 자신의 존재를 드러낸다. 그녀의 죽음 이후 그토록 공고하게 여겨지던 바텀마을의 공동체적 단합은 힘없이 스러져 버린다.

이와 같이 술라는 현존보다는 부재를 통해 바텀마을과 그 구성원들에게 영향을 미치는 텍스트이다. 모리슨은 이 작품을 통해 선배 흑인작가들이 제시해 온 흑인여성의 자아, 자유의 문제, 혹은 정체성의 문제를 새로운 각도에서 조명해 보였던 것이다. 본 논문이 다루고자 하는 바는 현존보다는 부재를 통해 메시지를 전달하고자 한 술라의 삶, 이러한 술라의 자유정신을 동양철학에서의 장자적 관점에서 재해석해 보고자 한다.

장자의 자유정신

노자의 사상에 많은 공감을 했던 장자가 말하는 자유정신은 어떤 사상적 근간을 가지고 있을까. 자연 안에는 수많은 사물들이 있다. 그리고 이들 사물들은 각각 다양한 측면을 가지고 있다. 이러한 다양성 속에서 인간은 특정이 어떤 것을 옳다고 하고, 그에 기준하여 다른 것을 그르다고 한다. 그러나 장자에 의하면 이러한 판단을 객관적으로 보증해 줄 만한 절대적 기준은 인간의 상대적인 세계에서는 찾을 수 없다. 왜냐하면 인간의 유한한 관점으로는 모든 가능성을 고려할 수 없기 때문이다. 따라서 인간은 상대적인 시비 판단을 중지해야 한다는 것이다.

장자에 의하면 상대적인 시비 판단의 중지가 곧 시비 판단 자체에 대한 포기를 의미하는 것은 아니다. 그는 상대적인 가치를 떠나 좀 더 고차적인 관점에서 옳고 그름에 대해 판단할 것을 주장한다. 고차적인 관점이란 무엇을 말하는가? 바로 도道의 관점이다. 그래서 장자는 "이것 역시 하나의 저것이며, 저것 역시 하나의 이것이다. 저것은 저것의 시비가 있고, 이것은 이것의 시비가 있다. 그러면 저것과 이것의 구별이 있는가? 그렇지 않으면 저것과 이것의 구별이 없는가? 저것과 이것이 자신의 상대적인 짝을 얻지 못함을 도추道樞라 한다. 인간은 습관적으로 이것과 저것은 서로 상대되는 짝으로서 같이 붙어 다닌다. 더구나 자기 나름대로의 시비를 가지고 있다는 점에서 이것과 저것이 본질적으로 다르다고 말할 근거는 없다. 따라서 인간은 상대적인 구별을 버리고, 둥그렇게 회전하는 문의 중심과 같아야 한다. 그래야만 옳고 그름의 끝없는 변화에 적절하게 대응할 수 있다.

이렇게 되면 문둥병 환자는 못생겼고 서시西施: 중국 춘추 시대 월나라의 절세미인는 아름답다는 구별을 할 수가 없다. 왜냐하면 도의 관점에서 본다면 진정한 아름다움은 외모로 판단할 수 없기 때문이다. 더구나 문둥병 환자와 서시는 자연으로부터 생성되었다는 점에서 똑같다. 장자는 이것을 '도를 통하여 하나가 된다'道通爲–라고 표현한다.

도와 하나가 된 사람은 기존의 선善을 절대적으로 믿지 않는다. 왜냐하면 기존의 선을 진정한 선이라고 보지 않기 때문이다. 그래서 장자는 "선을 버리면 저절로 선해진다"고 주장한다. 새로운 가치의 탄생은 기존의 가치를 비판함으로써 가능하다는 것을 장자는 알고 있었던 것이다. 진정한 선을 얻게 되면, 인간은 악을 버리고 상대적인 선을 취하는 행동을 하지 않는다. 그보다는 선과 악을 모두 잊고 자연의 도에 따른다.

장자는 이것을 '양망'兩忘이라고 불렀다.

그런데 장자는 사람들이 도를 인식하지 못하고, 기존에 선이라고 인정되어 왔던 것만을 따른다고 생각한다. 장자에 의하면 사람들은 선하지 않은 것을 악이라고 비판할 줄은 알지만, 이미 선하다고 인정된 것을 비판할 줄은 모른다. 그러나 진정으로 비판정신을 소유한 사람이라면 관습적으로 용인되어 왔던 모든 사물을 냉정하게 바라볼 줄 알아야 한다. 그렇지 않고 세속에서 옳다고 하는 것을 아무런 검토 없이 받아들이는 사람은 세속에 아첨하는 사람에 불과하다. 이것이 바로 유가에 대한 장자의 인식이었다.

장자는 노자와 마찬가지로 유가적인 가치가 도에 부합하지 못한다고 생각한다. 먼저 유가는 '백성을 사랑할 것'愛民을 주장한다. 그러나 장자에 의하면 백성에 대한 인위적인 사랑은 '백성을 해치는 일'害民의 시초이다. 예를 들어 군주는 백성의 안정을 위해 전쟁을 하지 않을 수 없다고 주장한다. 그러나 전쟁은 백성의 삶을 더욱 피폐하게 만들었을 뿐이다. 이와 같이 안정을 중요시하는 유가의 생각은 오히려 불안정을 초래한다. 그래서 장자는 혼란된 상황을 안정적으로 운영하기 위해 제도를 만들었다는 유가의 주장에 찬성하지 않는다. 그보다는 제도의 폭력이 오히려 혼란된 상황을 초래하였다는 노자의 생각에 따른다.

장자는 또한 유가에서 말하는 '은혜'恩惠의 속성을 간파하였다. 유가에서는 은혜를 군자가 갖추어야 할 도덕적 능력이라고 생각한다. 그러나 장자에 의하면 은혜는 군자가 소인에게 베풀 수 있는 것이지, 그 반대가 아니다. 은혜는 군자가 소유하고 있는 일종의 정치적 능력인 것이다. 그래서 장자에 의하면 "은혜는 윗사람에게 환심을 사고 그로부터 아랫사람에게 오만한 것"에 불과하다. 은혜가 개인의 덕목이 아니라 입신양

명을 위한 정치적 수단일 때, 그 목적은 백성이 실제로 어떤 혜택을 받는가에 있지 않다. 다만 군자 자신의 대외적 행동이 어떻게 보이는가가 문제이다. 군자는 명예를 미끼로 다른 사람들을 자신의 세력 안에 끌어들이고, 그들을 사사로운 은혜로 맺어 자신의 권력을 더욱 공고히 하려 한다. 그러나 장자에 의하면 이러한 군자의 행동은 진정으로 선을 행한다고 볼 수 없다. 진정한 선의 탄생은 유가적인 선을 비판함으로써 가능하다는 것이 장자의 생각이다.

장자에 의하면 기존의 선악 판단에서 자유로워질 때 인간은 비로소 선한 행동을 할 수 있다. 왜냐하면 인간을 해방시키지 못하는 선은 진정한 선이 아니기 때문이다. 노자가 설명한 대로 상대적인 선악 판단은 자신만을 옳다고 여기고, 이를 기준으로 타인을 평가하려는 의도에서 나온 것이다. 따라서 장자는 자유로운 선악 판단의 사용을 위해서 우선 자아에 대한 집착과 타인에 대한 지배 욕구를 풀어 버려야 한다고 주장한다. 장자는 이러한 자유로운 상태를 '거꾸로 매달려 있는 것을 풀어낸다'고 표현한다. 장자에 의하면 자유정신이야말로 선악 판단의 전제 조건이다.

장자에게서 자유정신은 기존의 가치에 대한 비판 정신으로부터 나오며, 비판 정신이야말로 진정한 의미의 자유정신이다. 장자는 「소요유」逍遙游 편에서 인간의 자유정신을 상징하는 커다란 새의 비유를 들고 있다. 날개 길이가 삼천리나 되고, 한 번 날아갈 때 구만리 높이 까지 오르는 그 새는 상대적인 선악판단에 얽매이지 않은 자유로운 인간정신을 나타낸다. 장자는 관직에 오르기 위해 군주에게 아첨하는 유가의 군자가 이러한 광대한 정신을 가지고 있다고 생각하지 않는다. 왜냐하면 자유정신을 소유한 사람은 그런 행동을 하지 않기 때문이다. 그래서 자유로운 붕새鵬는 상대적인 영역에 갇혀 있는 비둘기 위로 높이 날아간다.

그러나 여기에서 한 가지 명심해야 할 점은 자유정신이 도피정신이 아니라는 것이다. 자유정신은 현실로부터 이탈하여 신선의 세계로 날아가고자 하는 정신이 아니다. 오히려 현실에 대한 비판을 통하여 진정한 의미의 현실로 돌아오고자 하는 정신이다. 그래서 자유정신은 비판정신을 전제로 한다. 장자는 우리의 신체를 구속하고 있는 현실을 회피하지 않는 것이 중요하다고 본다. 왜냐하면 정신의 자유로움을 느끼기 위해서는 먼저 신체의 자유로움을 느껴야 하기 때문이다. 그래서 장자의 자유정신은 정신과 신체를 자유롭게 하는 비판정신을 의미하는 것이다.

장자적 관점에서의 술라의 자유정신

새로운 가치 탄생은 기존의 가치를 비판함으로써 가능하다고 위에서 장자는 말한다. 이러한 관점에서 술라의 개인적 모험과 자유(자아탐구)를 향한 성적 경험들이 부정적으로만 인식되고 해석되어서는 안 될 것이다. 바텀이라는 사회가 기존의 가치기준으로 술라를 악의 축으로 몰아가는 그러한 형상은 그들이 진정으로 비판정신을 소유한 사람이지 못하기 때문이다. 왜냐하면 진정으로 비판정신을 소유한 사람이라면 관습적으로 용인되어 왔던 모든 사물을 냉정하게 바라볼 줄 알아야 하기 때문이다. 노자적 관점에서 볼 때, 이렇듯 세속에서 옳다고 하는 것을 아무런 검토 없이 받아들이는 사람은 세속에 아첨하는 사람에 불과한 것으로, 바텀마을 사람들은 세속에 철저하게 편승하여 술라를 비판하고 처단하려 했던 것이다. 술라의 자유정신을 고찰해 가는 과정에 있어 상호 의존적이며 서로에게 힘이 돼주었던 넬이 결국에는 바텀마을의 규범과 가치관을 대변하게 되는 그러한 정신적 변화과정을 비교, 분석해 보는 일은 의미 있는 작업이 될 것이다.

바텀마을에서 함께 자란 넬과 술라는 어린 시절을 함께 해왔으며, 그들 스스로가 인종차별, 성차별의 희생양(제물)일 수밖에 없는 현실을 공감하며 서로에게 위안과 힘이 되어주는 존재로 성장해 간다. 이러한 넬과 술라가 성장하면서 영향을 받게 된 그 주변사회를 살펴보도록 하자. 『술라』의 배경이 되는 메델리온 읍이나 바텀마을은 각 인물들의 정체성 문제와 유기적인 관계를 맺고, 사회의 가치 체계의 중요한 토대가 되므로 등장인물과 마찬가지로 중요한 역할을 하고 있다. 로버트 스텝토 Robert B. Stepto와의 인터뷰에서 모리슨이 "강렬한 공간 감각"(52)을 갖고서, "하나의 인격체로서의 마을, 지역 공동체, 이웃 등을 창조하는데 흥미를 가지고 있다"(11)고 밝힌 것도 이와 같은 이유에서이다. 바텀마을이 소속된 메달리온 읍은 인종차별주의가 강하게 각인된 백인중심의 사회이다. 미국 사회 전체를 대변한다고도 볼 수 있는 메달리온 사회와 바텀마을이 폐쇄적인 공간임을 일찍이 자각한 탓에 넬과 술라는 친구가 될 수 있었던 것이다. 흑인 소녀들로서 자신들을 메델리온 사람들의 눈에 띌 만한 존재가 아닌 "하위주체"이자, 아무것도 아닌 존재임을 스스로 인식했던 것이다.

> 각자는 이미 수 년 전에 그들이 백인도 아니고 남성도 아니며 모든 자유와 승리가 그들에게 금지되었음을 발견하였기 때문에, 그들은 무엇인가 그들 자신이 아닌 존재가 되도록 창조하는 일에 착수했었다. 만남을 통해 그들은 성장하기 위해 서로를 이용할 수 있었으므로, 그들의 만남은 다행스러운 일이었다.

이들의 자각은 앞으로 자신들의 삶이 자신들이 누구인지보다는, 오히려 자신들이 어떤 류의 인간이 되지 못하는지에 의해서 규정된다는 점을 보여준다(Rigney 23). 백인도 남성도 아닌 흑인여성이란 많은 것을 거부당한 존재임을 이들은 이미 인식하고 있었던 것이다.

  이들의 성장 근간인 바텀마을은 이미 소설 도입부에서 이 마을이 어떻게 형성되었는가 하는 신화적 이야기에서부터 이민 노동자들을 선발하기 위해 흑인남성들을 고용에서 제외시키는 "뉴리버 로드 터널"New River Road Tunnel 건설 공사의 무자비한 속임수에 이르기까지 인종적으로나 경제적으로 착취당하는 잔인한 아이러니의 세계임을 보여준다. 미국 사회에서 흑인은 "이민자"만도 못한 "천민"계급인 셈이다. 마찬가지로 이곳에 사는 흑인여성들도 미국 사회의 최하층 "천민"(122)들이다. 흑인남성 중심의 가부장제는 그녀들에게 또 하나의 억압적 기제가 되어, 바텀마을 여성들로 하여금 전통적인 여성들이 그러하듯 오히려 그 이데올로기를 내면화함으로써 가부장 제도를 공고히 지속시키는 역할을 한다. 모리슨은 흑인여성이 껴안고 있는 이러한 문제를 한 때 술라와 함께 새로운 삶을 살고자 했던 넬이 결혼함에 따라 술라와 분리되어 마을의 가치 안으로 편입되어 가는 과정을 통해 보여준다. 이후 넬의 전통적인 삶과 대비되는 실험적인 삶을 지향하는 술라의 모습은 다음의 대화에서 분명히 드러난다.

"왜? 나는술래 전부 해낼 수 있어. 왜 전부 소유할 수 없단 말이야?"
"전부를 다 할 수 는 절대로 없어. 너는 여자이고 게다가 흑인 여자란 말이야. 남자처럼 행동할 수는 없어. 마치 독립적인 사람처럼 활개 치며 걸어 다닐 수 없다는 것이고, 하고 싶은 대로 다 하고, 원하는 것을 다 취하면서, 네가 원하지 않는 것은 그대로 내버려두거나 할 수는 없어."

위 인용문에서 보듯이, 병상에 누워 있는 술라를 찾아온 넬은 지금까지 술라가 한 행동을 비난하면서 바텀마을의 규범과 가치관을 대변한다. 넬의 비난 섞인 말 속에는 역설적으로 인종과 성을 모두 초월한 술라가 아무것도 할 수 없으리라는 생각이 담겨있다.

   바텀마을의 가부장적 규범에 대한 순종은 곧 여성들의 자유추구를 규제한다. 결혼을 통해 미지의 세계에 등을 돌리게 되는 넬은 소설의 결말에 이르기까지 그녀 자신이 누구인지 자각하지 못하며, 성장하거나 변화할 수 있는 인물이 되지 못한다. 두 사람의 언쟁에서 드러나듯이, 사물을 바라보는 방식에 있어서도 넬은 술라와 대조를 보이는데, 넬은 술라가 흑인사회에 가져온 "변화가 곧 지옥"(108)이라고 외치는 반면, 술라는 변화 없는 삶을 가리켜 지옥이라며 "지옥 중에서도 정말로 지옥인 것은 그것이 영원하다는 점"(107)이라고 대꾸한다. 남성 지배이데올로기에 대한 넬의 맹목적이고 철저한 순응과 비교해 술라는 변화를 두려워하지 않는다. 넬이 지적한대로 술라는 마치 "백인 남성"처럼 행동하고 사고한다. 술라의 도전의식은 자신을 둘러싼 가정환경 및 흑인사회 분위기의 산물이며 또한 외지로 나가 세상을 둘러보고 온 지난 10년간의 경험의 결과라고 볼 수 있다. 넬은 결혼 이후 가정에만 머물면서 가사일을 돌보고 자식을 양육하며 마을을 벗어난 적이 없는 반면, 술라는 1927년부터 1937년까지 주요 도시를 여행하고 대학 교육도 받는다. 그러나 흔히 신여성에게서 볼 수 있는 이러한 자유주의적 모험가로서의 면모는 『술라』의 시대적, 공간적 배경이 되는 당시의 미국 흑인사회에서는 용납될 수 없는 것으로 그녀를 마을 사람들로부터 소외당하는 "천민"으로 전락하게 하는 요인으로 작용한다. 그러나 노자는 객관적인 자연의 이치, 도에 대해 말하면서 진정으로 귀한 것은 천한 것을 근본으로 하지 않으면 안 되고, 진정으로 높은 것은 낮은 것을 기반으로 하지 않으면 안 된다고 정의내리고 있다. 현실의 잘못된 인습에 도전하며 자유를 갈구한 술라의 삶을 결코 천한 것으로 명명할 수 는 없을 것이다.

술라와 상호 의존적 인생의 동반자였던 넬의 정신적 변화과정을 살펴보면, 어린 시절의 넬은 남부 여행을 통해 자신이 흑인여성임을 깨닫게 되는 최초의 중요한 체험을 한다. 넬과 같은 흑인여성들에게 있어 새로운 인식으로의 여행은 주로 개인적이고 심리적인 여행으로, "희생양victimization에서 자각consciousness으로 나아가는 발전적인 선형적 움직임의 일부"(McDowell 14)로 작용한다. 이와 같은 자각은 넬로 하여금 자신이 흑인여성이라는 정체성 추구야말로 필수적인 것임을 인시하게 하는 계기가 된다.

> 그녀[넬]는 침대 밖으로 빠져나와 램프를 켜고 거울을 들여다보았다. 거기에는 그녀의 얼굴, 평범한 갈색 눈동자, 세 갈래로 땋은 머리, 그리고 그녀의 어머니가 싫어하는 코가 있었다. 그녀는 한참동안 바라보았다. 갑작스런 전율이 흘렀다. "나는 나야," 그녀는 속삭였다. "나." 넬은 그 의미가 무엇인지 잘 알지 못했지만, 다른 한편으로 그 의미가 무엇인지 너무도 정확하게 알고 있었다. "나는 나야. 나는 그들의 딸이 아니야. 나는 넬이 아니야. 나는 나야. 나." 그녀는 "나"라는 단어를 말할 때 마다 그녀 안에 강렬한 힘, 기쁨, 두려움 등이 한데 모이는 듯한 느낌을 가졌다.

"나는 나야"라는 외침은 넬이 자신을 어머니와 할머니의 지배로부터 벗어나 독립적인 개체로 보기 시작함을 보여준다. 자신을 정숙한 헬렌Helen의 딸이나 크레올Creol 매춘부 로쉘Lochell의 손녀로서 규정하길 거부하고 "나 자신임"me-ness을 주장한 것이다. 넬의 자아인식 개념은 바텀 마을을 떠나 인종차별적인 백인사회에서 겪게 된 체험, 즉 미국 사회에서 흑인여성이란 무엇인가 하는 질문을 통해 싹트게 된 것이다. 여행을 계기로 넬은 자신을 흑인이면서 여성으로 인식함으로써 "자신의 어머니와 상관없이 친구를 사귈 수 있는 자율적 힘"(29), 즉 장자가 말하는 진정한 의미의 비판정신을 갖게 된 것이다.

이와 같이 넬은 심리적으로 헬렌으로부터 분리된다. 이제 넬은 술라와 더불어 "백인도 남성도 아니므로 모든 자유와 승리가 금지된" 현실을 인식하게 된다. 백인 남성에 의해 규정된 흑인여성을 거부하고 흑인여성의 정체성을 확립하고자 결심한 넬이 술라를 만난 후에 보이는 가장 큰 변화는 흑인여성으로서의 자신의 모습을 인정하려는 자율적 행동을 취한다는 것이다. 예컨대 백인과 같은 높은 콧대를 만들기 위해 헬렌이 강요하던 빨래집게를 잠자리에 들자마자 담요 밑으로 살짝 밀쳐놓음으로써 흑인여성임을 굳이 부정하려고 하지 않는 모습을 보여준다(55). "두 개의 목과 하나의 눈"(147)을 가진 가까운 존재로서, 다시 말해 흑인이라는 것과 여성이라는 것 위에 기초한 본질적 특징들을 넬과 술라 자신들이 공유한다는 믿음을 갖게 되면서 이들의 관계는 자아와 타자를 구별하지 않을 만큼 돈독해진다.

그러나 성인 세계로 진입함에 따라 두 여성 모두를 단단히 묶고 있던 유대관계가 느슨해지기 시작한다. 술라가 넬에게 거리감을 느끼고 멀어지게 된 요인은, 넬이 결혼을 통해 가부장적 사회로 진입하게 된 데서 찾아볼 수 있다. 넬이 주드Jude와 결혼하는 것은 흑인사회가 규정하고 있는 여성의 삶을 수용하는 것으로, "그녀만을 바라보는 어떤 이가 자신을 필요로 한다는 새로운 감정이 그녀의 우정보다 더 크게 자리 잡게"(84) 된다. 이제 넬은 스피박이 진단한 "여성의 자유의지를 자기희생에서 구하는 데 깃든 심각한 아이러니"Can the Subaltern Speak?(304)를 보여주며 바텀 사회의 가부장제 주요 이데올로기 장치인 희생적이고 모성적인 여성상을 따르게 된다. 넬의 결혼은 그녀가 남성들과의 관계를 통해서만 여성의 존재 가치를 평가하려한다는 점에서 남성 중심의 가치에 편입하여 순응하였음을 단적으로 보여주는 예이다. 그러므로 뉴올리언즈 기차 여행을 통해 발견한 자아 인식과 자유 의지는 그동안 술라와의 우정을 통해서 꽃을 피우게 되지만 결혼을 계기로 그리고 술라와 주드의 부정 사건을 계기로 파국으로 치닫게 된다. 술라에 의하면, 넬의 결혼은 넬의 가장 내밀한 애정을 친구인 술라에게서 남편인 주드에게 향하게 하는 계기로 작용하였으며 남성 중심 사회의 공모에 넬을 가담하게 만들었다. 뿐만 아니라 그 결혼은 넬을 남성의 소유물로 전환시킨 것이다. 이후 넬은 바텀마을의 규범에 순응함에 따라 흑인여성으로서 사회적 안정을 되찾게 된 반면, 술라는 바텀마을의 규범에 순응하기를 거부함에 따라 넬과 술라 사이에 차이가 발생하게 되고 두 사람의 관계에 틈이 생기게 된다. 이러한 차이는 치킨 리틀Chicken Little의 예기치 못한 죽음과 소년의 장례식에서 생기기 시작한 넬과 술라 사이의 심리적 "공간과 분열"(64)이 표면화되었음을 보여준다. 그럼으로써 넬은 술라로부터 멀어지게 되고 급기야 술라는 바텀마을의 "천민"이자 위협적인 "타자"로 부상한다. 안정을 지나치게 추구하는 바텀마을의 가치는 장자가 말한 유가의 생각처럼 오히려 불안정을 초래할 수 있다. 장자는 혼란된 상황을 안정적으로 운영하기 위해 제도를 만들었다는 유가의 생각은 옳지 않으며, 그 보다는 오히려 제도의 폭력이 혼란된 상황을 초래한다는 노자의 생각이 옳다고 말하고 있다. 이러한 차원에서 바텀마을의 안정지향적 규범을 거스르는 술라를 획일적 잣대로 판단하여 천민으로, 또한 위협적 타자로 치부할 수는 없는 것이다.

술라는 기존의 결혼제도가 흑인여성의 자유의지와 상상력이 존재할 공간을 부여하지 않는 폐쇄적인 것으로, 여성의 삶을 전적으로 상대 남성에게만 의존하도록 만드는 소유적 관계를 전제로 한다고 생각한다.

> 그녀들의 삶이 편협해지면 해질수록 그들의 엉덩이는 더욱 넓어져 갔다. 남편이 있는 여성들은 거북한 관 속에 자신의 몸을 구겨 넣고, 그들의 옆구리는 다른 사람들의 상처 입은 꿈과 앙상한 회한으로 터질듯 하였다. 남편이 없는 여성들은 마치 끝없이 공허한 구멍을 가진 끄트머리가 시큼한 바늘 같았다. 그녀들의 자식들은 자신의 육신에서 분리되어져 나온 터라 그 아픔이 적잖이 친숙한, 소원하면서도 겉으로 드러난 상처 같은 존재였다.

결혼을 여성의 자아와 상상력의 무덤과 동일시하는 술라의 냉소적인 비판은 "상처 입은 꿈과 앙상한 회한"으로 가득 찬 가부장적 결혼제도와 남편과 자식들을 위해 집안일을 돌보느라 "단 맛"이 빠져나가는 흑인여성들의 현실을 겨냥하고 있다. 술라에게 넬을 포함한 마을의 인습적인 여성들의 삶의 방식은 남성들이나 자식들이 주도권을 쥐는 삶의 테두리를 벗어나지 못하는 삶이다. 술라의 시각에서 보면, 자아를 포기한 채 거미줄 망 같은 관계 속에서 살아가는 넬과 바텀마을 여성들의 삶의 방식은 진정한 삶이 아니라 "나무 그루터기처럼 서서히 죽어가는"(143) 미지상태나 다름없는 생존일 뿐이다.

> 그러나 자유낙하는 창의성 . . . 날개짓과 관계되는 일, 다리를 붙잡는 방식, 그리고 무엇보다도 만일 그들이 자신의 혀의 맛을 보거나 살아남기를 바란다면 수직 하강에 몸을 맡기는 것을 필요로 하고 요구한다. 그러나 살아남는 것은 그들, 그리고 지금의 넬이 원하는 바가 아니었다. 그것은 너무나 위험한 일이었다. 이제 넬은 마을의 일원이 되었고 마을의 모든 살아가는 방식에 젖어 있었다. . . . 넬이 다른 사람들이 하는 방식대로 처신하였을 때, 그녀술래는 조금 놀라워하기도 했고 상당히 서글퍼지기도 했다.

이와 같이 술라는 "자유낙하"로 상징되는 자유정신을 박탈당한 채 거미줄을 지키느라 전전긍긍하는 인습적인 마을의 여성들과 넬을 신랄하게 비판한다. 술라의 입장에서 보면, 사람, 사물, 사건들을 옷감 짜듯 엮어서 의미를 축적시키는 넬 같은 사람들은 "거미들"(120)이고, 술라는 그들이 짜놓은 거미줄을 경멸한다. 전통적인 여성의 틀을 벗어나지 못한 채 흑인사회의 규범을 준수하는 넬에 반해, 술라는 "자유 낙하"를 시도한다. 이러한 그녀의 자유낙하는 장자가 말하는 진정한 의미의 자유정신과 맥을 함께 하는 것이다. 장자의 자유정신은 기존의 가치에 대한 비판정신으로부터 나오며, 비판정신이야말로 진정한 의미의 자유정신인 것이다. 그가 말하는 자유정신은 현실로부터 이탈하여 신의 세계로 날아가고자 하는 정신이 아니다. 오히려 술라의 삶처럼 현실에 대한 비판을 통하여 진정한 의미의 현실로 돌아가고자 하는 정신이다. 진정한 정신의 자유로움을 느끼기 위해서는 먼저 신체의 자유로움을 이루어내야 한다는 장자의 해석에 근거를 둘 때, 술라가 추구한 육체의 자유로움,

정신의 자유낙하는 파괴적 양상보다는 실험적 양상으로 이해되고 받아들여져야 할 것이다.

"자유 낙하"와 같은 술라의 실험적인 삶은 바텀마을의 여러 인물들과의 관계에서 두드러지게 드러난다. 술라는 넬, 주드, 그리고 에이작스 Ajax와의 관계에서 위기를 초래하는데 이는 술라라는 인물이 결과적으로 이들과 아무런 관계를 맺을 수 없는 텅 빈 공간-空의 상태-임을 드러내 준다. 이미 살펴보았듯이, 백인 남성 중심의 전통적인 미국 사회는 술라 같은 흑인여성을 이해하지 못하며 이는 흑인사회도 마찬가지이다. 미국 사회 전반에서뿐만 아니라 흑인사회에서 조차 흑인여성에 대한 가혹한 규범은 술라의 재능을 오히려 "파괴적"으로 변형시켜 버리기 때문에 술라는 "엄청난 호기심과 은유를 위한 재능"이 출구를 찾지 못한 채 "예술 형식을 갖지 못한 모든 예술가처럼 위험한"(121) 여성이 되어버린다. 왜냐하면 예술적 감수성이 풍부한 술라와 같은 흑인여성이 주체를 확립함은 당시의 상황으로는 불가능한 것으로 술라는 사회에 속할 수도, 상상력을 보유할 수도 없는 비극적인 인물이 될 수밖에 없기 때문이다(이경순 592). 술라는 주변과 아무런 관계도 맺을 수가 없기 때문에 일종의 무정형성을 띤다고 할 수 있다. 이러한 정형화 되지 않는 상태는 "공"의 상태, 즉 한계가 없으니 안팎이 없고 안팎이 없기 때문에 멀고 가까움이 없고, 그러므로 본래 공하고 고요하며 아무것도 없는 상태, 다시 말해 가능이자 불가능의 영역인 자유로움의 상태에 놓이게 되는 것이다.

성의 개념을 예로 보더라도 술라에게 있어 성이란 육체적 쾌락이나 상대 남성과의 교류를 얻기 위한 것이 아니라 자유를 추구하고 자아를 주장하기 위한 매개체로서 "영속적이고 무한한 힘"(123)을 가져다주는 것이다. 그것은 일반 여성들의 경우처럼 정당하게 성을 허락하는 결혼 제도 안에서 표출되거나 "도덕적"인 추상적 개념들의 영역에 자리 잡고 있는 것이 아니라, 궁극적으로 자기 이해에 도달하기 위한 자아 탐색의 행위로 관능적인 경험의 영역에 속한다(McDowell 108). 이는 성을 통해 자신의 신체에 대한 자유를 구현하려 했던 것이지만 당시의 상황에서 용납되지 않는다. 반대로 넬이나 바텀마을 여성들이 그러하듯 일부일처제나 지속적인 교제는 술라 에게는 용납되지 않는다. 그러므로 술라는 현실적으로 고립될 수밖에 없으며 급기야 그녀는 바텀마을의 "천민"신세로 전락하게 되고, 그 사회로부터 고립되고 소외되었던 것이다. 넬이나 바텀마을 사람들이 자연스럽고 정상적이라고 여기는 전통적인 삶이 술라에게는 도전받아야 될 대상이며, 전자가 남성중심의 이데올로기만을 추구한다면 후자는 자아회복과 자유정신을 구현하려 했던 것이다.

이와 같이 술라가 지향하고자 한 삶도 흑인여성의 온전한 정체성 추구, 자유에의 갈망에 한계를 보인다. 넬은 바텀마을이 그녀에게 부여한 울타리, 즉 결혼과 가정이라는 경계선을 벗어나지 못함으로써 결국 그녀에게 남은 것은 자아파괴, 자유 상실 외에 아무것도 없다. 바꿔 말해 넬은 사회가 그녀에게 부여한 의무를 충실히 받아들여 그러한 거미줄 같은 관계들 속에서만 존재의 의미를 찾으려 하였기 때문에 비극적이며, 술라는 주변사물과 어떠한 관계도 맺지 않으며 어떠한 사회적 의무도 받아들이지 않은 채 사회와 타자의 목소리를 전적으로 비판하고 자신의 목소리를 내고자 했기 때문에 비극적이라고 볼 수도 있을 것이다.

그러나 다른 각도에서 보면 비록 술라는 바텀마을 전체로부터 철저히 배제된 데서 오는 소외감과 고립감으로 죽어가게 되지만, 죽음은 곧 탄생이요 무한한 자유의 영역인 자연으로 돌아가고 있는 것이다. 진정한 삶은 자신을 묶는 모든 한계를 부정하는 영원한 자유인에게서 실현될 수 있는 것이다. 모리슨은 이 작품에서 최소한 온전한 비판정신을 가진 술라라는 인물의 현실에서의 도전적 삶을 통해 흑인여성의 정체성 회복과 자유 실현의 주제를 더욱 강력히 표면화 시키고 있는 것이며, 이는 곧 장자가 말한 진정한 자유정신의 구현과 일맥상통하는 것이다.

해체의 미학

경계 허물기

모리슨의 두 번째 작품인 『술라』는 다양한 서술적 경계를 해체하는 시도를 하고 있는 작품이다. 기본적으로 연대기적 서술을 기대하게끔 하는 구조를 취하고 있으면서 실제로는 현재와 과거를 자유롭게 넘나들고, 소설의 마지막 또한 열린 결말로 남겨둠으로써 전체적으로 연대기 순이 아닌 나선형(Tate 124)의 구조를 취하고 있다. 또한 3인칭 전지적 작가 시점을 기본으로 하되, 소설 중간 중간에 1인칭 주인공 시점의 자유로운 변환을 통해 서술 기법상의 경계를 해체하고 있다. 내용적인 측면에서도 주인공 술라를 비롯한 여러 여성 등장인물들의 파격적 행위를 통해 등장인물들의 행동에 대한 해석의 다양성을 열어두고 있다. 이와 같은 시도들은 모두 서술적 경계를 해체하는 것에 해당한다고 볼 수 있다.

이 장은 토니 모리슨의 『술라』에 나타난 다양한 경계를 해체하고, 곧 그 해체가 통합으로 연결되는 과정을 분석해 보고자 한다. 이 장에서 다루는 경계 허물기는 게이츠Henry Louis Gates, Jr.의 이분법적 사고에 가까운 것인데, 일상적으로 통용되는 다양한 이분법적 쌍들의 경계를 해체하고 전복시키고 있는 『술라』를 통해 작가가 말하고자 하는 바를 살펴보고자 한다. 이처럼 텍스트에 나타난 경계의 해체 양상을 분석하고자 하는 이유는, 이를 통해 모리슨이 단순히 이분법적 사고를 탈피하고자 하는 데 목적이 있는 것이 아니라, 성/인종과 관련된 중요한 함의를 제시하고 있다고 생각하기 때문이다. 남성과 여성, 흑인과 백인으로 쉽게 이분법적으로 나누어지는 통념적 사고를 전복시킴으로써 작가는 성과 인종을 벗어난 새로운 시각을 제시하고 있는 것이다. 『술라』는 성과 인종을 포함한 여러 이분법적 사고를 해체시키는 것과 동시에 이들을 통합하고자 하며 술라와 넬Nel의 관계를 통해 여성과 남성, 흑인과 백인을 뛰어넘는 인간적인 유대를 보여주고자 하는 것으로 해석된다.

많은 구조주의자들은 이분법적 반대 쌍들을 의미의 생산에 있어 기본적인, 인간 마음의 기본적인 기제라고 여겨왔다. 레비 스트라우스Levi-Strauss는 이분법적 반대 쌍을 "모든 생각의 가장 작은 기본적인 논리"라고 설명한다(Gates 87). 그러나 후기 구조주의자들은 이러한 생각을 뒤엎고 탈 이분법적 사고를 하기 시작한다. 이분법적 쌍들을 제시하는 동시에, 이들의 조합을 서로 반대되는 것으로 여겨지는 항목들로 구성함으로써, 통념화된 이분법적 사고를 뒤엎는 전복적 사고를 불러일으키는 것이다. 마찬가지로 모리슨도 자신의 텍스트를 매개체로 삼아 이분법적 사고를 전복시키고 있다는 점에서 후기 구조주의자들과 맥락을 함께 한다고 볼 수 있겠다. 모리슨의 텍스트는 여기에서 더 나아가 이를 인종과 성의 이분법적 사고의 전복과 연결 지음으로써 자신의 텍스트를 정치적인 것으로 만들고 있다.

페이지Philip Page는 『술라』에 나타난 여러 관계를 통한 자아와 타자의 관계에 대해 논하면서, 여기에 나타난 풀리지 않는 이항대립의 쌍에 대해 이야기한다. 맥도웰Doborah E. McDowell은 『술라』에 나타난 자아와 타자의 관계를 연구하면서, 흑인여성 문학 작품을 읽을 때 흑/백, 긍정/부정, 자아/타자 등 기존의 남성 중심, 논리 중심이었던 이분법적 사고방식과 패러다임을 허무는 읽기가 필요함을 역설하고 있다. 신현욱은 『술라』가 어떻게 기존의 남성/여성, 위/아래로 구조화된 위계질서를 전복시키고 있는지에 초점을 맞추면서 가부장적 사회 내에서 정형화되어 있는 여성상을 전복시키는 술라의 실험적인 삶을 탐구하고 있다. 이렇듯 토니 모리슨의 『술라』에서의 이항대립은 강조되는 동시에 전복되면서 작품 전체의 주제와도 연관되어 있는 중요한 기제로 사용되고 있다.

따라서 필자는 『술라』에 나타난 서술기법과 내용, 구조상의 경계 해체작업과, 정형화된 기존의 다양한 이분법적 이미지의 쌍들을 분석하면서 이들 사이의 경계를 허물고 전복시키는 작업, 더 나아가 이를 해체하고 통합하고자 하는 시도를 살펴보려 하는 것이며, 또한 이러한 작업을 통해 모리슨이 독자들에게 제시하고자 하는 바가 무엇인지를 모색해 보고자 한다.

해체와 통합

다양한 서술적, 대립적 이미지를 통한 경계 허물기를 통해 『술라』는 궁극적으로 해체를 통한 통합으로 나아가고자 한다. 먼저 그러한 통합의 시도 중 대표적 하나로 모리슨은 듀이Deweys 이야기를 하고 있다. 에바 Eva는 각각 다른 세 명의 아이들을 맡아 키우게 되는데 이 때 아들 셋을 모두 똑같이 듀이라고 이름 짓는다. 이름이 똑같은 그 세 아이를 어떻게 구별할 수 있냐고 묻는 한나Hannah에게, 에바는 "왜 그 아이들을 구별해야 하니? 모두가 다 듀이인데"(38)라고 대답한다. 그러나 실상 듀이들 사이에는 같은 점은 전혀 없다. 듀이 1은 아름다운 머리와 만성 황달 때문에 황금빛이 되는 눈이 새까만 흑인 소년이다. 듀이 2는 주근깨투성이에다 숱이 많은 붉은 머리칼을 지닌 밝은 피부색의 소년이다. 듀이 3은 초콜릿색 피부와 앞머리를 가지런하게 자른 검은머리의 반 멕시코계 소년이다. 뿐만 아니라 그들은 나이도 한두 살 정도 차이가 난다. 그러나 그들은 같은 이름을 가지게 되면서 점점 똑같은 '듀이들'이 되어간다.

> 아이의 어머니 그 누군가가 아이를 내다버릴 당시, 아이들이 뒤집어쓰고 있던 고치가 어떤 것이었든지 간에, 각각의 아이들은 자기 고치에서 벗어나 에바의 관점을 받아들였고, 이름도 듀이일 뿐만 아니라 실제로도 듀이가 되고 다른 둘과 합쳐지면서 하나의 복수 이름을 가진 삼위일체 되었고 . . . 서로 분리될 수 없으며 그들 자신들 외에 어떤 것도, 어느 누구도 사랑하지 않는 이들이 되었다. (38)

듀이들이 일학년에 한꺼번에 입학했을 때 선생님은 그들이 모두 다르게 생겼기 때문에 이름이 같다고 하더라도 구별하는 데는 별 문제가 없을 것이라고 생각한다. 그러나 선생님은 결국 듀이들을 먼저 겪었던 사람들과 마찬가지로 그들을 구별하는 것이 불가능하다는 것을 깨닫게 된다. 듀이들이 자신을 구별하는 것을 허락하지 않기 때문이다(39). 또한 듀이들은 여러 해 동안 키가 120센티미터에서 더 이상 자라지 않았고 몸 크기도 정상이 아니다. 그들의 놀이와 흥밋거리는 한나가 그들 모두를 일학년에 한꺼번에 집어넣은 이후로 하나도 변한 게 없이 장난스럽고, 교활하고, 비밀스럽고, 제멋대로였다(84-85).

모리슨은 듀이 이야기를 통해 실체와 상관없이 기표가 같아지면 기의도 같아져 버림을 보여주고 있다. 즉 듀이들은 외모도 나이도 전혀 다른, 세 명의 각각 다른 아이들이지만 이름이 '듀이'로 모두 같아지자 그들의 외모나 나이와는 상관없이 서로 구별될 수도, 분리될 수도 없는 하나의 '듀이들'이 된다. 모리슨이 언뜻 상식적으로 잘 이해되지 않는 듀이 이야기를 작품 전체에 걸쳐 하고 있는 이유는 듀이들과 마찬가지로 선과 악을 포함한 모든 이분법적 쌍들이 실제로 그렇게 명명되지 않으면 구분할 수 없을 것이라는, 혹은 그렇게 명명되었기 때문에 구분 가능한 것임을 이야기하는 것으로 해석될 수 있다. 에바가 듀이들에게 그들 사이의 구분을 허락하지 않았던 것처럼 모리슨도 자신의 작품 안에서 선과 악을 포함한 모든 이분법적 쌍들의 구분을 허락하지 않을 것임을 이야기하는 것으로 볼 수 있다.

또 다른 이름의 문제로 술라가 여태껏 '에이젝스'Ajax라고 알고 있었던 남자가 그가 떠나고 나서야 그의 이름이 에이젝스가 아닌 '알버트 젝스'Albert Jacks/ A. Jacks(176)임을 알게 되는 사건이 발생한다. 술라는 그의 이름도 모르고 있었기 때문에 그에 대해 아무것도 몰랐던 것과 같다며 충격에 빠진다.

> 난 그의 이름조차 모르고 있었어. 그의 이름도 몰랐으니 내가 알고 있는 거라곤 아무것도 없는 거야. 그리고 내가 알고자 했던 건 그의 이름

이었으니까 결국 아는 것이라고는 하나도 없는 셈이지. 그의 이름조차 모르는 그런 여자와 관계를 가져왔으니 그가 어떻게 떠나지 않을 수가 있겠어. (136)

이처럼 모리슨이 이름의 문제를 중요하게 다루고 있는 것은 사물 혹은 관념의 실체나 실제적인 의미와는 상관없이 그것이 어떻게 호명 interpellation되느냐에 따라 그 의미가 결정될 수 있음을, 즉 우리가 그것을 선 혹은 악이라고 규정함과 동시에 그것의 의미가 그대로 굳어져 버리게 될 수도 있음을, 그 위험성을 경고하고자 하는 것으로 해석할 수 있다.

『술라』에 나타난 통합의 시도 중 가장 눈에 띄는 것은 바로 '회색 공'의 이미지이다. 넬은 술라와 주드Jude의 잠자리를 목격한 이후 자신의 어깨 너머 어딘가에 '회색 공'이 있음을 알게 된다.

> 그녀 오른쪽 허공에, 시야를 벗어난 바로 그곳에 무엇인가 있었다. 그녀는 그것을 볼 수는 없었으나 그것이 어떻게 생겼는지 정확히 알고 있었다. 바로 그곳에 회색 공이 떠다니고 있었다. 바로 그곳에. 오른쪽에. 조용하고, 회색의, 더러운, 진흙투성이의 줄로 된, 무게가 없이 솜털 같지만 그것이 지닌 악의로 인해 끔찍한, 그런 공이었다. 그것을 볼 수 없음을 알고, 그녀는 눈을 감고 그 공을 지나 욕실을 기어 나와서 문을 닫아버렸다. . . . 그녀는 여름 내내 그 회색공, 털과 줄과 머리털로 된, 그녀 근처 빛 속에서 떠다녔지만 그녀가 보지 않았기 때문에 볼 수 없었던 그 작은 공과 함께 지냈다. 그러나 보지 않으려고 애쓰는 것, 그것이 끔찍한 일이었다. 하여간 그것은 언제나 거기, 그녀 머리 바로 오른쪽에, 아마도 더 아래 어깨 근처에 항상 있었다. (108-109)

그 지저분한 '회색 공'의 털은 체모를 상기시키며 술라와 주드의 잠자리를 연상시킨다. 그것은 넬이 이제까지 보지 않고 살아왔고 보고 싶지 않았던, 그녀가 비도덕적이라고 여겨왔던 모든 것들의 총체이다. 동시에 '회색 공'은 '도덕'과 '비도덕'의 경계를 넘나들며, 도덕성의 판단을 넘어서고 있기도 하다. 즉 넬에게 비도덕적이라고 여겨졌던 것들이지만 실제 그것이 비도덕적인가 하는 것은 또 다른 문제로, 적어도 『술라』에서는 도덕과 비도덕의 경계가 분명히 구분되지 않고 있기 때문이다. 또한 이 공은 '더러운' 것으로 묘사되고 있는데, 이 또한 의미심장하다. 모리슨의 소설에는 깨끗함, 청결함이 가치를 가진 것으로 여겨지지 않는다. 예를 들어 백인들의 집은 흑인가정부에 의해 항상 깨끗하게 유지되며, 백인의 미학이나 사고방식을 내면화하고 있으며 '비인간적' dehumanized으로 여겨지는 흑인여성들, 『가장 푸른 눈』의 제랄딘Geraldine이나 『술라』의 헬렌Helen과 같은 여성들이 항상 깨끗하다고 그려지고 있기 때문이다. 공이 회색이라는 것 역시 단순히 더럽다는 의미를 넘어서서 흑백이 아닌 회색, 즉 이분법적 논리에 의해 지배되지 않는 색, 혹은 도덕과 비도덕의 경계를 해체하는 색을 표현하고자 한 것으로 보인다.

또한 '회색 공'은 도덕적인 판단을 보류한, 인간적인 것들을 포함하고 있는 것이기도 하다. 그것은 사랑, 미움, 질투, 죄의식, 정욕과 같은 인간적인 감정들을 포함하고 있다. 이런 인간적인 감정들은 넬이 자신의 내면에서 보기를 두려워하고 억압해 왔던 감정들이기도 하다. 넬은 술라 없이는 그러한 인간적인 감정들을 가지거나 느끼지 못하며, 그런 감정들이 술라뿐 아니라 자신의 내면에도 존재한다는 사실조차 인정하기 두려워한다. 넬에게 이런 감정들을 다시 가져다주고, 그녀 내면에 존재함을 일깨워준 사람이 바로 술라이다. 넬은 헬렌의 교육방식과 주드와의 결혼으로 인해 이러한 감정들을 너무나 오랫동안 억누르고 살아왔지만, 그녀가 그것들을 인정하고 보려고만 하면, 그것은 언제나 '바로 그곳에' 있었던 것이다. 술라와 주드의 성관계 장면을 목격하면서 넬이 억누르고 살아왔던 모든 것들, 동시에 자신에게 매우 중요한 것들이 '회색 공'이 되어 수면 위로 떠오르게 된 것이다.

또한 '회색 공'은 소녀 시절 넬과 술라가 함께 묻어버린 쓰레기 더미를 연상시키기도 한다.

> 술라도 똑같이 넬을 따라했고, 곧 그들 둘 다 컵 하나 정도 크기의 구멍을 각각 만들 수가 있었다. 넬은 무릎을 꿇고서 더 열심히 파기 시작해 구멍을 더 깊게 만들고는 조심스레 흙을 퍼내었다. 두 구멍이 하나의 같은 구멍이 될 때까지 그들은 함께 팠다. 그 구멍이 조그마한 설거지통만큼 커졌을 때 넬의 나뭇가지가 부러졌다. 그녀는 불쾌하다는 듯이 파놓은 구멍 속으로 그 나뭇조각들을 던져 넣었다. 술라도 역시 자신의 나뭇가지를 그 안으로 던졌다. 넬은 병마개를 발견하고 그것 역시 그 안에 던져 넣었다. 그리고 나서 각자 그 구멍에 던져 넣을 더 많은 쓰레기들, 그들이 발견할 수 있는 불결하고 작은 모든 것들이 거기에 모일 때까지 주위의 종이, 유리 조각들, 담배꽁초들을 찾아 구멍에 던져 넣었다. 조심스럽게 그들은 흙을 다시 덮고서 무덤 같은 구덩이를 뿌리 뽑힌 풀들로 전부 덮었다. (58-59)

넬이 술라와 함께 모아 구덩이 속으로 넣고 조심스럽게 묻었던 것들, 그 후에 넬은 잊어버리고 말았던 그 쓰레기 뭉치는 술라와 주드의 잠자리를 목격한 후 '회색 공'이 되어 다시 나타난다. 그러나 넬은 여전히 그것을 보기가 두렵고, 결국 '회색 공'을 쳐다볼 수 없다. 넬이 '회색 공'을 쳐다보지 못하는 것은 그녀가 자기 자신과, 또한 자신의 감정과 직면할 수 없음을 의미하는 것이며, 그래서 그녀는 소리 내어 울 수가 없는 것이다. 소설 마지막에서야 비로소 넬은 '회색 공'을 직시하게 되고, 마침내 울음을 터뜨릴 수 있게 된다.

> 털로 뭉쳐진 부드러운 공이 터져 민들레꽃 씨앗들이 미풍에 날리듯 흩어졌다. . . .
> 그녀는 울부짖었다. "계집애야, 계집애야, 계집애야."
> 그것은 크고 긴, 한바탕 멋진 울음이었다. 그러나 그 울음은 꼭대기도 바닥도 없는 그저 원들, 슬픔의 원들이었다. (174)

여기서 넬은 자신이 그리워한 것이 주드가 아닌 술라였음을 깨닫게 되면서 비로소 자기 자신, 혹은 술라와 마주할 수 있게 되고, 그들 둘 다 같은 소녀였던, 비록 남루하지만 그녀들에겐 중요했던 것들을 공유하던 과거로 돌아갈 수 있게 된다. '회색 공'은 넬이 스스로 구분 짓고 있었던 도덕과 비도덕의 경계를 해체할 뿐 아니라, 넬과 술라 사이의 도덕과 비도덕, 선과 악의 경계를 허물고 있다. 즉, 넬이 술라와 함께할 때 자유롭게 느낄 수 있었던 인간적인 감정들을 다시 불러왔을 뿐 아니라, 그들 사이에 도덕과 비도덕, 선과 악의 경계 없이 모든 것을 공유했던 소녀 시절로 넬을 다시 이끎으로써 넬과 술라 사이의 경계 또한 해체하고 있는 것이다. 그러므로 '회색 공'은 이 소설에서 제기한 모든 이분법적 사고의 경계를 해체하는 상징이라고 볼 수 있을 것이다.

또한 술라가 성관계 도중 절정의 순간에 다다랐을 때 눈물을 흘리는 장면이 있는데, 독자들은 이 부분에서도 쓰레기 더미를 연상하게 된다.

> 그때 그녀는 울었다. 그것은 가장 하찮은 것들, 내다버린 어린 아이들의 신발, 바닷물에 실려 물속에 잠긴 습지 식물의 부러진 줄기들, 그녀가 전혀 모르는 죽은 여인들의 고교 졸업 무도회 사진들, 전당포 진열장에 있는 결혼반지들, 쌀자루에 새겨진 콘월 암탉의 통통한 몸통들에 대한 눈물이었다. (123)

여기서 말하는 "가장 하찮은 것들"은 술라와 넬이 함께 묻었던 쓰레기 더미를 연상시키며, 당시 그녀들이 조심스럽게 그것들을 묻었던 것처럼, 술라는 결정의 순간에서 가장 하찮은 것들을 위해 눈물을 흘리고 있는 것이다. 이는 하찮은 것들과 중요한 것들의 경계를 해체하는 의미를 가지기도 한다.

여러 이분법적 요소들을 망라하고 있는 술라와 넬은 결국 하나의 이미지로 통합되고 있다. 술라와 넬의 관계는 "하나의 눈에 두 개의 목"(147)이 있는 괴물처럼 통합되고 있으면서 동시에 분리되어 있다.[11] 술라와 넬은 정반대 환경에서 자랐을 뿐 아니라, 성격 또한 매우 다르다. 술라는 자유분방하고 감정적이며 판단력이 결핍되어 있는 반면, 넬은 보수적이고 이성적인, 판단력이 뛰어난 인물로 묘사된다.

술라와 넬이 서로에게, 그리고 서로의 환경에 끌리는 것도 그들 내면에 다른 것을 추구하는 무언가가 있기 때문이다. 술라는 넬의 깔끔하게 정리된 집을 좋아하고, 넬의 침착하고 이성적인 면을 부러워하며 그것을 따라 하고자 한다. 술라는 넬이 위기 상황에서 의연하게 행동하는 것을 부러워한다. 그러나 자신이 넬의 의연함을 따라 해보려고 하면, 그때마다 그 행동은 오히려 특이함 때문에 주목받곤 한다. 또한 술라가

---

[11] 모리슨 자신도 파커(Betty Jean Parker)와의 인터뷰에서 "넬과 술라, 그 둘은 훌륭한 한 사람의 인간일 수 있었다. 그들은 마치 고대 신화의 야누스의 머리와도 같은 것이다"라고 말하고 있다(Taylor-Guthrie 62).

넬을 보호하려고 자신의 손가락 끝을 잘랐던 그 날도, 넬은 그것에 대해 감사해하기보다 오히려 불쾌해한다. 그때부터 술라는 자신의 감정이 행동을 지배하도록 내맡기게 된다(141).

반대로 넬은 술라의 지저분하고 항상 사람들이 북적대는 집이 좋고, 술라의 자유분방함을 은연중에 부러워한다. 넬은 항상 별의별 사람들이 들끓고, 싱크대 위에는 더러운 접시가 몇 시간이고 방치되어 있는 술라의 집을 더 좋아한다. 술라의 어머니 한나는 꾸중하는 법도 지시하는 법도 없으며, 술라의 할머니 에바는 호주머니에서 땅콩을 꺼내 건네주거나 꿈을 해몽해 주기도 한다. 이렇듯 넬이 지저분하고 정돈되어 있지 않은 술라의 집을 더 좋아한다는 사실을 깨닫는 것은 어머니 헬렌의 보수적인 교육에 의해 억눌려 있던 자신의 자아에 대해 인식해가는 과정의 일환이라고 볼 수 있다. 넬은 "간혹 술라와 함께 남 앞에 나서는 경우를 제외하고는 전혀 공격적이지 않다. 그녀의 부모는 그녀의 영리한 면이나 괄괄한 성격을 마모시켜 둔하게 하는 데 성공했다"(83). 넬은 술라와의 각별한 우정을 통해 "나다움"(29)을 인식해가는 기반을 마련하고 있다. 그러나 이것은 주드와의 결혼을 통해 어머니 헬렌처럼 사는 삶에 정착하게 되는 것이다. "두 사람이 함께 하나의 주드를 만드는"(83) 이러한 방식의 결혼을 통해, 넬은 독립적인 자아를 발전시킬 수 있는 가능성을 모두 없애버리고 만다. 비록 넬이 헬렌과의 여행을 통해 "새로운 나"를 발견하기는 하지만 이런 면이 술라와의 예외적인 관계를 통해서가 아니면 성숙할 기회를 얻지 못했을 뿐더러 언제나 헬렌의 영향력 아래 놓여 있었기 때문에 넬의 '새로운' 자아가 발현될 기회를 얻지 못하는 것이다.

실로 정반대의 성격을 지닌 인물인 넬과 술라가 서로를 가장 가까운 인물로 느끼면서 "서로의 생각이 누구의 것인지조차 구별하기 힘들"(83) 정도로 둘이 아닌 하나처럼 묘사되고 있다는 것은 특이할 만한 점이다. 넬에게 있어 술라에게 이야기하는 것은 곧 "자기 자신과의 대화"(95)이다.

에바 역시 넬과의 대화 도중 치킨 리틀을 물에 빠뜨려 죽인 것은 술라가 아닌 넬이라고 하며, 둘 사이의 차이가 무엇인지 묻기도 한다.

"말해봐라, 어떻게 네가 그 어린애를 죽였는지 말이야."
"뭐라고요? 어린애라니, 누구 말이에요?"
"물속으로 네가 던진 그 애 말이다. . . . 어떻게 네가 그 아이를 물속으로 들어가게 했는지 말이다."
"전 물 속으로 어떤 애도 던진 적이 없어요. 그건 술라지요."
"너. 술라. 다를 게 뭐가 있니?" (168)

그리고 에바는 "똑같아. 너희 둘 말이야. 너희들 사이엔 하등 다른 점이 없었어"라고 하면서 넬을 계속해서 "술라?"(169)라고 부른다. 이처럼 정반대의 성격의 소유자들인 넬과 술라를 하나의 인물처럼 묘사하고 있는 것은 '회색 공'의 통합처럼 넬과 술라와의 통합으로 해석할 수 있을 것이다. 비평가들은 종종 넬과 술라를 서로의 더블로, 소설의 결말을 넬과 술라가 하나의 완전한 영웅의 모습으로 통합되는 것으로 해석한다 (Harding & Martin 47-48). 모리슨은 "넬과 술라가 한사람이었다면 훨씬 더 훌륭한 사람이 되었을 것이라고 생각한다"고 하면서도, "그럼에도 불구하고 이 두 사람은 넬과 술라로 쪼개져 있었다"는 스텝토Robert Stepto의 반응에 대해, "정확한 지적"이라고 동의함으로써, 해석의 다양성을 열어두고 있다(13).

모리슨은 세 명의 듀이를 하나로 통합시키는 것, '회색 공'을 통한 통합, 넬과 술라의 통합과 동시에 해체하는 작업을 병치시키고 있다. 술라와 에이잭스와의 성관계 장면에서 나타나는 술라의 의식의 흐름, 혹은 독백처럼 보이는 이탤릭체로 된 부분에서 독자들은 이미지화된 해체 작업을 볼 수 있다. 술라에게 에이잭스와의 성관계는 이전의 성관계들과는 달리 단순한 육체적 행위 이상의 의미를 가지는 것으로 묘사된다.

만약 새미가죽을 가져와서 그걸 뼈 위, 너의 그 광대뼈의 뺨 위에다 힘껏 비벼대면, 얼마쯤 검은빛은 사라질 거야. 새미가죽으로 검은빛이 벗겨지고 그 밑의 황금빛 잎새가 드러나겠지. 난 그것이 검은빛 사이로 빛나는 것을 볼 수가 있어. 거기에 그것이 있다는 걸 난 알고 있어.

. . . .

그리고 내가 만일 손톱 다듬는 줄이나 에바의 껍질 벗기는 낡은 칼―그것이면 족한데―을 갖고만 있다면, 그래서 금을 긁어내면, 금이 떨어져 나가고 거기에 눈처럼 흰 설화석고가 나타날 거야. 설화석고는 너의 얼굴에 평면과 굴곡을 만들어주지. 그게 바로 네 입가의 미소가 너의 눈에까지 이르지 못하는 이유이지, 설화석고 무게 때문에 활짝 미소 짓지 못하거든.

. . . .

나는 너의 토양 속으로 내 손을 깊숙이 집어넣어 그것을 들어 올리고는 내 손가락으로 체를 쳐 그 따뜻한 표면과 그 밑의 이슬 맺힌 서늘함을 느낄 거야.

. . . .

나는 너의 토양에 물을 주어 비옥하고 촉촉하게 가꾸리라. 그러나 얼마나? 도대체 이 촉촉한 옥토를 간직하는 데 얼마나 많은 물이 필요할까? 내 물을 고요하게 유지시키려면 도대체 얼마만큼의 옥토가 필요한 것일까? 그리고 언제쯤 두 개가 합쳐져 진흙이 될까? (130-131)

"검은" 피부, "황금빛 잎새," "설화 석고" 등은 타자의 정수에 다가가는데 장애가 되는 것들을 의미한다. 검고, 노랗고, 하얀 표면―어쩌면 인종의 색깔을 의미할 수도 있는 표면의 색깔―을 하나하나 해체하고 파괴하는 작업은 마침내 창조의 원천인 흙과 결합하게 된다. 김명주가 지적하고 있듯이, 여기에서 파괴는 창조를 위한 것이다(295). 흙은 인간의 본질이라는 상징적 의미를 지닌다. 이는 인종, 지위, 역할 등 겉으로 규정되는 정체성이 아닌 가장 본질적인 정수에 다가가고자 하는 갈망으로 해석될 수 있다. 신현욱의 분석에 따르면 물과 흙이 적절하게 합쳐져서 진흙이 되면, 마음대로 형상을 빚을 수 있는 창조가 가능하며, 이런 대목 역시 술라라는 인물이 피부색이나 성에 따른 차이에 기반해서 정체성을 구성하기보다는 오히려 그것을 해체하는 데 존재적으로 더 몰두해 있다는 인상을 준다(203).

넬과 술라와의 정신적 결합은 "서로의 생각이 누구의 것인지조차 구별하기가 힘들"정도이며, 넬에게 있어 술라와의 대화가 "자가 자신과의 대화"라는 식의 마치 둘이 하나가 되는 것과 같은 통합의 이미지로 묘사되고 있는 반면, 술라와 에이잭스와의 육체적 결합은 통합이 아닌 해체로 묘사되고 있다는 것은 통합과 해체라는 점에서 중요한 의미를 가진다. 이는 넬과 주드의 결혼을 통한 결합이 넬과 술라와의 결합과는 달리, "하나의 주드를 만드는"(83) 것으로 묘사되었던 것을 떠올리게 한다. 즉, 넬과 술라와의 결합이 모리슨이 지적한 바와 같이 두 인물이 서로의 부족한 부분을 채워 하나의 완전한 인간을 만드는 이상적인 통합이라고 한다면(Stepto 13), 넬과 주드의 결합은 넬은 없어지고 "하나의 완전한 주드"를 만드는 것이며, 술라와 에이잭스와의 결합은 반대로 술라만이 남고, 에이잭스는 술라에 의해 해체되어 버리는 결합인 것이다. 이러한 결합에서 에이잭스의 '떠나감'은 자연스러운 일일 수밖에 없을 것이다. 비록 소설에서는 에이잭스가 술라의 "정착하려고 하는 여성의 특징들"(133)을 미리 감지하고 이를 참지 못해 떠나가는 것으로 묘사되고 있지만, 술라와 에이잭스와의 결합에서 에이잭스는 이미 해체되었기 때문에 그의 완벽한 '부재'와 술라의 '존재'는 필연적인 결과인 것이다. "그는 자신의 놀라운 부재 외에는 남겨놓은 것이라곤 하나도 없다"(134). 즉, 에이잭스의 '부재'를 가져온 인물은 바로 떠나간 에이잭스가 아닌 에이잭스를 해체해 버린 술라 자신인 것이다. 이는 후에 넬과 술라의 대화에서도 확인할 수 있다.

"외롭지 않니?" [넬]
"외롭지. 그러나 내 외로움도 내 것이잖아. 그렇지만 네 외로움은 네 것이 아닌 다른 사람들 것이야. 다른 사람이 만들어서 너에게 넘겨준 것이야." [술라 (143)

넬의 외로움은 주드가 떠나갔기 때문에 생긴 외로움, 즉 주드로 인해 생긴 외로움이다. 반면 에이잭스를 떠나가게 한 것은 다른 누구, 혹은 에이잭스가 아니라 바로 술라 자신이었기 때문에 자신의 외로움은 스스로 창조한 '자신의 것'이라 부를 수 있는 것이다.

『술라』에서 넬과 주드의 결합, 술라와 에이잭스의 결합은 모두 불완전하고 누군가를 잃게 되는 결합이며, 넬과 술라와의 결합만이 이상적인 합일로 묘사되고 있는 것은 바바라 스미스Barbara Smith가 지적했듯이 모리슨의 "이성애적 제도와 결혼, 가족에 대한 비판적인 입장"을 알 수 있는 중요한 부분이기도 하다(98). 『술라』에 나타난 이성애적 결합은 넬과 주드, 술라와 에이잭스뿐만 아니라, 에바와 보이보이, 한나와 일찍 세상을 떠난 남편 리커스Rekus 등 모두 누군가를 잃고 떠나가는 상실, 혹은 부재의 결합이다. 이 같은 불완전한 이성애적 결합에 대한 대안으로 제시되고 있는 것이 바로 넬과 술라와의 결합이다. 넬과 술라의 결합은 두 사람이 하나가 되는 동시에 둘 중 어느 하나가 자신의 생각을 억압하거나 희생해야 하는 결합이 아니라, 둘이 "서로의 생각이 누구의 것인지조차 구별하기 힘들" 정도로 같은 생각을 하는 것이며, "자기 자신과 대화"하게 되는 결합, 즉 긍정적 통합이다. 또한 이들은 "하나의 눈"을 가지는 동시에 "두 개의 목"을 가짐으로써 비록 같은 것을 보더라도 자신의 생각을 달리 말할 수 있는 통합인 것이다. 이들의 결합은 술라가 세상을 떠나고 난 후에도 이어지게 되는데, 넬의 술라에 대한 그리움은 넬로 하여금 '회색 공'을 직면하게 하고, "꼭대기도 바닥도 없는" 울음을 터뜨리게 함으로써 앞으로 넬의 정신적 성장 가능성의 발판을 마련해주고 있다. 또한 세 명의 각각 다른 듀이들을 하나의 이름으로 명명하고 통합시켰던 에바는 넬과 술라가 "똑같다"며 넬을 계속해서 "술라?"라고 부르면서 이들의 통합을 완성시키고 있다. 이처럼 넬과 술라와의 결합은 불완전한 이성애적 결합들을 대신할 수 있는 완벽한 통합으로 제시되고 있는 것이다.

통합과 변화

살펴본 바와 같이 모리슨의 『술라』는 술라와 여러 등장인물, 그리고 다양한 에피소드들을 통해, 옳고 그름, 선과 악 등의 정형화된 이분법적 사고의 경계를 해체하고 있다. 여기에는 서술기법이나 내용상의 경계 허물기가 기본적인 틀을 이루고 있고, 경계 해체의 문학적 효과를 극대화하기 위해 기존의 정형화된 이분법적 이미지의 쌍을 의도적으로 채택하여 이들의 경계를 모호하게 하거나 전복시키는 방법을 사용하고 있다. 서술적으로는 기본적으로 연대기적 서술을 기대하게끔 하는 구조를 취하고 있으면서 실제로는 현재와 과거를 자유롭게 넘나들고, 소설의 마지막 또한 열린 결말로 남겨둠으로써 전체적으로 연대기 순이 아닌 '나선형'의 구조를 취하고 있다. 또한 3인칭 전지적 작가 시점을 기본으로 하되, 소설 중간 중간 1인칭 주인공 시점으로서의 자유로운 변화를 통해서 서술기법상의 경계 해체를 시도하고 있기도 하다. 내용적인 측면에서도 주인공 술라를 비롯한 여러 여성 등장인물들의 파격적 행위를 통해 독자들의 기대를 끊임없이 무너뜨리고 있다.

또한 주인공 술라를 비롯한 넬, 에바, 한나, 헬렌 등 다양한 여성 인물들의 삶과 행동들에 나타난 경계 해체를 보여주고 있다. 술라는 여성이지만 당시로서는 남성적이라고 여겨지는 파격적인 행동들을 통해 남성과 여성의 경계를 해체하고 있으며, 넬과의 관계에 있어서도 동성애로 해석될 수 있는 가능성을 열어둠으로써 이성애와 동성애의 경계를 허물고 있기도 하다. 에바는 술라의 집에서 경제적인 독립을 이루어냄과 동시에 전통적인 가장의 역할을 맡게 됨으로써 당시 남성과 여성의 젠더 의식에 대한 이분법적 사고를 깨뜨리고 있다. 넬의 어머니 헬렌은 전통적인 여성역할의 범주에 머물러 있으면서도, 남부 여행으로의 기차간 에피소드를 통해 도덕적으로 강인해 보이는 그녀 또한 한순간 창녀와 같은 인물로 전락할 수 있음을 보여줌으로써 여성의 정형화된 이미지 쌍 중 하나인 성녀와 창녀의 경계를 해체하고 있다.

동시에 선과 악, 삶과 죽음의 문제와도 밀접히 연결되어 있는 사회적 위계질서, 흑인사회에서의 개인과 공동체의 문제 등 일반적으로 통용되는 사회적 관습에 대한 경계를 허무는 작업 또한 이루어지고 있다.

모리슨은 『술라』를 선과 악의 문제에 대한 의문으로 시작한 만큼, 어떤 것이 선한 것인지 혹은 어떤 것이 악한 것인지에 대한 의문을 소설 전반을 통해 끊임없이 제기하고 있다. 이는 죽음의 문턱에서의 넬과 술라와의 대화에서 "누가 좋은 사람이었는지"를 "어떻게 알 수 있느냐"는 술라의 말을 통해 직접적으로 피력되고 있기도 하다. 또한 위와 아래, 꼭대기와 바닥으로 구분되는 사회적 위계질서 또한 『술라』에서는 여지없이 무너지고 만다. 『술라』는 보는 시점에 따라 꼭대기가 바닥이 될 수도, 또 바닥이 꼭대기가 될 수도 있는, 꼭대기와 바닥을 전복시키는 바닥촌 에피소드로 시작해서 마지막에 넬의 "꼭대기도 바닥도 없는 울음"으로 끝난다. 이와 같은 배열은 일반적인 위와 아래의 개념을 전복시키는 동시에, 위아래가 없이 끊임없이 선회하고 뻗어나가는 소설의 "나선형" 구조와도 연결되면서 전복의 효과를 극대화시키고 있다.

또한 『술라』는 흑인문학 전통에서 대부분의 개인의 부족한 점을 채워줄 수 있는 대안이나 긍정적인 힘으로 묘사되고 있는 흑인공동체에 대해 의문을 제기하고 있다. 흑인공동체의 수동성과 운명론자적인 태도가 공동체의 변화를 막고, 정체되게 함으로써 발전을 저해하고 있다는 것이다. 이와 같은 지적은 기존의 흑인문학 전통에서의 개인과 공동체에 대한 자각을 불러일으키며, 독자들로 하여금 새로운 시각을 갖게 한다.

모리슨은 이와 같은 경계 허물기에서 한걸음 더 나아가 해체와 통합을 통한 새로운 비전을 제시하고 있다. 세 명의 각각 다른 듀이들을 하나의 이름으로 통합시키는 과정을 통해 어떻게 기표가 기의를 결정짓는지를 보여줌으로써, 명명의 위험성을 보여주고 있다. 또한 '회색 공'이라는 넬의 환상을 통해 도덕과 비도덕의 경계를 허물고 이들을 하나로 통합시키는 장치를 제시하고 있기도 하다.

통합의 작업과 더불어 해체하는 작업을 이미지화해서 보여줌으로써, 술라와 에이잭스, 넬과 주드의 이성애적 결합을 누군가를 해체시키고 잃어버리게 되는 불완전한 결합으로 상정하고 있는 반면, 넬과 술라의 정신적 결합은 둘이 하나가 되는 완벽한 결합으로 묘사함으로써 이들의 결합을 새로운 대안으로 제시하고 있다. 넬과 술라와의 결합은 소설에서 불완전한 이성애적 결합들을 대신할 수 있는 완전한 결합으로 제시되고 있으며, 술라의 죽음 이후에도 넬의 깨달음과 정신적 성장이 이루어질 것임을 알려주어 이들의 결합은 소설 안에서뿐만 아니라 "꼭대기도 바닥도 없이" 계속해서 뻗어나갈 새로운 비전으로 제시되고 있다.

모리슨이 술라와 넬의 성장과 반복, 경계 허물기의 여정을 통해 우리에게 제시하고자 하는 바는 해체의 미학인 것이다. 억울함과 분노, 극단적 이기주의와 이데올로기의 경계를 허물고, 비움의 마음으로 세상의 구조를 바라볼 때 비로소 열린 인식이 이루어지는 것이며, 긍정의 비전을 추구할 수 있는 것이다.

그러한 모든 것의 출발점을 그녀는 해체에 두고 있는 것이다. 편견의 해체, 고정관념의 해체, 이데올로기의 해체, 구조의 해체, 그것은 결국 통합이라는 긍정의 비전에 초석이 되어줄 것임을 굳건하게 주창하고 있는 것이다.

'분열'과 '조화'의 양상으로 드러나는 여성주체 분석

포스트모던적 경향

모더니즘을 넘어서 포스트모더니즘의 정점을 지나고 있는 현대사회는 분열과 해체의 속성을 사회 곳곳에서 드러내고 있다. 사회, 가정 속에서 객관적으로 기대되는 중심의 역할, 리더의 역할이 제대로 이루어지지 않고 있는 현 시대의 암울한 분위기 속에서 그들이 속해 있는 문화, 사회, 가정의 중심 모티프를 다시 한 번 구체적으로 살펴보는 작업은 의미 있는 일일 것이다. 또한 이러한 과정을 통해 각 개개인들의 주체의식, 그들이 속한 사회와 문화의 주체의식을 살펴보고자 한다.

이 장은 문학작품을 총체적으로 평가하기 위해서는 그 속에 여성의 현실이 얼마나 현실적으로 그려지고 있으며, 작가의 세계관 속에 여성 문제에 대한 인식이 얼마나 올바르게 자리 잡고 있는가를 보아야 한다는 페미니스트 비평에 입각하여 토니 모리슨의 『술라』와 『재즈』를 분석해볼 것이다. 페미니스트 비평이 추구하는 문학은 여성의 경험을 진실되게 재현하고 여성의 경험이 지닌 다양한 폭과 넓이를 포괄적으로 보여주어야 한다는 전제 하에, 이 두 작품에서 척박한 현실의 땅에 씨앗을 뿌리는 시도를 이룬 술라의 삶과 질풍노도의 시기를 거쳐 풍요로운 성장의 결실을 이루어내는 바이올렛의 삶을 비교, 분석함으로써 여성이 주체적으로 그리고 긍정적으로 자아를 인식하고 받아들이게 될 때, 그러한 주체적인 여성의 능동적 힘은 그 어느 시대를 막론하고 가정적, 사회적, 문화적 분열과 해체를 막는 거대한 힘의 원동력임을 분명히 밝히고자 한다.

억압적 현실, 즉 자신의 자아를 부정하지 않고는 생존이 불가능한 사회 속에서 끊임없이 자아의 부재감, 상실감으로 고통스러워했고 표류했던 이 두 작품의 술라와 바이올렛이라는 인물이 사랑 그리고 남녀관계라는 큰 경험의 틀을 통해 어떻게 성장해가며 그러한 그들의 여성 개개의 성장이 해체와 분열의 문화적 이데올로기를 얼마만큼 화합과 통합으로 결속시킬 수 있는가를 살펴보고자 하는 것이다.

『술라』의 술라: 분열과 파괴의 자유를 통한 주체적 자아 찾기

술라라는 인물이 속해 있는 사회는 여성의 삶을 제한하고 억압하는 가부장적 특성이 지배하고 있는 결정체로, 그들은 여성을 제한적, 억압적 삶의 대상, 또한 아내는 소유되고 통제받는 명령체계를 받드는 존재, 약하고 종속적 존재로 가부장제를 위해 지배받는 대상(Roller 158-59)이라고 생각한다. 술라가 속한 사회의 남성이 생각하는 결혼의 의미는 한때 그녀의 연인이자 친구 넬Nel의 남편인 주드Jude의 결혼관을 통해 엿볼 수 있다. 그에게 결혼은 사회 속에서 인간으로서의 자기를 발현할 기회를 박탈당한 그의 제한적 현실과 자신의 자율권을 행사하고자 하는 그의 욕구 사이에서 완충적 역할을 해주는 제도적 장치에 불과하다.

> 그[주드]가 결혼에 대해 생각하면 할수록, 그것은 더욱더 매력적인 것이 되었다. 그의 운수가 어떻든 간에, 옷의 재단이 어떻든 간에, 항상 감침질이 되어 그의 풀려진 가장자리를 숨겨주는 단과 주름이 있을 것이다. 그를 받쳐줄 상냥하고 부지런하며 충성스러운 누군가가 있을 것이다. . . . 그러한 누군가가 없다면 그는 여자처럼 부엌을 서성거려야 하는 웨이터에 불과했다. 그녀가 있음으로써 그는 어쩔 수 없이 하는 불만족스러운 직장에 붙박여 있는 한 가정의 가장이 되었다. 두 사람이 함께 하나의 주드를 만들 것이다.

주드의 청혼의 결심은 인종차별주의 사회로부터 받은 흑인남성의 좌절감을 가장의 권위로 회복하겠다는 의지에서 비롯된다. 주드에게 있어 아내의 위치는 그의 남성다움을 증명할 수 있도록 종속적 위치에 머물면서 인종차별적인 외부 세계의 압력으로부터 그를 보호하고 위로해주는 "상냥하고 부지런하며 충성스러운" 존재이다. 말하자면 결혼한 흑인여성이란 사회 권력구조에서 소외되어 상처 난 남성의 자존심을 회복시켜주는 존재가 되어야 한다. 그러므로 주드와 넬이 대변하는 흑인 가부장적 결혼제도는 백인의 그것보다 더 복잡하다고 할 수 있다. 왜냐하면 흑인남성의 소유욕과 지배욕은 아내를 통해 가정 내에서 대리 충족되어야 하므로, 결과적으로 흑인여성은 흑인남성으로 하여금 외부의 인종차별을 견디게 하는 방파제 역할을 하게 된다. 일과를 마치고 돌아온 주드가 백인 중심 사회에서 흑인남성으로 겪는 인종차별을 이야기하면서 백인 남성에 대한 패배의식을 넬의 "미지근한 동정으로 이어지기를 기대하자"(103) 넬은 흑인남성의 곤경에 대하여 위로의 말을 전한다. 이러한 넬의 태도는 가부장제에 길들여진 흑인남성 중심 문화에 기초한 것이다. 즉 주드가 자신이 결혼함으로써 누리게 될 것으로 기대하는 것은 "소유물"possession, "통치"rule, "명령"order이다(71).

> 그녀들의 삶이 편협해지면 해질수록 그들의 엉덩이는 더욱 넓어져 갔다. 남편이 있는 여성들은 거북한 관 속에 자신의 몸을 구겨 넣고, 그들의 옆구리는 다른 사람들의 상처 입은 꿈과 앙상한 회한으로 터질듯 하였다. 남편이 없는 여성들은 마치 끝없이 공허한 구멍을 가진 끄트머리가 시큼한 바늘 같았다. 남자가 있는 여성들은 숨결에서 단 맛을 오븐과 증기 주전자에게 다 빼앗겨버렸다. 그녀들의 자식들은 자신의 육신에서 분리되어져 나온 터라 그 아픔이 적잖이 친숙한, 소원하면서도 겉으로 드러난 상처 같은 존재였다.

술라는 이러한 기존의 결혼제도가 흑인여성의 자아와 상상력이 존재할 공간을 부여하지 않는 폐쇄적인 것으로, 여성의 삶을 전적으로 상대 남성에게만 의존하도록 만드는 소유적 관계를 전제로 한다고 생각한다. 결혼을 여성의 자아와 상상력의 무덤과 동일시하는 술라의 냉소적인 비판은 "상처 입은 꿈과 앙상한 회한"으로 가득 찬 가부장적 결혼제도와 남편과 자식들을 위해 집안일을 돌보느라 "단 맛"이 빠져나가는 흑인여성들의 현실을 겨냥하고 있는 것이다(142). 술라에게 넬을 포함한 마을의 인습적인 여성들의 삶의 방식은 남성들이나 자식들이 주도권을 쥐는 삶의 테두리를 벗어나지 못하는 삶이다. 술라의 시각에서 보면, 자아를 포기한 채 거미줄 망 같은 관계 속에서 살아가는 넬과 바텀마을 여성들의 삶의 방식은 진정한 삶이 아니라 "나무 그루터기처럼 서서히 죽어가는"(143) 마비상태나 다름없는 생존일 뿐이다.

> 그러나 자유낙하는 창의성-날갯짓과 관계되는 일, 다리를 붙잡는 방식, 그리고 무엇보다도 만일 그들이 자신의 혀의 맛을 보거나 살아남기를 바란다면 수직 하강에 몸을 맡기는 것-을 필요로 하고 요구한다. 그러나 살아남는 것은 그들, 그리고 지금의 넬이 원하는 바가 아니었다. 그것은 너무나 위험한 일이었다. 이제 넬은 마을의 일원이 되었고 마을의 모든 살아가는 방식에 젖어 있었다. . . . 넬이 다른 사람들이 하는 방식대로 처신하였을 때, 그녀[술래는 조금 놀라워하기도 했고 상당히 서글퍼지기도 했다.

여성의 삶이 오직 남성과의 관계에서만 의미를 갖는다는 분위기의 시대에 속해 있던 술라는, 이렇듯 척박하고 암울한 땅에 자신만의 희망이라는 이데올로기의 씨앗을 뿌리고자 한다. 그녀는 그러한 사회적 억압의 틀을 거부하고 자신의 삶은 자신의 것이라고 주장하며 자신의 감정만을 탐구하고자 한다. 그녀가 속한 사회가 허용하는 것 그 이상의 권리, 즉 자아추구 그리고 성, 계급, 인종의 한계를 넘어서 자신을 규정하고자 한 술라의 자화상은, 역으로 같은 사회에 속해 있던 여성들의 자존심과 허영에 상처를 준다. 술라가 속한 사회의 여성들은 과거에 그들이 그러했던 것 보다 더욱 더 진지하게 그들이 속한 사회의 규범을 옹호함으로써 그들의 삶에 대한 술라의 근본적 비판을 상쇄하고, 자신들이 고수해 온 규범의 정당성을 입증하려 한다. 이러한 남성중심의 가치체제는 자유로운 자아를 추구하는 술라를 희생양으로 만들어 그녀로 하여금 그러한 억압적 사회공동체로부터 아무런 합의점을 찾지 못하게 함으로써, 공동체로부터 소외되고 분열 되어 더욱 더 자기 자신 속으로 침잠하게 만든다(Christian 167-68).

술라의 전형적, 가부장적 결혼관에 대한 거부는 그녀가 속한 사회가 규정하는 여성상에 대한 도전이자 저항이며 이러한 술라의 저항은 그녀를 사회공동체로부터 소외되고 고립되게 함으로써 "파괴적 자아몰입" (self-destructive narcism, Babara 175)에 이르게 한다. 모리슨은 이러한 술라의 상황, 즉 자아를 실현할 아무런 도구도 발견하지 못하는 술라를 "예술의 형식을 갖추고 있지 않은 예술가"artist without an art form로 묘사하고 있는데, 이때 '예술 형식'이란 자신의 자치권을 행사하고 제한되고 규정된 자아가 아닌 본연의 자아를 발현할 수 있는 도구를 의미하고 있다(105). 술라는 이러한 사회체제의 억압적 현실에 부딪쳐 자아를 실현할 아무런 도구를 발견하지 못한 체 고립되고 소외된 채 위험스런 자아몰입에 빠지게 되며, 결국 자아추구를 창조적으로 승화시키지 못하고 죽어간다.

수잔 윌리Susan Willis는 이러한 술라를 남성 중심의 가부장적 사회의 희생양이자 시대를 앞섰던 미래의 여인상으로 평가하기도 한다. 모리슨은 술라의 이러한 공동체로부터의 이탈, 자기 자신으로의 몰입, 세상 것에 대한 무관심과 무욕을 "자아 부재"no ego라고 묘사하고 있다. 다시 말해 술라는 남성의 관심을 끌려는 욕망도, 재산이나 물건에 대한 탐욕도, 강인한 자아도 전혀 갖고 있지 않다. 이러한 술라의 무관심과 무욕은 고정되고 편협된 가부장적 사회가치체계를 벗어나 자신을 규정하고자 했던 데서 오는 태도로 해석할 수 있다. 이러한 틀에 박힌 가치체계를 거부하는 술라에게는 구속과 억압, 소유, 지배의 개념이 내재된 어떤 것도 가치가 없는 것이며, 그녀는 더욱 자기 자신으로의 몰입으로밖에 빠질 수 없었던 것이다. 결국 술라의 자아부재는 그녀의 자아가 기댈만한 '중심'이 없었던 것으로 보아야할 것이다.

그러나 이러한 척박한 사회적 환경과 암담한 현실 속에서도 술라는 자아탐구의 싹을 피운다. 주체적 여성을 향한 그녀의 자아탐구는 성을 통해 이루어진다. 술라는 여성을 성의 대상으로만 규정하고 여성의 능력을 무시하는 사회적 성 개념에 반기를 들고, 자아탐구를 위한 수단으로 성을 이용한다. 그녀에게 있어 오르가니즘은 "쾌락의 놀이"pleasant pastime가 아니라 자신의 무한한 힘을 느끼는 동시에 절망적인 외로움을 느끼는 순간, 즉 자신이 되는 순간이다(51). 그녀는 남자와 어떤 교제를 나누기 위해 관계를 갖는 것이 아니라 그녀 자신의 자아에로 침잠하기 위해서 남자를 이용한다(Smith 180). 즉 술라에게 있어 성관계시 그녀는 파트너가 중요한 것이 아니라 그녀 자신만이 중요하며, 행위가 끝난 이후의 그녀만의 시간과 공간 속에서 그녀 자신이 몸소 체험하고 느꼈던 조화의 상태에 머물기를 원하는 것이다. 술라의 이러한 성 의식은 여성의 육체와 성적 기쁨 그리고 이에 대한 반응을 오랫동안 통제하고 왜곡해 온 남성중심의 이데올로기로 부터의 대단한 일탈이며, 그녀가 속한 사회 공동체로 하여금 그녀를 거부하게 만드는 결정적 요인이라 말 할 수 있다. 술라가 속해 있던 사회의 여성들은 친구의 남편인 주드까지도 성의 대상으로 삼은 그녀의 무분별한 애정행각에 혐오를 보였고, 마을의 남성들은 술라가 그 사회가치체제에서는 도저히 용서받을 수 없는 죄-백인남자와 잠자리를 같이 하는 것-를 저질렀다는 소문을 퍼뜨려 술라의 입장을 최후의 궁지로 몰아넣는다. 그러나 술라의 주드 와의 동침은 술라의 가치체계에 의해서 분석될 필요가 있다. 술라는 주드와 잠자리를 같이 했을 때 그것이 넬에게 고통을 주리라고 생각하지 못한다. 남성중심의 가부장적 가치를 거부하는 술라에게 결혼의 의미와 결혼이 내포하는 '소유'의 의미는 전혀 고려될 수 없었던 것이다. 따라서 넬이 왜 자신에게서 주드를 빼앗아 갔느냐고 질책했을 때 술라는 "빼앗아갔다"는 말에 민감히 반응하며 "난 그를 죽인 것이 아니라 함께 잤을 뿐이야"라고 반박한다.

이와 같이 술라의 자아추구 양식은 지배에 대한 난폭하고 충동적인 저항, 가부장적 가치에 대한 무관심, 가부장적 결혼관에 대한 거부, 자아탐구를 위한 수단으로의 성에 대한 몰입 등으로 나타난다. 그러나 바바라 스미스의 지적대로 술라의 이러한 이해할 수 없는 태도들은 남성 지배적인 제도를 거부하는데서 유래하는 것이라고 볼 때 다음과 같이 긍정적으로 해석될 수 있다(Smith 181). 그녀의 도전성은 남성중심의 이데올로기를 거부하는 확고한 태도로, 그녀의 충동성은 자신의 느낌과 생각에 충실하고자 하는 욕구로, 그녀의 격렬성은 대가가 얼마든 지배에 굴할 수 없다는 신념으로, 그리고 그녀의 이기적인 면은 철저한 '자기애'로 해석되어야 할 것이다.

술라는 결국 그녀가 속한 사회로부터 소외되고 좌절되어 죽게 되지만 이러한 술라의 삶은 바바라의 말처럼 육체적으로는 죽어가지만 영광스러웠던 삶으로 해석할 수 있을 것이다. 사회적 억압과 편협성에 도전하여 분열과 이탈이라는 파괴의 순례를 통해 자아추구를 이루어내지만, 영적 죽음이 아닌 육신만의 죽음을 택한 술라의 모습은 오히려 흑인여성들에게 보다 능동적이며 주체적인 미래의 흑인여성상을 제시하고 있음이 분명하다 하겠다.

『재즈』의 바이올렛: 갈등과 조화의 순례를 통한 주체적 자아 찾기

『술라』를 통해 모성이 결여된 성장 환경을 가지고 있는 한 흑인여성이 혹독한 현실 속에서 극단적 자아몰입이라는 모순된 과정을 거치면서 자신의 자아를 파괴적 양상으로 추구해 가는 과정을 살펴보았다. 이 장에서는 『재즈』라는 작품의 바이올렛이라는 한 흑인 여성의 삶의 과정을 통해 모성의 상실의 상처를 스스로 치유함으로서 자신과 타인의 사랑까지 펼칠 수 있는 주체적인 여성상을 확립하게 한 긍정적 힘의 원동력을 고찰해 보고자 한다.

먼저 『재즈』에 대한 집중적 고찰에 앞서 이 작품에서의 재즈의 의미를 간단히 살펴보도록 하겠다. 『재즈』는 이성적 인간관계에서 '너무 지나친 사랑'으로 인하여 일어나는 개인적인 비극, 그리고 모성의 결여로 인하여 갖게 되는 근본적 상실감을 개인적 차원을 포괄하는 인종적 경험과 인종적 역사와 함께 맞물리는 영역으로 설득력 있게 재조명하고 있다. 이 작품은 사랑하는 사람이 떠나는 것을 무저항적으로 받아들이는 것과 가장 극단적인 형태의 저항-상대의 죽음-으로 해결하는 등 파괴성을 보이기도 한다. 이러한 욕망과 폭력성에서 배태되는 허무의 정서는 블루스적인 정서의 본질이자 블루스가 담아내는 재즈시대의 정서이기도 한 것으로, 이 작품과 두 주인공에게서 감성의 극단적 양상으로 표출되기도 한다. 바라카는 이 작품의 전체적 분위기를 주도해 가고 있는 재즈에 대해, 그것은 흑인 공동체의 "문화적 주장cultural insistence이며 감정의 모형a feeling matrix"으로 산업화된 배경에서 흑인들의 역사의식을 표현해내는 문화적 산물이라고 설명한다(Christian 263-64). 그가 말하는

'주장'과 '모형'은 재즈 음악이 담고 있는 추상적인 정서와 감정은 흑인 공동체 전체의 문화적인 유산이자 그들의 정체성의 주장이라는 의미로 받아들일 수 있다.

존재에 대한 불안감과 근원적 상실감은 『재즈』의 인물들의 삶을 지배한다. 도시로 이주한 조와 바이올렛은 서로의 근원적인 상실감을 채워주는 부부가 되는데 실패하고 상대의 진정한 모습을 이해하지 못한다. 그들 사이의 문제는 우선 각자 진정한 자신을 알지 못하고 있다는 사실에서 비롯된다. 후에 굳건한 의지를 가진 여인으로 변화하는 바이올렛은 소설의 초반에서는 심지어 정신분열적인 증상을 지닌 중년의 여성으로 등장하고 있다. 바이올렛은 어린 시절, 자신은 사랑받을 수 없는 존재라고 단정해 버리고, 대신 사랑받을 가치 있는 대체적인 자아가 되기를 욕망한다.

항상 흔들의자에 앉은 채 꼼짝하지 않던 바이올렛의 어머니 로즈 디어Rose Dear는 빚을 받으러 온 백인 남자들이 횡포를 부리고 간 뒤 우물에 빠져 자살한다. 도카스의 부모 상실의 원인은 백인의 폭력이라는 외부적 요인에 의한 것이었던 반면에, 바이올렛의 어머니 로즈 디어의 자살은 비록 죽음의 원인이 백인의 폭력과 연관되어 있다 하더라도 자의적 선택에 의한 것이다. 그렇기 때문에 자신의 삶은 물론이고 자식마저 포기한 어머니의 죽음을 바이올렛은 더욱 받아들일 수 없다. 한때는 활기차고 의지 굳은 여성이었던 바이올렛에게 서서히 "균열"(22)이 나타나는 것도 바로 치참한 이미니의 싱실의 경험에서 비롯된다. 바이올렛에게 모성의 결핍은 이유도 없이 길거리에 주저앉거나, 어떤 소녀가 잠시 맡겨 놓은 아기를 자기도 모르게 훔치려하고는 자신이 훔치려 했던 것을 기억하지 못하는가 하면, 의지와는 상관없는 말을 하는 등의 자아

분열 증세로 나타난다.

> 사실 빛이 닿지 않는 그곳에는 단단한 바닥은커녕 비좁은 골목길과 한 걸음 너비의 갈라진 틈새가 늘 자리하고 있다. 빛을 비춰주는 둥근 조명 역시 완전하진 못했다. 가가이서 잘 살펴보면 이음새도 있고 어설프게 땜질한 갈라진 틈과 엉성한 부분들이 보였다. 뭐가 되든 상관없다. 바이올렛은 가끔씩 넋을 놓고 있다가 그런 틈들에 발이 푹푹 빠지곤 했다. 왼발 뒤꿈치를 앞으로 내딛는 대신 뒤로 물러서서 거리에 철퍼덕 양반다리를 하고 주저앉던 그때처럼. (22-23)

이처럼 12살이 되던 어느 날, 어머니 로즈 디어가 우물에 몸을 던져 자살한 사건을 절대 잊지 못한 채, 바이올렛은 "어머니는 여기에 없었기 때문에 그 누구도 바이올렛 자신을 사랑하지 않을 것이란 것도 빨리 배웠고"no one loves[Violet] because [she] is not really here 자신이 사랑받을 가치가 없다고 믿어 왔다(99). 백인들에게서 살던 집을 몰수당하고 극심한 가난에서 고통 받던 생활을 견디지 못한 채 다섯 아이들을 버려둔 채 죽음을 택한 어머니는 바이올렛이 무의식에서조차 결코 잊지 못하는 상흔이 된다.

외할머니에게서 자라나면서 노예로 일하며 모셨던 주인의 물라토 아들인 골든 그레이Golden Gray의 이야기를 늘 들으면서 자랐던 바이올렛은 하얀 피부에 금발 머리를 가진 골든을 사랑받을 가치가 있는 존재로써 이상화한다. 그녀는 현실의 자신 대신 '백인이고, 좀 더 덜 검은, 젊은' 타자적 자아를 꿈꾸어 갔던 것이다. 그러나 이 타자적 자아는 진정한 바이올렛이 아니라 허구적 자아이기 때문에 이 두 자아를 자신의 내면 깊은 곳에 공존하고 있는 바이올렛은 자기기만self-deception에 빠진다. 기만적 타자는 그녀를 대신해서 과거를 기억하고 그녀 내면에 외부세계를 경험하게 하는 것이다. 결국 작품의 시간적 배경인 1926년에 이르렀을 때에는 바이올렛은 완전히 다른 행동과 의식의 주체들을 경험하면서 분열된다. 이러한 바이올렛의 분열적인 정신 상태는 "어두운 틈새", "쪼개진 틈", "균열", "잘 못 붙인 틈"(23) 등의 은유로 표현되고 있는 것이다.

이러한 분열된 의식의 주체는 오레일리가 말하는 "주체의 극적인 분리이자 파편화된 주체성"radical dislocation of self, a fragmented subjectivity과 동일한 것이다(O' Reilly 154). 기만적인 타자가 바이올렛의 진정한 자아를 대신하여 외적 세계를 경험하는 자기 기만적 상태는 마치 "근본이라고는 전혀 없는"there is no foundation at all 상태와도 같은 것이다(23). 바이올렛이 연발하는 "발화 실수"a renegade tongue와 혼자서 길을 가다가 길바닥에 주저앉아서 멍하니 있곤 하는 "바깥에서 하는 미친 짓"public craziness, 그리고 남의 아기를 훔치려고 시도하다가 들킨 채 끊임없는 웃음을 웃는 행위들은 모두 바이올렛의 심각한 의식의 분열 상태를 보여준다(24,22,20). 예를 들면 바이올렛은 아기를 훔쳐 가면 조가 좋아할 거라고 생각하지만 사실은 아기를 바라는 것은 바이올렛 자신임에도 불구하고, 자신이 모성을 갈구하고 있다는 것을 인식하지 못한다.

그러나 바이올렛은 도카스Dorcas를 추적하면서 과거의 기억을 더듬어 자아를 찾는 여정을 시작하게 되고 이 기이한 여정은 그녀가 자신의 진정한 자아를 자각하게 되는 계기가 된다. 바이올렛은 남편이 사랑했던 도카스에 대해서 알고 싶은 욕망에서 소녀의 이모인 앨리스Alice를 방문하여 도카스의 외모와 기억들을 수집한다. 이 과정에서 도카스의 이모 앨리스와 뜻하지 않은 우정을 나누게 되는데, 이 친교의 과정에서 나누는 대화는 바이올렛이 인생에 대해 자각을 하는 중요한 계기를 마련한다. 처음에 도카스를 증오하여 죽은 시체에 칼을 대기까지 한 바이올렛은 차츰 도카스에게 관심을 갖고 그녀를 자신이 유산한 딸과 동일시하다가 마침내 그녀에게 이해와 사랑을 느끼면서 변화한다.

> 관 속에 잠들어 있던 건 누구였을까? 사진 속에서 깨어 있는 채로 포즈를 취한 건 누구였을까? 바이올렛의 감정 따위는 손톱만큼도 생각지 않고, 별안간 세상에 태어나 원하는 걸 다 갖고 결과 따위는 될 대로 되라고 해버렸던 음흉한 암캐인가? 아니면 엄마가 사랑하는 토실토실한 소녀였을까? 그 애는 남편을 빼앗은 계집이었던가, 아니며 그녀의 자궁에서 도망쳐버린 딸이었던가?... "달리 만났더라면." 그녀는 앨리스 맨프레드에게 말했다. "달리 만났더라면 저도 그 애를 사랑했을 거예요. 당신이 그랬던 것처럼요. 조처럼 말이지요" (109).

이러한 생각은 자신이 인식하지 못하지만 내면에서 욕구하고 있던 어머니가 되고 싶은 욕망과도 통하는 것이다. 바이올렛은 "무엇인가 진정한 것... 내 삶의 살점과도 같은 것"Something real ... some fat in my life이 필요하다고 인정하게 되고, 자신의 어머니가 되고자 하는 욕구에 대한 인식은 자신을 버린 채 자살을 선택했던 어머니에 대한 기억을 가능하게 하는 과정이 된다(110). 이러한 과정을 거치면서 어머니에 대한 기억을 더듬어 가던 바이올렛은 어느 날 앨리스와 대화 도중 갑자기 자살을 택한 어머니에 대한 연민을 깨닫게 된다. 이 경험은 아이가 아닌 어른이 된 바이올렛이 극심한 가난 속에서 단 하나 기댈 곳 없이 다섯 아이를 책임져야 했던 어머니의 고통을 인간적으로 이해하게 되는 순간이었고, 이를 바탕으로 하여 어머니에게서 버림받은 고통을 스스로 치유하는 계기가 된다.

바이올렛의 이러한 자각을 통해서 알 수 있는 사실은 고통스러운 과거의 기억이 결국은 현재를 살아가는 힘으로 대체될 수 있다는 것과 이렇게 대체할 수 있는 능력이 또한 보통의 흑인들이 고난의 역사를 살아올 수 있었던 자질이었음을 일깨워준다. 이러한 현재를 살아남을 수 있도록 하는 '고결한 정신적인 자질'은 엘리스와 대화를 나누는 도중, 바이올렛이 기억해 내는 은 할머니 트루벨True Belle의 웃음에서도 나타난다. 두 여인이 다리미에 타버린 코트를 보다가 갑자기 즐거운 웃음을 함께 웃는 순간, 바이올렛은 또한 할머니 트루벨이 자기 형제들을 돌보아주기 위해서 처음 왔을 때 극도로 가난에 찌들어 참혹한 상태에 있었던 그들을 본 순간, 큰소리로 웃기 시작했고 결국 다 함께 웃음을 웃었던 것을 기억한다. "웃음은 심각한 것이었다. 훨씬 더 복잡했고, 훨씬 더 심각했고, 그리고 눈물이 있었다laughter is serious . . . [m]ore complicated, more serious, then tears라고 묘사된 그 웃음은 내면 깊은 곳에 쌓아 두었던 억압되었던 슬픔이나 분노들과 그것을 경험하는 자들 간에 거리를 허락하는 웃음, 여유의 웃음이다"(113). 따라서 이 웃음은 사건을 경험하고 있는 자신을 피해자가 아니라 경험자로서 인식하도록 해 주는 깨달음의 웃음이 된다.

자신에게 진정한 자아가 부재 한다는 것을 깨달은 바이올렛은 그들 부부간의 관계의 본질에 대해서 통찰하게 되며, 이 통찰은 자신뿐만 아니라 조와 조의 사랑에 대한 진정한 이해를 가능하게 한다. 바이올렛은 자신이 적극적으로 삶을 인식하고 느끼는 대신 자신이 도피적인 방식을 통해서 살아왔음을 깨닫는 한편, 자신의 거짓 자아는 또한 어린 시절 이후 평생 동안 그녀의 의식 속에서 자리 잡아 온 금발의 소년 골든 Golden의 모습을 하고 있다는 것을 깨닫는다.

우리 할머니는 어린 금발의 어린애 이야길 해줬지. 그 애는 남자였지만 난 여자로 생각하기도 하고, 남동생이라고 생각하기도 하고, 어떨 땐 남자친구라고 생각하곤 했어. 그 남자앤 내 가슴 속에 자리 잡았었지. 아주 조용하게말야. (108)

골든이 바로 현실 도피적인 동경의 대상이자 자신의 욕망의 투사 일 뿐 실제적인 존재가 아님을 깨달은 뒤, 이어서 바이올렛은 조에 대한 자신의 사랑도 그러한 대체물에 대한 욕망일 수 있다는 통찰을 하기에 이른다. 바이올렛은 자신의 사랑과 욕망의 본질을 이해하면서 자연스러운 결과로 남편의 사랑의 본질에 대해서 이전보다 수용력 있는 태도를 취하게 된 것이다.

트레이스Trace 부부의 사랑이 보다 성숙하고 편안한 형태로 성장하는 결말은 타인을 사랑하기 위해서 진정 필요한 것은 자신을 무조건 희생해버리는 자기 파멸적인 태도가 아니라 바로 자기 스스로를 이해하고 자기가 스스로의 방패막이가 되는 것이라는 모리슨의 입장을 보여준다. 그러한 기만적 자아는 어머니로 인한 상처와 백인에 대한 동경이라는 복합적인 욕망의 산물이라는 것을 인지하게 되면서 바이올렛은 진정한 자신으로 인생을 살아간다는 것에 대한 책임을 느끼게 된다. 과거의 자신을 평가하면서 "내 인생이 내 것이란 걸 잊고 있었어, 나의 인생, 난 그저 거리를 돌아다니면서 내가 아닌 다른 누군가가 되기만을 소망하고 있었던 거지"Forgot it was mine. My life. I just ran up and down the streets wishing I was somebody else라고 펠리스Felice에게 말하는 바이올렛은 더 이상 남자의 마음을 끌기 위해서 "여윈 엉덩이"missing behind를 좀 더 풍만하게 살찌우려고 노력하던 중년 여자가 아니라 자기 인생을 최선을 다해 살고자 노력하는 성숙한 여성으로 변모한 모습을 보인다(208, 197). 자신의 인생에 대한 주체로서의 자신의 역할을 자각한 바이올렛은 나아가 조를 이해하고 보다 사랑 깊은 부부 관계를 위해서 노력한다. 마지막 장을 통해서 독자는 조와 바이올렛 부부의 생활은 더 이상 그 전에 "중독된 침묵"a poisoned silence이 감돌던 관계가 아니라 "서로에게 듣고 싶어 하는 개인적인 소소한 이야기들을 두고두고 이야기 해주는"telling each other those little personal stories they like to hear again and again 소통이 좋은 인간관계로 변모한 것을 발견한다(5, 223).

이와 같이 극단적 분열과 해체의 위기에 처해 있던 트레이스 부부의 긍정적인 변화를 끌어낸 원동력은 바이올렛의 정신적인 성장을 통해, 즉 주체적인 여성의 능동적인 힘을 통해 이루어지고 있음 을 알 수 있다. 바이올렛은 자신이 진정한 자신의 인생을 살지 못해 왔다는 자각을 하기 이전에도 이미 진정한 자기 이해를 해 낼 수 있는 가능성이 있었다. 한때 연분을 나눈 도카스의 죽음 이후 침묵 속에서 울기만 하던 조의 무기력한 모습과 대조적으로 바이올렛은 엉망이 된 두 사람의 생활을 지속하는 대신 "남편과 다시 사랑에 빠지겠다는"to fall back in love with her husband 목표를 설정하고, 도카스를 "오히려 사랑하고 그녀에 대해서 알아보기로 결심한다"(5). 따라서 묻어둔 채 대면하기를 거부해 온 어머니를 비롯한 남부의 기억들을 다시 회상하면서 자신의 과거사와 어머니의 화해에 이르는 과정은 "자신이 사랑의 미스테리를 풀 수 있을 것이라는 믿음에서"maybe she thought she could solve the mystery of love 시작된 것이다(5).

모성으로부터의 상처에 대한 회복과 치유가 이루어 진 후, 바이올렛은 보다 근원적인 인생의 목표를 잡고 주체적인 여성이 되고자 노력한다. 바이올렛은 이러한 결심에 대해서 '너(펠리스)가 바꿀 수가 없다면 세상이란 게 너를 바꾸게 된단다'If you don't, it will change you라고 말하면서, 자신은 우리 어머니가 보고 싶어 했던 그런 여자가 되고 싶다고 당당하게 말한다. "그 바이올렛그 여자를 죽여 버렸어. 그리곤 그녀를 죽여 버린 그 남재골든를 죽여 버렸어"Killed her. Then I killed the man that killed her(213)라는 말은 자신의 의식 속에 있는 거짓된 자아—골든이기도 하고 그 바이올렛이기도 한 그 존재—를 버리겠다는 의지를 표현하는 동시에, 그러한 인간적인 변모가 폭력성을 수반할 만큼 쉽지 않은 과정이었음을 의미하는 것이기도 하다.

모리슨은 작품 마지막 부분에, 조와 바이올렛의 사랑과 화합을 통한 변화의 가능성에 대한 신념을 밝히고 있다. 무허가 술집에서 일자리를 구한 조와 낳을 수 없는 아기에 집착하지 않고 때때로 다른 사람의 아이를 봐주기도 하는 바이올렛의 시선은 각자의 상처를 응시하고 있는 것이 아니라 서로를 향하고 있다. 서로를 마주보고 있는 조와 바이올렛은 비로소 각자의 상처로부터 자유로울 수있게 된 것이다.

> 그녀 옆에 누운 그는 고개를 창문 쪽으로 돌리고 유리 너머 어둠이 가느다란 핏줄기가 흐르는 어깨의 형태로 변하는 걸 본다. 천천히, 천천히 그 형상은 날개에 빨간 칼날 같은 무늬가 있는 새로 변한다. 그러는 동안 바이올렛은 그의 가슴이 햇빛에 따뜻하게 달궈진 우물벽이라도 되는 듯 손을 얹고 있다. 그 우물 아래에서 누군가가 그들에게 나눠줄 선물들(납연필, '불더램' 과자, '잽 로즈' 비누)을 모으고 있다. (224-225)

도카스의 피가 흘러내리는 어깨가 어머니 와일드Wild를 상징하는 빨간 새로 바뀌는 환영을 보는 조를 통해 모리슨은 도카스와 와일드의 연관성을 다시 한 번 보여준다. 그러나 이제 도카스와 와일드의 자리에는 바이올렛이 있다. 바이올렛이 조의 가슴에 얹고 있는 손은 조가 어머니 와일드에게 내밀어 주기 바랬던 손을 대신해 줄 수 있을 것이다. 또한 바이올렛이 "햇빛에 따뜻하게 달궈진 우물 벽이라도 되는 듯"(225) 조의 가슴에 자신의 손을 얹고 있는 한 로즈 디어가 빠져 죽었던 우물은 더 이상 그녀에게 불면을 가져왔던 우물이 아니다. 바이올렛의 아버지가 그 우물 아래서 그들 모두에게 나눠 줄 선물을 모으고 있다는 것은 바이올렛이 어머니 로즈 디어와 "로즈 디어가 몸을 던진 그 곳"(100)을 잊지 못해 도저히 용서할 수 없었던 아버지와도 정신적 화해를 이루고 있음을 보여준다.

이와 같이 『재즈』의 바이올렛은 술라와 비슷한 시행착오의 과정, 모성의 부재가 야기시킨 근원적 부재감, 존재에 대한 불안감 즉 내면의 부재를 느끼며 끊임없이 흔들리고 고통스러워하며 대체적 자아를 추구하지만, 결국 소통이 좋은 인간관계로의 변모에 성공한다. 다시 말해 자신은 사랑 받을 수 없는 존재라고 단정해버리고 대신 사랑받을 가치 있는 대체적 자아가 되기를 욕망했던 바이올렛은 오히려 자신의 과거를, 어머니에 대한 회고를 추적해 감으로써 어머니를 이해하고 받아들이게 되면서 긍정적 힘을 지닌 진정한 여성으로의 변모를 이룬다. 대체적 자아가 아닌 진정한 자신의 모습을 인정하고 받아들이는 바이올렛은 이제 남편 조와의 관계에 조차 긍정적 변화를 발현시킨다. 과거와의 회복과 치유가 이루어진 후 보다 더 근원적인 인생의 목표를 잡고 주체적인 여성으로 성장해 가는 바이올렛의 모습은, 해체와 분열에 이르게 된 조와의 부부관계를 긍정적으로 변화시키는 원동력을 발휘한다. 여성의, 아내의 정신적 성장은 어두운 틈새, 쪼개진 틈, 균열, 잘못 붙여진 틈,

즉 암울한 현실의 단면과 단면들 사이로 희망과 긍정의 빛을 투사하고 있는 것이다.

위에서 살펴본 바와 같이, 자신이 스스로를 사랑하는 자가 된다는 것은 힘겨운 과정이다. 그러나 이러한 인간성에 대한 상실감과 고립감을 거쳐 자신과의 싸움을 극복하게 되는 사람은 긍정의 힘을 발현하게 되는 것이다. 술라와 바이올렛은 암울한 인종적 현실, 사회적, 성적 차별의 현실 및 문화적, 역사적 한계를 뛰어 넘어 건강한 자아회복과 개인적 관계 수립을 통해 보다 주체적인 인간으로의 성장을 보여주고 있으며, 그들 개개인의 성장은 부부관계의 회복, 사회인식의 일깨움 등 전체적인 역사적, 사회적 움직임을 화합으로 통합시키고 있음을 명백히 제시하고 있는 것이다.

본고는 자아파괴와 분열이라는 힘든 과정을 거쳐, 긍정과 조화로움이라는 주체적 자아를 확립해가는 두 인물, 술라와 바이올렛의 인생의 순례과정을 살펴보았다. 이러한 긍정과 통합의 문화 그리고 그 정신은 무엇보다도 여성이 나로부터, 즉 여성이 주체적인 자신의 나$_{ego}$를 인정하고 그로부터 출발할 때 더욱 강한 화합과 긍정의 힘을 발휘할 수 있음을 확인할 수 있었다. 결국 여성 개개의 자아회복이 온전하게 이루어진 사회 공동체에서는 가족의 해체보다는 화합이, 사회의 분열보다는 통합이, 문화의 부재보다는 공존 이라는 가치체제들이 자발적으로 조화롭게 넘쳐날 것이다.

3
솔로몬의 노래
Song of Solomon

'비상과 상실, 긍정과 조화로움의 변화'에 이르는 흑인 이데올로기

모리슨이 말하는 흑인민족의 '비상' 이데올로기의 양면성

미국 흑인여성 작가인 토니 모리슨은 미국 흑인의 정체성 탐구와 역사 인식을 살펴보고, 오늘날 미국 사회에서 정체성 탐구와 역사 인식이 차지하는 가치와 의미를 밝히는 일에 천착해 왔다. 모리슨은 흑인 모두가 피해자로 살고 있는 미국 사회에서 흑인이 어떻게 살아남을 수 있는가라는 생존 문제를 염두에 두고, 인종과 성의 이중적 억압 구조에서 벗어나 흑인의 이데올로기를 끊임없이 탐구하고 회복하는 문제를 자기 문학의 기본 이념으로 삼아 왔다.

이와 같이 토니 모리슨의 대부분의 소설의 주제는 흑인의 이데올로기라는 명제와 역사 인식, 그리고 그 상관성에 관한 것이다. 그녀는 1992년 대이너 미커시Dana Miccuci와 나눈 대담에서 "나는 주로 흑인의 이데올로기를 탐구하기 위해 소설을 쓴다"(Taylor-Guthrie 278)라고 말한 바 있으며, 다음 해 노벨문학상을 받은 자리에서 "소설은 내게 단지 흥미만을 주는 것은 아니다. 소설은 내가 지식을 얻는 중요한 수단 가운데 하나이다"(The Nobel Lecture 1)라고 밝힌 바 있다. 한편, 문학 비평가 바바라 힐릭니Barbara Hill Rigney는 모리슨의 소설이 지니고 있는 풍부한 역사성 때문에 어떻게 보면 "모리슨의 모든 소설은 역사 소설이다"(61)라고 주장한다. 따라서 소설은 모리슨이 흑인 이데올로기를 탐구하고, 역사를 새롭게 인식하며, 즐거움과 지식을 얻는 마당이라고 할 수 있다. 그녀는 소설에서 흑인으로서의 자신을 새롭게 인식하면서 미국 사회의 인종과 성에 대한 차별을 문제화하고, 흑인이 나아갈 방향을 제시한다. 결국 그녀가 인종, 성, 역사와 같은 문제들을 자기 소설의 주요 주제로 삼는 것은 '흑인은 누구인가'라는 물음에 대한 해답을 찾기 위한 끝없는 노력의 한 행위라고 풀이할 수 있다.

미국 흑인들의 이데올로기의 확립 과정을 이야기하면서 그들의 가치관 저변에 깊이 자리하고 있는 비상의 꿈, 자유에 대한 꿈의 신화를 언급하지 않을 수 없을 것이다. 모리슨에게 있어서 비상은 자유와 독립과 사회가 규정지어놓은 틀에서 벗어나는 것을 의미한다(Furman 43). 흑인에게 고정된 삶의 한계를 벗어나려는 비상에 대한 이런 인식은 작품에서 땅에서 하늘로 날아가는 상징적인 모습으로 나타난다. 즉 흑인공동체의 백인 지배층과의 수직적 상하관계에서 벗어나기 위해 개인들이 하늘로 도약하는 시도들을 보여주는 것이다(Dixon 116). 모리슨은 특히 『솔로몬의 노래』Song of Solomon에서 주요 모티브인 비상을 그리스의 이카루스Icarus 의 비상으로 해석하는 견해를 인정하면서도 단순히 자유를 향한 인간의 열망과 한계의 차원에 머무르지 않는다. 흑인으로서의 자유로운 정체성을 찾으려는 비상의 의미와 더불어 남성의 비상으로 초래되는 여성의 희생에 관심을 표현한다. 할러웨이Karla F. C. Holloway 또한 이러한 흑인남성들의 행동을 "가족과 여러 피부양자에 대한 책임 회피"로 규정하고 "극복해야 할 악"(New Dimensions 11)이라고 말한다. 블레이크Susan L. Blake도 자신의 이데올로기 확립을 위한 이 작품에서의 밀크맨의 "추구는 한편으로는 그의 친인척에 가까이 가도록 하지만, 다른 한편으로는 . . . 다른 사람들에 대한 책임을 진다는 원칙을 어기도록 했다"(80)고 말하고 흑인남성들의 비상 안에 있는 모순을 지적한다. 이러한 여성적인 관점은 우선 비상이 지니는 양면적이고 모순적인 면을 살펴볼 때 명확해진다.

비상에는 양면적인 의미가 있다. 현실의 한계를 극복하고 자유를 얻는다는 긍정적인 의미와 함께, 날아가는 비상의 마지막엔 결국 종착점이 있다는 점이다. 새로운 세계에 정착하여 살아가게 될 때 그 종착점이 어딘가가 중요할 것이다. 이상주의에 치우쳐 허공에 떠돌거나 자유를 얽매는 또 다른 세계에 머물 때 비상은 원래 의미를 잃고 만다. 또한 비상이 가능하기 위해선 몸이 자유로워야 한다. 따라서 땅과 가족들과의 관계를 끊어야하는 이기적인 비상이 되기 쉽다. 대부분의 경우 가장인 흑인 남자가 자유를 찾아 아프리카로 갈 때, 땅과 아이들을 지키고 남게 되는 것은 여성들의 몫이었다. 그러므로 비상은 역설적으로 비극적이며 동시에 승리하는 양면성을 지니고 있다. 현실의 제한을 벗어나서 자유를 획득한다는 긍정적인 면과 더불어 땅과 공동체와 가족을 떠나서 혼자 현실도피에 빠지게 되는 부정적인 면이 있는 것이다.

> 비상은 그 안에 다른 의미를 담고 있다; 다른 사람에 대한 포기이다. 비상은 역설적으로 승리인 동시에 위험이다ー비극과 동시에 승리인 것이다. (Samuels 69)

모리슨은 비상의 이런 양면성을 놓치지 않고 있다. 그녀는 밀크맨의 소리를 빌어 솔로몬의 비상이 얼마나 이기적이고 무책임한가를 절실히 깨닫게 하고 있다.

> "그래. 빌어먹을 족속들. 날아가 버린 족속들 말이야. 오, 그런 인간이란! . . . 완전히 날아가 버렸어! 더 이상 목화밭도 아닌 곳! 더 이상의 슬픔도 없는 곳! 더 이상의 명령도 없는 곳! 더 이상의 거짓도 없는 곳! . . ." "메이컨, 그는 어디로 가버린 거죠?" "아프리카로 돌아가 버린 거야. 기타에게 그가 아프리카로 돌아가 버렸다고 말해줘." "누구를 남겨두고요?" "모든 사람이지! 그는 모든 사람들을 바닥에 내동댕이치고서 검은 독수리처럼 날개를 펴고 날아 오른 거야. '오 솔로몬은 날아가 버린 거야, 솔로몬은 가버렸어/ 하늘을 가로 질러, 솔로몬은 집으로 가버린 거야!'" (328-29)

과연 솔로몬이 고향을 찾아 아프리카로 날아간 뒤, 그가 남겨 놓은 스물 한 사람의 자식들은 사회와 극도의 단절을 경험하고 그의 아내는 고통과 절망으로 정신이상자가 되고 만다. 남겨진 사람들의 처지에서 보면 그의 비상은 가족과 공동체에 대한 책임 회피이며, 또 하나의 고통의 시작이라 할 수 있다. 따라서 그의 비상은 완전하고 이상적인 행동이 아니라 이기적이고 독선적인 행동이라는 비난을 면하기 어려운 측면이 있는 것이다.

　모리슨은 이와 같이 비상의 이기적인 한계를 지적하면서도 비상의 부정적인 면에 머물지 않고 비상을 위한 뿌리와 버팀목이 되어야할 흑인의 유산, 그 뿌리를 찾는 과정과의 연결을 조명한다. 모리슨이 흑인 이데올로기의 근간을 이루고 있는 비상의 다양한 면을 보여주려 하는 것은 단순히 비상의 긍정성과 부정성을 논하려는 것이 아니라 흑인 이데올로기 형성의 중심에 서있는 또 하나의 초석인 모성성과의 연계성을 통해 조화로움의 긍정적 흑인성을 형성하게 되는 과정을 재규명하고자 하는 것이다. 오늘날에도 끊임없이 자유로의 도약, 뿌리로의 회귀를 추구하는 흑인 이데올로기의 근간을 형성하고 있는 비상과 모성의 정신을 바탕으로 이 작품을 재분석 해보는 일은 의미 있는 작업이 될 것이다.

모성 결핍/부성 상실로 드러나는 부정적 흑인이데올로기: 루스와 메이컨의 아들로서의 밀크맨

『솔로몬의 노래』는 아프리카로 날아간 솔로몬이라는 신화적 인물의 발자취를 추적해 나가는 밀크맨의 이야기로 총 2부 15장으로 이루어져 있다. 물론 모리슨은 밀크맨 가문의 이동 경로를 "북부로 이주해간 남부 흑인들의 여행을 상징적으로 패러디"(김성곤, 『미국현대문학』 126)하고, "마술적 리얼리즘"magical realism화 한 것으로 한 세기에 걸쳐 미시간 주와 버지니아 주에서 살던 미국 흑인들의 파란만장한 삶을 묘사하고 있다(Baldick 128).

　먼저 제 1부는 밀크맨 가족의 과거와 현재가 교차되는 이야기가 전개되면서 미국흑인 노예가족의 역사가 동시에 제시되어 있다. 밀크맨의 아버지 메이컨 데드Macon Dead는 북부로 이사해 의사 포스터Dr. Foster의 외동딸 루스 포스터Ruth Foster와 결혼함으로써 신분 상승과 부를 한꺼번에 얻는다. 메이컨은 크고 화려한 집에 살면서 과거와 단절된 채 북부의 백인 문화 속에 안주한다. 그는 그 문화를 누리며 마치 자기가 백인이라도 된 것처럼 백인사회에 완전히 동화되었다는 착각 속에 산다. 그가 누이동생 파일럿Pilate을 나무랄 때도 그는 백인의 가치 기준에 따른다. 밀크맨의 친구 기타Guitar도 이러한 메이컨의 생각과 행동에 대해 "그는 백인처럼 행동하고 백인처럼 생각한다"(223)고 비난한다. 그러나 메이컨은 술 취한 백인 서기의 실수로 본의 아니게 얻게 된 '성'처럼 실제로는 죽은dead 것이나 다름 아닌 삶을 살아간다.

한편 그의 아내이자 밀크맨의 어머니인 루스 역시 자기 남편처럼 백인 문화에 젖어 살아온 아버지 포스터의 영향을 짙게 받으며 자란다. 그래서 그녀는 어른이 되어서도 자기 정체성을 확립하지 못한 채 결혼하여 남편이 있음에도 불구하고 여전히 아버지에 기대어 산다. 아버지의 그늘에서만 살아온 탓에 그녀는 아버지의 죽음 뒤에도 그를 잊지 못하여 저녁이면 종종 그의 무덤을 찾고, 그가 사용했던 식탁에 남은 물자국을 하루에도 몇 번씩 바라보면서 자신의 세계가 아직도 그곳에 있다고 믿으려 한다(Otten 47). 포스터가 죽었을 때 "루스의 건전하지 못한 행동"(Samuels 56)을 메이컨은 밀크맨에게 비난하듯 말한다.

백인 구역의 가장자리에 살면서 가난한 흑인들을 "식인종"(71)이라고 부르며 업신여기는 아버지 포스터 밑에서 자란 루스는 인간 주체성과 흑인 정체성을 한꺼번에 잃어버린다. 루스는 포스터의 소유물로 전락한 채 한 인간으로서 정신적으로 독립하지 못하고 아버지와의 관계에서만 자신을 확인하려 한다. 이러한 루스와 아버지와의 관계는 "포스터와 루스 사이의 근친상간 모티프"를 암시하는 것으로, 루스는 "백인 부르주아 문화를 동경하고 추구했던 포스터 의사가 만들어 놓은 정체성을 잃어버린 희생물로 제시되고 있다"(김성곤 『미국현대문학』 127)고 볼 수 있다. 루스의 '성'이 진짜 부모가 없어 길러 준 부모 밑에서 자란 사람을 뜻하는 '포스터'Foster라는 사실, 그리고 그녀의 시가의 이름이 '데드'Dead라는 사실은 바로 그러한 것을 상징적으로 암시하는 것이다. 이렇듯 정신적으로 나약하고 병들어 있는 루스는 밀크맨에게 어머니로서의 어떠한 정신적, 문화적 유산과 가치를 물려주지 못함으로서, 밀크맨이 인생에서 스스로 자각하고 깨우칠 수 있는 동기를 제공하지 못한다. 그러므로 밀크맨이 추구하고자 하는 비상은 진정한 비상이 아니라 현실의 중압감과 무게로부터의 도피일 뿐인 것이다.

그러나 많은 여성비평가들이 가정과 공동체에 대한 책임 회피라고 비난했던 밀크맨과 같은 흑인남성들의 비상의 원인도 알고 보면, 백인 사회의 뿌리 깊은 인종에 대한 편견과 차별이 자리하고 있다. 『솔로몬의 노래』의 첫 장면, 비자애 병원의 옥상에서 창공에 몸을 날리는 스미스는 백인의 인종차별과 부당한 사회 제도에 희생당한 흑인 가운데 한 사람이다. 그는 흑인 과격 비밀단체인 '세븐 데이즈'Seven Days의 핵심 단원으로서 백인이 죽인 흑인의 수만큼 백인들을 앞뒤 가리지 않고 죽인다. 그리하여 백인의 인종차별과 부당한 사회제도에 맞선다. 세븐 데이즈 단원들은 백인들의 인종차별, 백인 중심 법과 제도의 횡포에 과격하게 맞선다. 그들은 자신들이 살아남을 수 있는 단 하나의 길은 백인과 같은 방법으로 같은 종류의 폭력을 행사하는 것뿐이라고 믿는다. 그들은 동료 흑인들에 대한 사랑을 복수와 왜곡된 방법으로 실천하고자 한다. 그러나 이러한 일부 흑인들의 잘못된 행동을 일으킨 근본책임은 흑인들의 인간성을 말살하는 백인들의 인종차별과 부당한 사회제도에 있다. 스미스도 겉으로는 백인에 대한 아무 이유 없는 살인, 증오, 그리고 조직의 절대적 비밀 유지의 중압에 견디지 못하고 자살한 것으로 나중에 밝혀지지만, 실제로는 백인 중심 사회의 모든 횡포와 고통에서 벗어나고자 마지막 방법을 선택한 것이다.

스미스의 죽음 다음에 이어지는 사건은 밀크맨의 태어남이다. 병원 옥상에서 떨어지는 스미스의 모습을 지켜본 만삭의 루스는 충격으로 쓰러지고, 병원으로 옮겨진 루스는 하루 만에 밀크맨을 낳는다. 그런데 이 병원은 이 지역에서 하나뿐인 흑인 의사 포스터조차도 흑인을 자기 뜻대로 입원시킬 수 없는 곳으로, 지금까지 흑인들 사이에는 인종차별의 상징적 건물로 각인되어 왔다. 그래서 흑인들은 이 병원을 원래 이름 '자애 병원' 대신에 '비자애 병원'으로 고쳐 부른다. 오튼은 "밀크맨이 이 병원에서 태어난 첫 흑인이라는 사실만으로 흑인에 대한 뿌리 깊은 인종차별이 사라졌다고 하기에는 역부족이며, 오히려 흑인들의 삶과 죽음은 백인들의 통제 아래 있다고 하는 것이 더 옳다"(Otten 45)고 말한다.

이렇게 태어난 밀크맨은 흑인공동체나 인간에 대한 사랑과 연민에는 관심이 먼, 오직 개인의 부 축적에만 삶의 목적이 있는 사람인 아버지 메이컨 데드 주니어Macon Dead Jr.의 그늘에서 상상력과 자신의 주변에 대한 흥미는 잃어버린 채, 데드dead라는 가문의 이름처럼 의미 없고 보람 없는 삶을 산다. 아버지 메이컨 데드는 아들 밀크맨에게 오직 속물주의 가치관만을 심어준다.

상상력은 자기 주변 세계에 질서와 형태를 줄 수 있는 인간의 능력이라고 할 수 있는데, 밀크맨은 이러한 상상력과 흑인의 앞날을 향한 비전을 갖도록 이끌어주는 정신적인 안내자 없이 자란다. 그러므로 밀크맨이 자기 주변과 공동체에 무관심하고 무책임한 것은 자연스러운 일이고, 사람과 사람 사이의 유대감을 중요한 가치로 생각하는 흑인사회에서 고립되고 소외되는 것 또한 당연한 일이다. 메이컨 데드는 "물질에 대한 지나친 욕심과 타락한 개인주의"(Smith, V. 'The Quest' 726)에 빠져서 자식들을 물질적 성공을 과시하는 수단으로 여기며, 자신과 다른 흑인들을 구별시켜 주는 역할을 한다고 생각한다.

이러한 메이컨의 속물주의 근성은 그의 화려한 나들이에서도 잘 드러난다. 그는 일요일마다 자식들에게 좋은 옷을 입히고, "메이컨 데드의 영구차"(33)라고 불리는 승용차를 함께 타고 마을을 돈다. 물론 그의 이러한 행동은 자기 성공과 부를 자랑하기 위한 일종의 "의식"(31)인 셈이다. 이때 그는 호기심과 부러움으로 그의 자식들에게 가까이 오는 흑인 아이들을 가로막는다. 새뮤얼즈Samuels가 지적한 것처럼, "스스로 독립된 개체이기를 거부하는, 말하자면 주체성이 없는"(58) 이런 그가 밀크맨의 정신적 지도자 노릇을 할 수 없음은 확연하다.

오만한 아버지의 그늘에서 자란 밀크맨 역시 흑인공동체에서 소외된 채 아버지의 뜻대로 세입자들을 찾아다니면서 월세를 거두어들이는 세리 노릇에 몰두한다. 해리스Trudier Harris가 말한 대로 그는 "다른 사람들에 대한 책임감보다는 자신의 힘을 확인하고 만족하는 또 하나의 메이컨"(Fiction and Folklore 89)이 된다. 그는 오직 아버지의 "물질에 대한 지나친 욕심과 타락한 개인주의"(Smith, V. "The Quest" 726)의 우물에 갇혀 흑인들의 전통적인 가치관인 "인도주의와 평등주의"(Mbalia 60)에서 멀어진다. 여기에서 모리슨은 "가족 사이의 유대감과 이타주의의 인간관계를 중요시하는 흑인의 전통적 가치관을 잃어버린 채 물질의 소유로 다른 사람을 지배하여 힘을 과시하고자 하는 메이컨과 밀크맨 같은 흑인남성들의 일반적인 성향을 무엇보다도 심각한 문제"(Holloway, "Beloved" 90-91)로 제기하고 있다. 모리슨은 이러한 인간 주체성과 흑인 이데올로기를 잃어버린 흑인남성들의 속물주의를 질타한다. 사실, 메이컨과 밀크맨은 제 1차 세계대전을 전후 한 남부 농촌에서 북부 도시로 이주하면서 "전통적 가치관을 잃어버린 대다수 흑인들의 전형적인 한 예"(Christian 65)에 불과하다. 따라서 흑인의 전통적인 가치관, 가족의 과거, 정체성, 역사 등 흑인들이 잃어버린 것들을 되찾기 위해서는 남부로 되돌아가는 여행이 필요한 것이다.

우선 밀크맨은 고난의 남부 여행에서 인간관계, 특히 이성관계에서 성숙한 모습을 보인다. 그의 이름 밀크맨이 암시하듯, 그는 지금까지 여자들의 삶과 생명을 "짜내고 착취milk하면서 그들을 위해서 아무것도 하지 않는 사내"man(Mbalia 61)에 불과했다. 그는 파일럿의 손녀 헤이거Hagar를 "참다운 여자 친구"로도, "결혼 상대"(91)로도 생각하지 않는다. 그는 단지 그녀를 "자신이 가지고 있는 꿀 항아리"(91), 즉 육체적 욕구를 해소하는 수단으로밖에 대우하지 않는다. 그래서 "단물이 빠진 껌을 내뱉듯"(280) 그녀를 버린다. 그는 여성을 한 인격체로 여기지 않고 그의 필요를 충족시켜 주는 수단으로 본다. 그의 누나 레나(Lena)는 그가 얼마나 여자들을 가볍게 여기고 함부로 다루며, 그녀 자신과 동생 코린시언스Corinthians 그리고 어머니 등 여성 가족들이 그에게 직간접으로 얼마나 큰 정신적, 육체적 피해를 입었는지에 대해 이렇게 말한다.

> 넌[밀크맨] 일생동안 우리를 비웃어 왔어. 코린시어스. 나. 우리을 이용하고, 우리에게 명령하고, 우리를 판단해 왔지: 어떻게 요리를 해야하는지; 어떻게 집을 치워야하는지. . . . 12살짜리 코린시어스에게 말야. .

. . 넌 우리에 대해 아는 것이 단 하나도 없지 - 우린 장미를 가꾸어; 그
것이 니가 우리에 대해 아는 전부지 - 그렇지만 이제 알 때도 됐지. 니
가 너무 어려 침을 닦지도 못할 때 너의 턱밑으로 줄 줄 흐르던 침을
닦아주던 그 여자를 위해 니가 할 수 있는 최선의 것이 무엇인지 말이
야. 우리의 소녀시절은 니가 길에서 주운 5센트짜리 동전처럼 하찮게
지나가 버렸지. (215)

레나의 말대로, "처치 곤란하고 가련하고 멍청하고 이기적이고 증오
심을 일으키는 남자"(216), 이것이 바로 건강한 흑인으로서의 이데올로기
를 가지고 있지 못한, 또한 올바른 모성과 부성을 갖추지 못한 아버지
메이컨과 어머니 루스의 영향 하에서 성장한 밀크맨의 현재의 모습인
것이다. 정신적으로나 도덕적으로 성숙하지 못한 밀크맨은 이제 고모이
자 정신적 어머니인 파일럿에게서 성장하면서 자신과 세상에 대한 새로
운 열린 인식을 갖게 된다.

모성과 부성의 회복으로 변화되는 긍정적 흑인 이데올로기: 파일럿과 기타의 아들로서의 밀크맨의 긴 여정

이러한 밀크맨이 자신에 대해 바른 눈을 뜨고 사람을 사랑하는 인간이
되도록 도와준 사람은 바로 파일럿이다. 부의 축적만을 중요하게 생각
하는 이기적인 아버지나 주체성이 없는 어머니와 반대로, 고모 파일럿
은 밀크맨의 정신적인 안내자pilot 역할을 한다. 밀크맨을 이 세상에 태
어나게 한 것도 바로 그녀였다. 파일럿은 메이컨으로부터 버림받은 루
스를 불쌍하게 여겨 - 약을 이용한 것이기는 하지만 - 메이컨으로 하여
금 루스와 잠자리를 같이 하도록 한다. 그 뒤 아이를 가진 사실을 알게

된 메이컨은 아이를 지우려고 루스에게 온갖 폭력을 행사한다. 이러한 메이컨의 폭력에서 루스의 아이를 보호하여 밀크맨이 태어나게 한 주인공이 바로 파일럿이다.

파일럿은 누구의 도움도 없이 죽은 어머니로부터 혼자 태어난 배꼽이 없는 여자이다. 그녀는 책임감이 투철하고 사랑, 연민, 흑인의 정신적 유산을 소중히 여긴다. 그녀의 진정한 정신에는 인간관계의 소중함을 바탕으로 한 흑인의 전통적 인간 존중 사상이 그대로 스며있다. 이후, 『솔로몬의 노래』에서 그녀의 생활은 "흑인들에 대한 사랑과 평화의 중재자"(Schultz 142)로서 일관성 있는 삶을 살아간다. 파일럿은 메이컨이나 포스터와 달리 자기 정체성을 소중히 여기고 자기 일에 최선을 다하는 인물이다.

이러한 파일럿의 면모는 다른 인물들과의 대조를 통해서 더 크게 부각되는 편인데, 모리슨은 루스의 '왜소함'과 파일럿의 '거대함'을 의도적이라 여겨질 정도로 선명하게 대조시키고 있다. 게이 윌렌츠Gay Wilentz 같은 이는 밀크맨을 "그녀[파일럿]의 조카인 동시에 아들"(117)이라고 말하기까지 한다. 그렇다면 파일럿은 밀크맨에게 어떤 어머니였는가? 모리슨이 스스로 넬리 맥케이Nellie McKay와의 인터뷰에서 파일럿과 같은 어머니에 대해 말하고 있는 것처럼, "거대한 정신"(144)을 소유한 어머니이다.

밀크맨이 아버지의 반대를 무릎 쓰고 순전히 호기심과 기타의 충동질에 의해 파일럿의 집에 처음으로 찾아갔을 때, 파일럿은 집 앞 계단에 앉아서 오렌지를 까고 있던 중이었다. 아버지 메이컨과 파일럿이 밀주 제조업자라는 사실을 수치스럽게 여기고 자신의 여동생을 "뱀"(54)이라고 부르면서 메이컨은 밀크맨이 파일럿을 만나지 못하도록 금지한다.

그러나 밀크맨은 아버지의 모욕적인 표현과는 달리, 파일럿이 더럽지도 않으며 술에 취해 있지도 않다는 사실을 발견하게 된다. 그리고 곧이어 그녀가 일어섰을 때 그녀가 아버지만큼이나 키가 크고, 머리와 어깨는 밀크맨 자신보다 더 크다는 사실에 기겁을 한다. 파일럿의 이러한 큰 몸집은 그녀가 내부에 지니고 있는 거대한 생명력을 시각적으로 보여주는 비유적 장치이다.

그녀는 몸집만 클 뿐 아니라, 블랙베리 열매와 같은 그녀의 입술은 화장을 하지 않고서도 생기 넘치는 빛깔을 보여준다. 또한 그녀는 솔잎 같은 것들을 씹으면서 끊임없이 입을 움직이는 습관을 가지고 있는데, 이 습관 역시 부단히 약동하고 있는 그녀 내면의 움직임을 보여주는 것이다. 그녀의 목소리를 들으며 밀크맨은 자갈을 연상한다. 작은 자갈들이 서로 부딪치면서 내는 소리도 '검붉은 입술'과 '부단히 움직이는 입 모양'과 마찬가지로 파일럿의 '살아 있음'을 보여주는 그녀의 특성 중 하나이다. 간단히 말해서 데드 가족 중에서 정신적으로 죽어 있지 않고 건강하게 살아 있는 유일한 인물이 바로 파일럿이다.

파일럿이 살고 있는 집은 파일럿의 '살아 있는' 정신을 잘 보여주는 배경이자 밀크맨이 자아 성장을 시작하는 출발점이다. 파일럿은 북부의 큰 도시 안에서 살고 있음에도 불구하고 서구 자본주의가 정상적이라 여기는 현대 문명의 혜택을 거부한 채 가스도 수도도 전기도 들어오지 않는 집에서 살고 있다. 이것은 "궁궐이라기보다 감옥 같은"(10) 오빠 메이컨 데드의 집과 대조적인 장소로, 자연의 상태 그대로 살아가고자 하는 그녀의 자유로운 정신세계를 반영하는 것이다. 사무엘스와 웜즈가 아주 적절하게 표현하고 있는 것처럼, "파일럿의 흥미를 끄는 것은 생활의 경제 원리라기보다는 삶의 '섭리'이다"(Samuels Weems 62).

모리슨은 밀크맨의 아버지이자 파일럿의 오빠인 메이컨 데드를 대조시키면서 말 그대로 그들의 차이점을 강조하고 있다. 특히 죽은 아버지를 중심으로 오누이가 결별하게 되는 '분리'에 초점을 맞춰서 두 삶의 차이점을 대비시키고 있다. 그 차이점이란 다름 아닌 소유욕에 사로잡힌 메이컨의 정신적 공황상태와, 인간과의 유대 관계를 중시하는 파일럿의 정신적 충만 상태와의 차이이다.

크리스찬은 파일럿과 메이컨의 대조를 이 소설의 두 축으로 간주하고 두 사람 사이에서 벌어지는 가치관의 갈등이 밀크맨이 해결해 나가야 할 과제라고 말하고 있다(Christian 55). 처음에 밀크맨은 '아버지의 왕국' 안에서 메이컨의 대권을 물려받을 후계자로 살아가지만, 파일럿을 만난 뒤 밀크맨은 물질 중심의 세계로부터 벗어 나와 정신을 중시하는 파일럿의 세계로 들어가게 된다. 즉, '금'으로 상징되는 아버지의 물질적 가치관을 쫓으려 했던 밀크맨은 여정의 도중에서 '금'대신 '한 자루의 뼈'를 발견하게 되는데, 그 '뼈'야말로 파일럿의 아버지이며 동시에 밀크맨의 할아버지가 되는, 조상의 '유산'인 것이다.

메이컨은 파일럿의 가치관을 '다음 세상'에나 쓸모 있을 것이라고 업신여기면서 '이 세상'에 필요한 것은 자신이 갖고 있는 가치라고 옹호하며 다음과 같이 말하고 있다: "파일럿은 이 세상에서 네가 사용할만한 것은 하나도 가르쳐줄 수 없어. 아마도 다음 세상에선 그럴 수도 있겠지만, 이 세상에선 아니지."(55) 여기서 메이컨이 말하고 있는 '이 세상'의 가치란, 소유를 최고로 여기는 물질 중심의 가치이다. 그리고 그가 경시하고 있는 '다음 세상'의 가치란 파일럿이 살고 있는 정신적인 삶의 양식이다. 따라서 메이컨은 소유욕에 눈멀게 되면서부터 아버지와 단절된다. 즉 아버지의 유령은 파일럿에게는 나타나지만 메이컨에게는 나타나지는 않는다.

그 이유는 자명하다. 아버지의 유령이 대변하고 있는 '저 세상'의 가치야말로 메이컨이 외면하고 있는 '다음 세상'의 가치이기 때문이다. 파일럿이 죽은 아버지와 소통할 수 있는 것은 죽은 자들, 즉 조상들의 가르침을 소중히 받아들이는 그녀의 정신적인 삶의 태도 때문이라 할 수 있다. 그러므로 밀크맨은 파일럿의 집에 들어가는 순간, '이 세상'에서 '다음 세상'으로 발을 들여놓은 것이며 '아버지의 아들'에서 '파일럿의 아들'로 변화를 시작하고 있는 것이다.

사실, 파일럿의 정신적 일깨움과 도움으로 자아를 찾기 전까지 밀크맨은 헤이거나 동료 흑인들에게 무관심하고 무책임하고 이기적인 사람이었다. 백인들이 미시시피강에서 흑인아이 틸Till을 잔인하게 죽였다는 소식을 들었을 때-그것도 그 마을에서 가장 늦게 들었는데-그는 "제기랄, 그 망할 놈의 틸이 무슨 문제야! 나도 힘들어 죽겠는데!"(88)라고 투덜대면서 흑인 동료의 부당한 죽음에 대해 이기적이고 무관심한 행동을 보인다. 한마디로 그의 행동은 흑인공동체에 대한 소속의식과 연대의식이 결여된 것이며, 따라서 그가 흑인사회에서 소외됨은 자연스러운 일이다. 그래서 패더Feather는 기타와 함께 자기 당구장을 찾은 밀크맨을 쫓아낸다. 패더가 밀크맨을 메이컨의 아들이라는 이유 하나만으로 쫓아낼 정도로 이 지역에서 데드 가족은 소외되고 있는 것이다.

이런 밀크맨이 흑인들과 유대감을 회복하고 흑인사회로 귀속하기 위해서는 무엇보다도 먼저 아버지의 이기적 가치관에서 벗어나야 한다. 그리고 사람과 사람 사이의 관계를 소중한 가치로 여기는 흑인공동체 의식을 길러야만 하는 것이다. 그럼에도 불구하고 그는 아직도 "하얀 공작새"(179)처럼 자기 자신의 화려한 깃털과 무거운 꼬리를 버리지 못하고 이기적이며 물질적인 가치관에 젖어 흑인사회로 날지 못한다. 기타는 밀크맨에게 공작새가 날아가지 못하는 이유를 이렇게 설명한다. 날지 못하는 공작새는 무관심, 이기심, 물질주의 따위에 빠져 "무의미하고 목적없는"(107) 생활로 흑인공동체에서 멀어진 밀크맨의 삶을 상징하며, 이와 함께 그것은 "잘생긴 얼굴이지만 . . . . 그 얼굴은 우유부단함으로 가득 차 있고, 마치 앞으로 가야할지 뒤로 가야할지 몰라 머뭇거리는 사람 같은"(69-70) 밀크맨의 모습을 상징한다.

흑인사회에 무관심하고 흑인의 고통을 외면한 결과 그들로부터 소외된 밀크맨에게 공동체 의식과 흑인에 대한 관심을 갖도록 그의 정신을 일깨워 주는 또 한사람은 바로 친구, 기타이다. 밀크맨에게 "파일럿이 정신적 어머니라면 기타는 정신적 아버지이다"(Brenner 116). 기타는 세븐 데이즈의 단원으로서 백인사회와 백인 인종 차별주의자들에게 폭력을 행사하고, 백인들이 흑인들에게 가한 살인, 폭력, 차별, 편견 따위를 그들과 똑같은 방법으로 앙갚음하는 극단적 민주주의자이다. 그가 백인들에게 적대감과 거부감을 가진 것은 어리 시절부터이다. 그는 어릴 적에 백인의 제재소에서 일하다가 톱날에 잘려 죽은 아버지의 처참한 모습을 보고 백인에 대한 증오심을 키운다. 메이컨이 어느 백인이 죽은 아버지를 보고 오히려 백인 중산층의 물질적 가치관을 동경하면서 그들의 삶을 추구함과 대조적으로, 기타는 백인들에게 앙갚음함으로써 "인간성을 말살하는 적대주의의 신봉자"(Otten 50-53)가 된다. 그러나 흑인 동료들을 사랑하기 때문에 백인들을 죽인다는 기타의 그릇된 가치관에는 그의 한계가 드러나 있다. 즉, 그의 젊은 정의감과 정열과 분노가 한 차원 높은 사랑으로 승화되지 못하고 증오와 복수로만 끝나버리고 마는 것이다. 폭력은 흑인 문제 해결에 아무런 대안이 될 수 없다. 결국 그는 자기 욕구를 건설적인 형태로 발산할 수도 없고, 자기 뜻을 바람직한 방법으로 펼칠 수도 없는 불행한 사람이다.

이러한 한계에도 불구하고 기타는 밀크맨에게 흑인으로서 인생을 더욱 적극적으로 살 것을 충고하고, 흑인사회에 대한 관심을 갖도록 자극하며, 밀크맨의 정신적 지도자 역할을 충실히 한다. 밀크맨은 기타의 충고를 조금씩 받아들이는 과정에서 부모의 과거, 부모에 대한 책임, 자신의 과거, 그리고 지금 살고 있는 마을에서 벗어나 독립적인 삶을 살고자 한다. 그가 "돈 냄새를 맡으며"(252) 파일럿의 황금을 찾아 남부로 여행하고자 하는 것도 누구의 간섭도 받지 않고 자기만의 삶을 살고, 이 황금으로 자유를 얻을 수 있다고 확신하기 때문이다. 황금은 그의 아버지 데드에게 그랬듯이 그에게도 "생명과 안전과 풍요"(171)의 근원으로 떠오른다. 그 어느 것에도 흥미를 갖지 못하는 밀크맨에게 댄빌Danvill의 동굴에 묻혀 있다는 황금에 관한 소식은 어둠에 비쳐지는 한 가닥 빛줄기처럼 그를 깨어나게 한다.

밀크맨의 예전의 삶에 대한 모호한 태도와 회의는 이제 흔적도 없이 사라지고 잘 길들여진 말처럼 황금을 향해 달린다. 그러나 주변 세계와 단절된 채 물질로 "모든 가치의 근원"(May 6)이라고 할 수 있는 자유를 사려는 그의 생각은 매우 위험한 발상이며, 그것은 결코 참다운 뜻의 자유가 될 수 없다. 왜냐하면 진정한 "자유란 단지 속박과 억압에서 해방되는 자기 방어"(Berdjao 46)가 아니라, 오히려 그것은 올바른 "자아 인식"(Eisinger 345)을 바탕으로 한 세계에 대한 열린 마음이며, 자기 정체성 확립의 길이기 때문이다. 물질은 결코 자유를 보장해 줄 수 없는 것이다. 아직도 이 사실을 깨닫지 못하고 물질로 자유를 사려는 밀크맨의 정신에는 메이컨의 상업주의 사고가 그대로 스며있다.

밀크맨이 참다운 자유를 얻기 위해서는 아버지의 가식과 권위로부터 벗어나는 것도 중요하지만, 그보다 먼저 아버지의 물질적이고 이기적인 가치관을 버리는 것이 더욱 중요하다. 또한 밀크맨이 참다운 자유를 누리기 위해서는 흑인사회와 공동체적 삶을 외면할 것이 아니라, 오히려 거기에 적극 참여하는 삶, 그리고 그 안에서 다른 사람들의 가슴속에 비친 자기 모습을 바라볼 줄 아는 자아 인식이 필요하고, 과거에 대한 올바른 성찰이 필요하다. 이렇게 하는 것이 자기 정체성을 확립하는 길이다. 그러나 그는 여전히 물질에 눈이 멀어 소중한 자아를 찾지 못한 채 파일럿의 황금을 좇아 펜실베니아 주 댄빌과 버지니아 주 샬리머Shalimar로 떠난다. 그러나 그가 황금을 바라던 끝에 찾은 것은 황금이 아니라 조상들의 역사이다. 도로시 리Dorothy H. Lee가 밀크맨의 황금 추적 과정을 "양면적인 힘으로 가득한 미로를 통과하는 것"("Song of Solomon" 70)이라고 표현하고 있듯이, 밀크맨의 남부 여행은 겉으로는 황금을 추적해 가는 것이지만 안으로는 예기치 않게 자신의 뿌리를 찾는 과정이 되고 있다. 결과적으로 그의 황금 추적은 흑인으로서의 이데올로기를 흡수하는 과정이 되고 있는 것이다.

댄빌에 이른 밀크맨은 쿠퍼Cooper 목사를 만난다. 밀크맨은 쿠퍼 목사로부터 자기 할아버지와 아버지에 대한 상세한 이야기를 듣는다. 밀크맨은 쿠퍼 목사의 이야기에서 자기 할아버지가 "마을의 모든 노인들이 그렇게 큰 존경과 사랑을 느끼며 회상하는"(231) 사람임을 알고 할아버지를 그리워하기 시작한다. 희미하게나마 그는 자기 조상과 연결되어 있음을 느낀다. 이것은 곧 그가 자기 망상에서 깨어나 자기 존재의 의미를 다른 사람들과의 관계 속에서 이해하기 시작한다는 뜻이다. 그는 한때 아버지 메이컨과 고모 파일럿을 백인들의 추적에서 구해준 써스라는 여인을 만나 자신의 뿌리와 구체적으로 연결된다. 그는 그의 할머니 이름이 싱Sing이고 할아버지의 본래 이름이 제이크Jake로 그들의 고향은 샐리머라는 사실을 그녀로부터 듣는다.

그러나 밀크맨에게 아직도 가장 소중한 것은 황금이다. 그 황금을 찾아 써스가 가르쳐 준 대로 파일럿이 머물러 있던 동굴을 찾아간다. 가파른 산을 오르고 시냇물을 건너 가다가 온 몸이 물에 잠긴다. 이것은 전통적인 통과 의식에서 초심자들이 겪어야 하는 극한상황을 통한 시험과 세례의식을 상징적으로 나타낸다. 아프리카 문화권의 통과의식에서 "초심자가 사회에 다시 결합하는 의식을 거치기 전에 먼저 배워야 할 것은 공동체적 삶을 살 수 있는 지혜이기 때문에, 이미 통과 의식을 치른 어른들은 초심자에게 아프리카 사회의 전통과 제도, 그리고 공동체 정신을 집중적으로 교육하면서 개인보다는 공동체가 우선한다는 것"(Samuels 65-66)을 강조한다. 그러나 밀크맨은 아직까지도 물질주의와 이기주의를 버리지 못하고 조상의 땅에서조차 황금이 그에게 자유를 주리라는 망상을 갖고 있기 때문에, 이 시냇물의 세례의식은 더러워진 그의 마음을 깨끗하게 씻지 못한다. 산 넘고 물 건너 힘들게 찾아온 동굴에서 그토록 바라고 꿈꾸어 오던 황금을 찾지 못하고 그는 절규하게 된다.

"돈 냄새를 맡으며"(252) 다시 샐리머로 여행을 떠나는 밀크맨은 그 누구의 간섭도 받지 않고, 지금 자기 모습에 만족하며, 자신의 연출자는 바로 자신뿐이라는 생각을 가지게 된다. 그는 75달러짜리 자동차를 몰고 다니며 자기 힘을 과시하고 그 힘을 강하게 의식한다. 그의 이러한 잇따른 행동들은 이기주의와 물질주의가 아직도 그의 생활을 지배하고 있고, 댄빌에서 세례 의식이 얼마나 부족했던가를 분명히 말해 주는 증거이다. 그래서 이곳 흑인들은 그를 "이름도 없고 얼굴도 없는 노동자"로 여기고, "백인의 심장"(266)을 가진 껍질뿐인 흑인, 검은 피부를 가진 백인쯤으로 치부한다.

이러한 밀크맨의 오만한 행동을 섈리머 지방 사람들은 "굴욕 의식" rites of humiliation(Otten 57)과 밤 사냥이라는 새로운 의식으로 시험한다. 이러한 두 의식을 거치면서 지칠 대로 지친 밀크맨은 사냥꾼들과 멀리 떨어져 혼자 나무에 기대고 앉아서 자기 과거와 주변 사람들을 되돌아본다. 어둠 속에서 그는 자연과 교감한 뒤 지금까지 자신이 물질적인 것들을 끊임없이 요구하고, 또한 이것들을 당연히 받을 만한 자격이 있다고 자만하던 자기 모습을 발견한다. 또 그는 다른 사람들에 대한 무관심과 냉혹함이야말로 경멸의 대상이 된다는 사실도 인지한다. 이러한 의식의 전환과 함께 그는 물질에 얽매인 자아에서 벗어나 자유로운 자아를 찾아간다. 오직 정신만이 살아 있는 상태에서 그가 깨달은 것은 어떤 물질적인 혹은 외연적인 연계에 의존하지 않고 스스로 만족할 줄 아는 인간의 참모습이다. 마침내 그는 부자유하고 이기적이고 물질적인 자아에서 벗어나 자유롭고 이타적이고 영적인 자아로 나아감에 따라 사람을 사랑할 줄 알게 된다.

이제 그는 여자관계에서도 성숙한 모습을 보인다. 사냥을 끝낸 뒤 마을 사람들은 그에게 스위트Sweet라는 여자를 소개해 준다. 그는 그의 몸을 정성스럽게 씻겨주고 피곤한 몸을 쉬게 해준 그녀에게 고마워한다. 그 보답으로 그는 그녀의 등과 발을 씻겨 주고 머리를 감겨주며 설거지를 하고 잠자리를 정돈해 준다. 이러한 그의 행동은 예전 헤이거와의 관계에서는 볼 수 없던 성숙한 모습이다. 이제 그는 여성으로부터 사랑을 받을 줄도 알고 여성에게 사랑을 베풀 줄도 아는, 즉 인간관계의 상호성을 알게 된다. 그는 스위트와의 관계에서 처음으로 한 여자에게 자신을 모두 줄 수 있게 된 것이다. 자신의 뿌리와 전통의 흔적을 찾아내는 긴 여정을 마치게 된 밀크맨은 이제 열린 인식과 긍정적 이데올로기를 가진 진정한 솔로몬의 자손이 되어가고 있는 것이다.

사랑과 조화로움의 이데올로기: 성숙한 인간, 밀크맨

이와 같이 자본주의 성향의 이데올로기에서 벗어난 밀크맨은 사람과 자연 중심의 가치관을 새롭게 갖게 된다. 그러나 그가 정체성을 분명하게 확립하는 데에 무엇보다도 중요한 것은 샐리머에 사는 아이들이 무심코 부르는 '솔로몬의 노래'에 숨어 있는 행간의 뜻을 밝혀 그의 가족 역사를 찾아내는 일이다. 지네비브 페이버Genevieve Fabre의 주장대로, 밀크맨의 임무는 "각 이름의 역사를 추적하고 진실한 이름인 자기 조상의 이름을 찾는 것"(109)이다. 이름은 그의 구체적인 역사이고, "이 이름의 발견은 자기 자신의 인간적 의미는 물론 흑인 민담과 관련된 어떤 마력"(Byerman 112)을 이해하는 길이기 때문이다. 그는 솔로몬의 노래에 담긴 뜻을 읽어내 자기 뿌리가 솔로몬에서 시작되고, 할아버지는 솔로몬이 아프리카로 날아간 뒤에 남겨진 스물 한 명의 자식들 가운데 한 사람임을 알게 된다. 또한 솔로몬의 비상 뒤, 그의 아내 라이나Ryna가 "오, 솔로몬, 날 두고 가지마오/ 목화송이가 날 찌른다오/ 오, 솔로몬, 날 두고 가지마오/ 흰둥이 놈의 손길이 날 조롱한다오"(303)라고 울분처럼 노래했고, 절망과 상심으로 정신 이상자가 되었다는 사실도 알게 된다. 더 나아가 그는 가족의 발자취를 묘사한 이 노래의 뜻에서 가족 역사, 노예제도에서 흑인들이 겪어야만 했던 아픔과 고뇌, 핍박과 좌절, 사랑과 기쁨, 그리고 이별과 그리움 따위를 배운다.

'솔론몬의 노래'의 뜻을 알게 된 밀크맨은 자신의 분명한 이데올로기를 확립하고, 자신감을 얻게 되며, 책임감과 사랑의 의미 등에 관하여 새로운 시각을 갖게 된다. 그리하여 그는 남의 "젖을 짜는 사내"가 아닌 필요한 흑인들에게 영양과 생명을 주는 "우유 배달부"(Mbalia 62)가 된다.

그러나 밀크맨은 할아버지가 "속한 땅"(335)인 동시에 솔로몬이 아프리카를 향해 날아간 곳에서 기타의 공격을 받는다. 밀크맨이 파일럿과 함께 이곳에 할아버지의 뼈와 귀고리 상자를 묻는 순간 기타는 밀크맨을 향해 총을 쏜다. 기타가 밀크맨을 향해 총을 쏜 이유는 밀크맨이 자기와 한 약속, 즉 황금을 찾아 같이 나누기로 한 약속을 어기고 밀크맨이 황금을 혼자 차지하기 위해 자신을 따돌렸다는 그의 오해 때문이다. 그러나 기타의 총에 파일럿이 쓰러지고, 그녀는 숨을 거두기 바로 전 레바Reva를 잘 돌보아 줄 것과 '솔론몬의 노래'를 불러달라고 밀크맨에게 부탁한다. 그러자 밀크맨은 '솔론몬의 노래'에 담긴 여러 가지 뜻을 생각하면서 그녀에게 노래를 불러 준다. 파일럿의 죽음에서 더욱 참다운 삶의 가치를 깨닫게 된 밀크맨의 모습을 모리슨은 이렇게 묘사하고 있다.

> 이제 피는 더 이상 펄떡거리며 솟아나지 않았고, 파일럿의 입가에는 시커먼 거품 같은 것이 묻어 있었다. 하지만 그녀가 고개를 살짝 움직이며 그의 어깨 너머를 바라보았을 때에도, 한참 후에야 그녀가 죽었다는 걸 깨달을 수 있었다. 파일럿의 죽음을 깨달은 그는, 입에서 쏟아져 나오는 낡고 오랜 노랫말을 도저히 멈출 수 없었다. 목소리의 음량만으로 죽음 파일럿을 깨울 수 있을 것만 같아, 점점 더 큰 소리로 노래를 읊었다. . . . 밀크맨은 파일럿의 고개를 바위 위에 가만히 내려놓았다. 두

마리 새들이 그들 주위를 빙글빙글 돌았다. 한 마리가 갓 만든 무덤으로 뛰어들어 부리로 뭔가 빛나는 것을 물고 멀리 날아갔다.
　이제 그는 어째서 자기가 그녀를 그렇게 사랑했는지 알 것 같았다. 파일럿은 땅에서 발 하나 떼지 않고도 날 수 있는 사람이었다. "고모 같은 사람이 틀림없이 또 있을 거예요." 그는 파일럿에게 속삭였다. "최소한 고모 같은 여자가 한 사람은 또 있을 거예요." (336)

　이 장면은 가족의 역사, 정신적인 유산, 흑인 전통에 바탕을 두고서 자신의 이데올로기를 확립한 그의 모습을 다시 한 번 확인해 주는 대목으로, 밀크맨은 이제 참다운 뜻의 자유는 자신의 책임과 의무를 다하는 데 있다는 사실을 분명하게 인식하고 있는 것이다.
　밀크맨이 흑인공동체와 역사의 일부가 되었음은 자신을 죽이려는 기타를 향해 바위에서 팔을 벌린 채 뛰어내리는 모습에서 잘 드러난다. 그에 대해 모리슨은 한 대담에서 "우리의 재능들 가운데 하나인 비상"의 능력을 가지고 기타를 향해 날아가면서, 흑인 비상 신화에 나오는 "날 수 있는 아프리카 사람"(Taylor-Guthrie 122) 가운데 한 사람이 된 것이라고 말하고 있다. 이기주의, 물질주의, 사랑과 연민의 부재 따위에서 자유롭게 된 그는 "공기에 몸을 완전히 맡기면 그것을 완전히 탈 수 있다"(337)는 조상들의 지혜를 깨닫고, 자기 목숨을 요구하는 기타를 형제라고 부르며 기꺼이 목숨을 내어준다. 이러한 밀크맨의 변화된 잇따른 행동은 자기 스스로에 대한 속박에서 자유롭게 된 그의 모습을 나타낸 것으로, 파일럿이 그에게 인간의 가치에 관하여 마지막으로 남긴 가르침을 거울삼아 자아실현을 위한 자유로 도약하고 있음을 의미하는 것이다.
　결국 '솔로몬의 노래'는 흑인 조상들의 유산의 상징이며 또한 흑인민족의 영원한 염원인 사랑과 해방을 의미한다. 흑인들의 민족문화유산이자 민속 문학 대부분은 '소울'이나 '블루스'로 표현되어져 왔으며, '소울'과 '블루스'의 영원불멸한 주제는 바로 사랑과 진정한 해방인 것이다. 이는 또한 흑인 민족뿐만 아니라 모든 인류가 끊임없이 지향하고 구현하고자 하는 주제일 것이다. 내면적 결핍과 정신적 장애를 안고 있는 밀크맨은 파일럿과 기타가 이끄는 다양한 인생의 여행과 경험을 통해 자신을 변화시키고 결국은 깨달음과 극복의 과정에까지 이르게 된다. 다시 말해 밀크맨은 이제 진정으로 솔로몬의 노래를 부를 수 있게 된 것이며, 블루스와 같은 이 노래의 긍정적 이데올로기의 진정한 의미를 체득하게 된 것이다.

모리슨은 현대 사회에서 희미해져가는 흑인성, 흑인의 이데올로기의 위치를 이 작품을 통해 다시 한 번 분명하게 자리매김 시키고 있다. 즉 흑인의 이데올로기라는 개념은 고정적인 것이 아니라 변화하고 끊임없이 움직이는 긍정적인 힘이라는 사실을 분명하게 밝히고 있는 것이다. 모리슨은 자유, 비상을 향한 인간의 염원이 그리고 모성의 힘이 한 인간에게, 또한 한 민족의 역사에 얼마나 큰 변화와 성장을 가져올 수 있는가를 『솔로몬의 노래』에서 구체적으로 제시하고 있는 것이다. 이것은 초 극단적 개인주의에 빠진 현대사회에서 인간과 인간을 연결시키고 그들을 화합으로 이끄는 근원적 원천이 긍정성이라는 이데올로기임을 강력히 제시하고 있는 것으로, 결국 모리슨은 한 인간의 비상, 완전한 자유라고 하는 것이 단지 속박과 억압에서 해방되는 것이 아니라 올바른 자아 인식과 다른 이들에 대한 책임이라는 도덕적 비전을 우리 모두에게 제시하고 있는 것이라고 여겨진다.

모성성의 재해석

모리슨이 말하는 모성성

토니 모리슨이란 작가에게 있어 한 흑인여성의 개인적인 삶에 천착하여 사적인 해방이나 자각에 도달하는 작품을 쓰는 것은 더 이상 의미가 없었다. 『뿌리: 근원으로의 조상』Rootedness: The Ancestor as Foundations에서 그녀 스스로 "최상의 예술은 정치적인 것이다"(345)라고 말했듯이, 모리슨은 예술과 정치성을 둘로 나누는 이분법적 사고를 거부하고 작품 안에서 정치성과 미학적 가치를 동시에 구현하려 한다. 따라서 모리슨에게 있어 창작행위란 한 개인의 꿈을 성취하고자 하는 것이 아니라, 조상 대대로 이어져 내려오는 문화적 가치를 탐색하고 과거의 유산을 재정립하여 인종차별로 인해 사라져 가는 아프리카적 전통을 되찾고 '흑인성'blackness을 회복해가는 것이다. 주목할 만 한 점은 모리슨이 '흑인성'

의 전수자와 아프리카 문학 유산의 전달자로서 여성, 특히 어머니를 지목하고 있다는 점이다. 이런 면에서 모리슨의 세 번째 소설인 『솔로몬의 노래』Song of Solomon를 '어머니의 노래'로 규정하고, 어머니의 역할, 모성성motherhood에 대한 재해석을 해보는 일은 의미 있는 작업이 될 것이다. 이 과정에 있어 이 장은 흑인 여류 소설가의 역할을 아프리카 부족의 구비 전승 시인 '그리어'griot의 역할과 같은 것이라고 보는 토니 모리슨의 관점에 근거를 둘 것이며, 이러한 모성성이 여성을 오히려 해방시키고 더 나은 자아를 갖게 한다는 충분한 증거들을 이 작품의 각 인물들의 상호 연관성을 통해 구체적으로 제시하고자 한다.

    토니 모리슨은 자신의 소설이 세대와 세대를 이어주는 아프리카적 전통의 가교 역할을 해내기를 원한다. "목격을 담당하는 것"(LeClair. 121)이라고 그녀가 명명한 바의 소설가의 사명은, 과거와 현재를 응집시키고 과거를 현재 속에서 재해석하는 것이다. 바로 이것이 『솔로몬의 노래』에서 토니 모리슨이 말하고자 했던 어머니라는 사람의 역할이다. 흑인 여성이면서 동시에 두 아이의 어머니이기도 한 모리슨에게 있어 문학이 예술인 동시에 정치적인 것이라면, 모성성 역시 아이를 양육하는 행위일 뿐만 아니라 인종 차별의 현실 속에서 생존하고 싸워나가야 하는 정치적 행위이다. 토니 모리슨은 모성성이 여성을 해방시키고 더 나은 자아를 갖게 하는 것이라고 보고, 서구 백인 페미니스트들이 주장하는 모성성에 대한 부정적 견해들에 반론을 제기한다. 토니 모리슨과 함께 흑인 페미니스트들이 특히 이익를 제기하는 서구 백인사회의 모성성의 개념이란, 첫째로 '어머니'를 자녀 양육의 거의 유일무이한 존재로 간주하고, 어머니가 아들과 딸에게 각기 다른 성 정체성을 발달시키게 하는 원인 제공자라고 보는 관점이다. 낸시 초도로우Nancy Chodorow의 이론에서 비롯된 이 개념은 '어머니 비난하기'mother-blame의 원인이 되기도 한다. 딸이 어머니와 같은 여성이기 때문에 어머니와 자신을 동일시하고 그녀 자신과의 '연속체'로 간주하는 경향이 있다면, 결과적으로 '왜소한' 어머니를 둔 딸들은 '왜소한' 어머니와 자신을 동일시하게 될 것이기 때문이다. 그러므로 낸시 초도로우가 주장하는 그대로 가부장제가 의도하는 남성 지배 이데올로기가 안전하게 존속되는 것이다. 이 이론은 이 작품에서도 루스Luth와 그녀의 두 딸들에게 너무도 정확하게 들어맞고 있기 때문에 이 이론의 정당성을 단번에 입증하는 것처럼 보인다.

둘째로, 흑인 페미니스트들이 이의를 제기하는 이론은 '어머니 역할'이 여성 억압의 가장 근본적인 원인 중 하나라고 보는 관점이다. 이 개념 역시 초도로우가 그녀의 이론서 『모성성의 재생산』The Reproduction of Mothering에서 주장한 내용으로, 초도로우 이후 백인 페미니스트들은 '집에 머무르며 애플파이를 만드는' 이상화된 어머니상에 반기를 들고 모성의 짐으로부터 여성을 해방할 수 있는 방법을 모색한다. 이 때문에 페미니스트들 사이에서도 '모성 공포'matrophobia 현상이 일어나 마리안 허쉬Marianne Hirsh가 지적한 대로 1970년대에는 페미니즘 계에서 모성성에 대한 언급을 회피하는 일이 벌어지기도 한다.

이상의 서구 백인 중심의 모성성의 개념에 대한 흑인 페미니스트들의 반박은 다음과 같다. 패트리샤 힐 콜린스Patricia Hill Collins에 따르면, 흑인 가정은 백인 핵가족의 경우처럼 남녀의 역할이 분명하게 구분되지 않으며, 여성도 남성처럼 경제적 책임을 지고 집밖에 나가 있어야 한다. 따라서, 흑인사회에서는 양육의 책임이 한 여성에게만 주어지는 것이 아니라고 그녀는 말하고 있다. 다음은, 어머니를 양육에 있어 거의 유일무이한 존재로 간주하는 첫 번째 이론에 대한 콜린스의 적절한 지적이라고 할 수 있다.

> 아이를 낳은 어머니, 즉 친모는 자신의 자녀들을 당연히 돌볼 것으로 기대된다. 그러나 아프리카나 미국 내에 존재하는 흑인공동체에서는 한 아이의 양육을 위해서 한 사람이 완전한 책임을 지는 것이 현명하지도 가능하지도 않다고 본다. 따라서 '다른 어머니들', 친모와 책임을 공동 분담할 수 있는 여성들이 전통적으로 흑인 모계의 중심이 되어왔다. (47)

두 번째 이론에 대한 반론은 미리암 존슨Miriam Johnson이 지적한 바와 같이, 여성을 억압하는 근본적인 원인은 '어머니 역할'에 있는 것이 아니라 '아내 역할'에 있다는 것이다. 그녀는 어머니 역할이 여성을 억압하기는커녕 도리어 여성에게 파워를 주고 사회 내에서 우월한 자리를 차지할 수 있도록 한다고 말하면서 미국의 흑인사회를 '모계 중심 사회'로 규정하고 흑인여성들은 어머니 역할에 따른 억압을 경험하지 않는다고 말한다. 왜냐하면 흑인여성들은 남성과 마찬가지로 경제권을 쥐고 있으며, 혈족 중심의 공동체가 자연스럽게 어머니를 중심으로 움직이고 있기 때문이다.

토니 모리슨 자신도 아내 역할이 여성에게서 권리를 빼앗고 그들을 억압하는 원인이라고 지적하면서 아내 역할이 가부장제와 백인 우월주의를 동시에 보장해주는 것이라고 말한다. 그렇다면 이 작품에서 토니 모리슨이 루스와 두 딸 그리고 대리모 파일럿을 통해서 말하고자 했던 것은 다름 아닌, 서구 백인 가부장제하에서 피폐해진 어머니 상과 그 상흔을 보여주려 한 것임이 보다 분명해진다. 그러나 토니 모리슨은 거기서 한 발 더 나아가고 있다. 단지 그들 세 여성을 비판하는 것이 아니라 흑인사회가 지향하는 모성성의 가능성을 그들 안에서 찾고 있기 때문이다. 흑인사회가 지향하는 이러한 모성성의 전형은 그들 중에서도 파일럿이라는 대리모를 통해 형상화 된다.

이렇듯 토니 모리슨에게 있어 어머니의 역할은 아이의 양육뿐만 아니라 아프리카의 전통을 보존하여 문화유산을 전수하는 것이다. 칼라 할러웨이Karla Holloway가 "흑인여성들은 어머니의 목소리를 전달한다"(123)라고 말했듯이, 어머니들이 아이들에게 불러주었던 노래는 후손들이 조상들의 과거로 돌아가 그 속에서 새로운 정신적 힘을 찾도록 해주는 것이다. 따라서 『솔로몬의 노래』는 모리슨의 문학적 신념과 여성관 및 모성성의 긍정적 힘에 대한 견해가 집약된 작품이라고 할 수 있다.

모성의 결핍 – 루스: 비극의 악순환

미국의 백인 중심 페미니즘이론에서 모성성은 가부장제를 유지하기 위한 여성 억압의 형태로 받아들여진다. 허쉬가 말했듯이 여성이 어머니가 되면 "그녀는 대상으로 머무르며, 항상 주변화되고, 항상 이상화되거나 모욕당하고, 항상 신비화되며, 항상 작은 어린아이의 눈을 통해 제시될 뿐이다"(167). 루스 포스터 데드Ruth Foster Dead도 『솔로몬의 노래』 안에서 "대상"이며 "항상 주변화되고" 있는, 주인공 밀크맨Milkman의 '어머니'이다. 어머니로서 그녀가 얼마나 주변화되고 있으며 잊힌 존재인지는 이 소설의 첫머리에 나오는 에피그래프를 보기만 해도 알 수 있다: "아버지들이 날아오르면 자식들은 그들의 이름을 알게 되리라." 카렌 카르멘Karen Carmean은 위의 에피그래프가 『솔로몬의 노래』에서 두 개의 중요한 모티브인 "비상과 이름짓기"를 나타내고 있다고 말한다(46). 그러나 결국 자식들이 알게 되는 것은 아버지들의 이름이지 어머니들의 이름은 아니다. 마치 이 사실을 입증이라도 하듯, 소설의 2부에서 밀크맨이 흑인들의 이름 짓기에 대한 각성에 도달하였을 때 나열되는 긴 이름 어디에도 '친모' 루스의 이름은 존재하지 않는다(330).

토니모리슨이 이 작품에서 주인공이자 아들인 밀크맨을 전면에 내세우면서 이와 같이 그의 어머니 루스를 후미진 구석에 위치해 놓은 까닭은 무엇일까? 게리 브레너Gerry Brenner가 "작은 크기"(120)라 말하고 바바라 크리스챤Barbara Christian이 "좁은 존재"(56)라고 표현했던 것처럼 비평가들이 거의 대부분 지적하는 루스의 문제점은 '왜소함'이다. 그리고 그 '왜소함'의 원인은 일차적으로 그녀의 아버지에게 있는 듯 보인다. 그녀의 아버지 닥터 포스터Dr. Foster는 그 도시에서 가장 위대한 흑인 이었으며, 가장 부유한 사람은 아닐지라도 가장 존경받는 사람이었다. 그러나 그는 이웃의 흑인들에게 눈곱만큼의 관심도 주지 않았으며, 그들을 식인종이라고 부른 위선자였다. 그는 황금만능주의에 빠져 있는 루스의 남편 메이컨 데드 2세Macon Dead II와 마찬가지로 서구 자본주의의 폐해인 물질욕에 사로잡혀 있으며, 마약에 자신을 의지하고 있는 병적인 인물이다. 그가 보여주는 딸에 대한 근친상간적 태도는 미리암 존슨이 말하는 아버지와 딸의 관계에 대한 좋은 예이다.

> 근친상간의 욕구는 . . . 심리적인 것이며 꼭 육체적인 것은 아니다. 아버지는 딸을 차지하고자 하는 것이며 딸은 그가 그녀의 아버지이기 때문에 존경한다. 그는 왕이며 딸은 공주이다. (173)

존슨에 따르면 가부장제를 유지하기 위한 남성 지배 이데올로기의

한 결과로 아버지에 대한 딸의 의존성이 나타난다. 아버지들은 그들의 딸을 얌전하고 수동적인 여성으로 키워 다른 남성의 적절한 아내감이 되도록 만들어서 여성에 대한 남성의 지배를 공고히 하도록 돕는다. 닥터 포스터와 루스의 관계가 존슨의 이론에 대한 좋은 예가 되는 것은 이 때문이다. 포스터는 다음 세대인 남성 메이컨 데드에게로 루스를 넘기면서 남성들 간의 여성 지배 체제를 계승시켜 나간다. 에이드리안 리치Adrienne Rich가 쓴 논문 「아버지들의 왕국」The Kingdom of the Fathers이라는 제목이 시사하듯이 루스는 닥터 포스터의 왕국으로부터 메이컨 데드의 왕국으로 '물건'처럼 넘겨진 가부장제의 희생물이다.

이런 결과로 루스는 긍정적 자아감을 지닐 수 없었을 뿐만 아니라 자신의 영역을 지속적으로 작은 범주 안에 한정지음으로서 스스로를 더욱 축소시키게 된다. 루스는 아버지에 대한 자신의 고착 상태가 정상적이지 않다는 것을 알면서도 잘못된 관계로부터 벗어나려고 시도하기 보다는 그 관계를 합리화할 수밖에 없다. 아들 밀크맨에게 자신의 입장을 변명조로 늘어놓았던 루스 자신의 이야기는 이런 의미에서 루스의 왜소함이 아버지 닥터 포스터의 책임임을 밝히는 동시에 또 다른 이유를 독자들에게 제시하고 있다.

> 나는 작은 사람인데, 그 이유는 내가 작아지도록 억압당했기 때문이야. 나는 나를 작은 꾸러미에 쑤셔 넣는 큰 집에 살고 있었어. 난 친구도 없었고, 급우들은 내 옷이나 하얀 실크 스타킹에 관심을 보였을 따름이지. 하지만 난 친구가 필요하다고 생각하지 않았는데 왜냐하면 내겐 아버지가 있었으니까. 나는 작았지만 그는 거대했어. 내가 살았는지 죽었는지 진정으로 관심을 보여준 유일한 사람이었지. . . . 나중에는 그가 이 세상에 존재하는지 단지 그 사실만이 중요하게 되었어. 그가 세상을

떠났을 때 난 줄곧 내가 그로부터 얻었던 보살핌의 느낌을 되살리려 애 쓰곤 하였었지. 난 이상한 여자가 아니야. 난 작은 여자일 뿐이야. (124)

루스에게 아버지의 존재는 의지할 수 있는 '유일한 사람'이다. 그러므로 루스의 왜소함이 닥터 포스터의 책임만이라고 할 수 없는 이유가 성립되는 셈인데 그녀에게 부족한 것은 다름 아닌 모성애다. 윌프레드 사무엘스와 클레노라 허드슨 윔즈Wilfred D. Samuels and Clenora Hudson-Weems에 따르면, 모리슨의 작품에서 필수적인 요소로 등장하는 모녀관계가 루스에게는 결핍되어 있으며, 비록 아버지의 보호를 받고 자라나긴 했지만 루스의 심리상태는 불완전하다고 할 수 있다(55). 어린 시절에 어머니를 잃고 자신을 아내의 대체물로 간주하는 아버지의 왜곡된 사랑을 받으며 자라난 여성이 열여섯 살에 결혼했을 때, 자신을 인형인 것처럼 취급하면서 옷 벗기기에 쾌감을 느끼는 남편과 살게 되었을 때, 그리고 그 남편이 아버지와의 관계를 의심하면서 부부관계에 종지부를 찍었을 때, 이 여성이 할 수 있는 일이란 무엇이겠는가? 그녀의 이러한 소외된 상태, 주변으로 밀려나 잊힌 상태를 가장 잘 보여주는 상징은 마호가니 테이블 위에 나있는 '물 자국'이다. 사무엘스와 윔즈의 지적대로 그것은 "그녀의 결핍된 존재성"(56)을 드러내주는 모리슨의 비유적 장치라고 할 수 있다. 루스는 그 물 자국을 향해 하루 동안에도 여러 차례 시선을 보낸다. 그녀는 물 자국이 거기 존재한다는 것을 알고, 앞으로도 그러리라는 것을 알지만, 그것의 존재에 대한 확신이 필요했던 것이다. 그 "정박 중인"(11) 시각적 대상을 통해서 루스는 세상이 여전히 거기 있음을, 이것이 삶이고 꿈이 아님을 느낄 수 있다. 그리고 그녀는 등대지기처럼,

혹은 죄수처럼, 자신의 내부 어딘가가 살아 있음을 알 수 있다. 물 자국처럼 루스의 존재는 정지되어 있으며 무시당해도 좋을 만큼 하찮은 얼룩에 불과하기 때문에, 결국 물 자국과의 동질감을 통해서 루스는 위안을 얻고 있는 것이다.

루스는 또한 스스로 말하고 있는 것처럼 그녀의 아이들을 통해서 자신의 미미한 존재를 그나마 의미 있는 것으로 받아들일 수 있다. 그러나 모성애를 받아본 경험이 전혀 없는 여성이 어떻게 바람직한 '모성성'을 발휘할 수 있을 것인가? 초도우의 주장처럼, 여성이 여성에 의해 양육되기 때문에 모성에 필수적인 자질들을 내재화하는 것이라면, 루스는 모성에 필수적인 자질들을 전혀 갖추지 못하고서 어머니가 된 셈이다. 실제로 그녀는 요리를 잘 하지 못해서 남편에게 조롱을 당하기도 하고, 아들인 밀크맨이 걸어 다닐 나이가 될 때까지 젖을 먹이는 괴이한 행동을 하기도 한다. 무엇보다 문제가 되는 부분은 그녀의 두 딸에 대한 태도이다. 루스는 의식적이든 무의식적이든 레나Lena라고 불리는 첫 딸 매그들린Magdelene과 둘째 딸 퍼스트 코린시언스First Corinthians를 자신과 똑같은 운명에 처하도록 만들고 있기 때문이다. 그 결과, 외아들 밀크맨에게 그들 세 사람은 전혀 구별이 되지 않는 하나의 인간으로 비쳐질 지경이다: "그밀크맨는 결코 누이 두 명을 – 혹은 그들의 역할을 – 어머니와 구별 지어서 인식할 수 없었다"(68). 심지어 밀크맨은 어머니가 큰 누나 레나보다 16살이나 많음에도 그들 세 사람이 비슷한 연배로 보인다고 말하고 있다.

여기서 특히 주의할 대목은 '그들의 역할'이다. 모성성이란 단지 아이를 낳았다는 사실로 획득되는 자질이 아니라 아이를 낳은 이후 이루어지는 모성의 실현을 말하는 것이기 때문이다. 그러므로 밀크맨에게 비친 그들 세 사람은 가부장제의 제단에 제물로 바쳐진 세 여성의 모습이며, 그들 셋이 똑같이 밀크맨이 잘 때 조용히 했고, 밀크맨이 배고플 때 요리를 했고, 밀크맨이 놀고 싶을 때 그를 즐겁게 해주었던 사람들이라면 그들 모두가 밀크맨의 '어머니'이다. 그들 셋은 단지 피를 나눈 어머니나 누이들이 아니라 밀크맨의 양육자이자 그에게 그들의 '젖'을 나누어준 사람들이기 때문이다. 이 세 사람의 공통적 운명에도 불구하고, 루스가 자신의 삶을 정신적으로 죽은 것이나 다름없는 '데드'Dead 집안에서 말 그대로 '죽어가도록' 내버려두는 동안, 두 딸도 함께 '왜소하게' 시들어 가도록 한다는 점은 용인할 수 없는 비극의 악순환이다. 모성애가 결핍된 여성은 조화로운 모성성을 갖출 수 없고, 자식들에게 특히 딸들에게 절망의 유산을 물려주게 된다는 것이 토니 모리슨이 루스를 통해 말하고자 하는 것이다. 모성성의 결핍, 결핍된 존재성은 결국 두 딸에게는 어머니와 똑같은 왜소함, 소외된 주변화 된 삶의 유산만을 안겨주었으며 아들 밀크맨에게도 삶의 방향과 철학을 전혀 깨우치지 못하게 하는 결과만을 낳고 있는 것이다.

모성의 충만함 – 파일럿: 혁신적 변화

이 작품에서 등장하는 밀크맨의 고모 파일럿 데드Pilate Dead는 생모인 루스를 도와서 밀크맨을 함께 양육한 '대리모'surrogate mother이다. 벨 훅스Bell Hooks는 『혁신적인 양육』Revolutionsary Rarenting이라는 글에서 '대리모'의 필요성을 다음과 같이 역설하고 있다.

어린이를 양육하는 일은 다른 양육자들, 즉 어린이와 같이 살지 않는 사람들과 공동으로 책임질 수 있는 일이다. 이런 형태의 양육은 사회 내에서 혁신적인 것으로 받아들여지는데, 그 이유는 이런 형태의 양육이, 부모, 특히 어머니를 유일한 양육자라고 생각하는 통념과 상반되는 것이기 때문이다. 흑인공동체 내에서 자란 많은 이들은 이런 형태의 공동체적 아이 양육에 대한 경험을 가지고 있다. . . . 흑인여성들은 그들 공동체 내의 사람들에게서 도움을 받았다. (144)

훅스가 주장하는 것처럼 이 작품에서 그녀의 역할은 단순히 루스를 돕는 대리모 그 이상이다. "교사이자 양육자이며 대리모이고 블루스 전통을 지키는 자"(114)라고 길게 표현한 트루디어 해리스Trudier Harris의 지적대로, 파일럿은 작품 속에서 밀크맨 못지않게 중요한 위치를 차지하고 있는 인물로서 지극히 복잡한 역할을 해내고 있다. 그러나 그녀의 많은 역할 중에서도 가장 핵심적인 역할은 퍼만Jan Furman이 말하듯이, "밀크맨이 여정을 통과해 가게해주는 정신적 안내자", 즉 진정한 어머니(45)로서의 역할이다.

밀크맨에 대한 파일럿의 '안내자'로서의 역할은 사실 밀크맨이 태어나기 전부터 시작된 것이다. 파일럿은, 남편 메이컨과 애정 없는 결혼생활을 영위하고 있던 루스를 보고 메이컨의 음식에 신비한 약초를 섞어 넣어서 단지 나흘간일지라도 메이컨이 아내를 사랑하도록 만든다. 그 결과 루스는 밀크맨을 임신하게 된다. 그러나 이 원치 않은 결과에 격분한 메이컨이 뱃속의 아이를 죽이기 위해 온갖 나쁜 시도를 다 할 때, 파일럿은 루스를 끝까지 도와 아이를 지킬 수 있게 한다. "그녀[파일럿]는 내 생명을 구했단다. 그리고 너의 것도, 메이컨. 그녀는 네[밀크맨]의 생명도 또한 구했단다"(126)라고 루스가 말한 그대로 파일럿은 밀크맨이라는 존재가 있게 한 또 한 사람의 어머니인 것이다. 다시 말해 파일럿은 루스를 도와서 '탄생'이라는 최초의 여정을 밀크맨이 시작할 수 있 게끔 도와준 안내자이다.

파일럿의 뛰어난 면모는 다른 인물들과의 대조를 통해서 더 크게 부각되는 편인데, 모리슨은 루스의 '왜소함'과 파일럿의 '거대함'을 의도적이라 여겨질 정도로 선명하게 대조시키고 있다. 게이 윌렌츠Gay Wilentz 같은 이는 밀크맨을 "그녀[파일럿]의 조카인 동시에 아들"(117)이라고 말하기까지 한다. 작품을 읽어가다 보면 실제로 밀크맨의 진짜 어머니가 루스가 아니라 파일럿이라고 여겨질 정도로 밀크맨에게 끼친 그녀의 영향력은 지대하다. 루스는 단지 밀크맨을 낳았고 그가 걸어 다닐 나이가 될 때까지 수유를 한 사람일 뿐, 밀크맨이 한 사람의 어른으로서, 그리고 변화된 인간으로서 성장할 수 있도록 안내한 사람은 파일럿이다. 그러나 모리슨이 이 두 어머니의 대조를 통해서 말하고자 한 것은 한 사람이 다른 한 사람보다 더 훌륭하다는 것을 말하려 함이 아니라, 두 여성이 지닌 역량의 차이에도 불구하고 그들이 똑같이 밀크맨을 사랑하는 어머니임을 말하려는 것이다. 따라서 두 어머니가 살아온 삶의 궤적을 대조적으로 보여주면서도 그들의 공통점을 강조하고 있는 다음의 대목은 중요하다.

> 그들은 너무 달랐다. 이 두 여성은. 한 사람의 피부는 검었고, 다른 한 사람의 피부는 레몬 빛이었다. 한 사람은 코르셋을 하고 있었지만, 다른 한 사람은 치마 아래가 완전 알몸뚱이였다. 한 사람은 책은 많이 읽었으되 여행은 적게 하였고, 다른 한 사람은 지리책만 읽었을 뿐이나, 나라의 한 쪽 끝에서 다른 쪽 끝까지 다 가 보았다. 한 사람은 전적으로 돈에 삶을 의지하였으나, 다른 한 사람은 돈에 무관심하였다. 그러나 이것들은 의미 없는 일들이었다. 그들의 공통점은 보다 깊은 것이었다.

그들은 둘 다 메이컨 데드의 아들에게 생생한 관심을 쏟고 있었다. 그리고 그들은 둘 다 죽은 아버지와 친밀하고도 힘이 되는 소통을 나누고 있었다. (139)

위의 글에서 알 수 있듯이 루스와 파일럿은 둘 다 밀크맨에게 생생한 관심, 즉 모성애를 지니고 있었다. 그러므로 그 둘은 똑같이 밀크맨의 어머니이다. 그렇다면 파일럿은 밀크맨에게 어떤 어머니였는가? 토니 모리슨이 스스로 넬리 맥케이Nellie McKay와의 인터뷰에서 말하고 있는 것처럼, "거대한 정신의"(144) 소유자인 그녀가 작품 안에서 보여주고 있는 '거대한 정신'은 무엇인가? 밀크맨이 아버지의 반대를 무릅쓰고 순전히 호기심과 기타의 충동질에 의해 파일럿의 집에 처음으로 찾아갔을 때, 파일럿은 집 앞 계단에 앉아서 오렌지를 까고 있던 중이었다. 아버지 메이컨과 파일럿이 밀주 제조업자라는 사실을 수치스럽게 여기고 자신의 여동생을 "뱀"(54)이라고 부르면서 메이컨은 밀크맨이 파일럿을 만나지 못하도록 금지한다. 그러나 밀크맨은 아버지의 모욕적인 표현과는 달리, 파일럿이 더럽지도 않으며 술에 취해 있지도 않다는 사실을 발견하게 된다. 그리고 곧이어 그녀가 일어섰을 때 그녀가 아버지만큼이나 키가 크고, 머리와 어깨는 밀크맨 자신보다 더 크다는 사실에 기겁을 한다. 파일럿의 이러한 큰 몸집은 그녀가 내부에 지니고 있는 거대한 생명력을 시각적으로 보여주는 비유적 장치이다. 그녀는 몸집만 클 뿐 아니라, 블랙베리 열매와 같은 그녀의 입술은 화장을 하지 않고서도 생기 넘치는 빛깔을 보여준다. 또한 그녀는 소나무 바늘잎 같은 것들을 씹으면서 끊임없이 입을 움직이는 습관을 가지고 있는데, 이 습관 역시 부단히 약동하고 있는 그녀 내면의 움직임을 보여주는 것이다. 그녀의 목소리를 들으며 밀크맨은 자갈을 연상한다. 작은 자갈들이 서로 부딪치면서 내는 소리도 '검붉은 입술'과 '부단히 움직이는 입 모양'과 마찬가지로 파일럿의 '살아 있음'을 보여주는 그녀의 특성 중 하나이다. 간단히 말해서, 데드 가족 중에서 정신적으로 죽어 있지 않고 건강하게 살아 있는 유일한 인물이 바로 파일럿이다.

파일럿이 살고 있는 집은 파일럿의 '살아 있는' 정신을 잘 보여주는 배경이자 밀크맨이 자아 성장을 시작하는 출발점이다. 파일럿은 북부의 큰 도시 안에서 살고 있음에도 불구하고 서구 자본주의가 정상적이라 여기는 현대 문명의 혜택을 거부한 채 가스도 수도도 전기도 들어오지 않는 집에서 살고 있다. 이것은 "궁궐이라기보다 감옥 같은"(10) 오빠 메이컨 데드의 집과 대조적인 장소로, 자연의 상태 그대로 살아가고자 하는 그녀의 자유로운 정신세계를 반영하는 것이다. 사무엘스와 윕즈가 아주 적절하게 표현하고 있는 것처럼, "파일럿의 흥미를 끄는 것은 생활의 경제 원리라기보다는 삶의 '섭리'이다"(62).

토니 모리슨은 루스와 파일럿을 대조시키면서 두 여성의 근본적인 공통점을 이끌어냈던 것과는 달리 파일럿과 오빠 메이컨 데드를 대조시키면서 말 그대로 그들의 차이점을 강조하고 있다. 특히 죽은 아버지를 중심으로 오누이가 결별하게 되는 '분리'에 초점을 맞춰서 두 삶의 차이점을 대비시키고 있다. 그 차이점이란 다름 아닌 소유욕에 사로잡힌 메이컨의 정신적 공황상태와, 인간과의 유대 관계를 중시하는 파일럿의 정신적 충만 상대와의 차이이다. 크리스찬은 파일럿과 메이컨의 대조를 이 소설의 두 축으로 간주하고 두 사람 사이에서 벌어지는 가치관의 갈등이 밀크맨이 해결해 나가야 할 과제라고 말하고 있다(55). 처음에 밀크맨은 '아버지의 왕국' 안에서 메이컨의 대권을 물려받을 후계자로 살아가지만, 파일럿을 만난 뒤 밀크맨은 물질 중심의 세계로부터 벗어 나와 정신을 중시하는 파일럿의 세계로 들어가게 된다. 즉, '금'으로 상징되는 아버지의 물질적 가치관을 쫓으려 했던 밀크맨은 여정의 도중에서 '금'대신 '한 자루의 뼈'를 발견하게 되는데, 그 '뼈'야말로 파일럿의 아버지이며 동시에 밀크맨의 할아버지가 되는, 조상의 '유산'인 것이다(Christian. 55).

메이컨은 파일럿의 가치관을 '다음 세상'에나 쓸모 있을 것이라고 업신여기면서 '이 세상'에 필요한 것은 자신이 갖고 있는 가치라고 옹호하며 다음과 같이 말하고 있다: "파일럿은 이 세상에서 네가 사용할만한 것은 하나도 가르쳐줄 수 없어. 아마도 다음 세상에선 그럴 수도 있겠지만, 이 세상에선 아니지"(55). 여기서 메이컨이 말하고 있는 '이 세상'의 가치란, 소유를 최고로 여기는 물질 중심의 가치이다. 그리고 그가 경시하고 있는 '다음 세상'의 가치란 파일럿이 살고 있는 정신적인 삶의 양식이다. 따라서 메이컨은 소유욕에 눈멀게 되면서부터 아버지와 단절된다. 즉 아버지의 유령은 파일럿에게는 나타나지만 메이컨에게는 나타나지는 않는다. 그 이유는 자명하다. 아버지의 유령이 대변하고 있는 '저 세상'의 가치야말로 메이컨이 외면하고 있는 '다음 세상'의 가치이기 때문이다. 파일럿이 죽은 아버지와 소통할 수 있는 것은 죽은 자들, 즉 조상들의 가르침을 소중히 받아들이는 그녀의 정신적인 삶의 태도 때문이라 할 수 있다. 그러므로 밀크맨은 파일럿의 집에 들어가는 순간, '이 세상'에서 '다음 세상'으로 발을 들여놓은 것이며 '아버지의 아들'에서 '파일럿의 아들'로 변화를 시작한 것이다(Christian 55).

이 파일럿의 아들 밀크맨에게 비친 파일럿의 모습은 "커다란 검은 나무"(39)와 같다. 문맹이었던 파일럿의 아버지는 그녀의 이름을 지을 때

성경에서 발견한 글자가 "작은 나무들 위에 왕자처럼 보호해주듯이 휘늘어져 있는 나무의 형상처럼 보인다"(18)는 사실 때문에 '파일럿'이라는 이름을 택한다. 파일럿을 나무 이미지와 연결하는 내용은 작품 안에서 여러 차례 반복되고 있는데, 일차적으로 나무는 자식을 보호하는 어머니의 모습을 비유하는 것이다. 그러므로 밀크맨이 물질주의를 대변하는 아버지의 세계를 벗어나와 파일럿의 집으로 들어간 뒤에 정신적인 안정감을 느끼게 되고 그 자연의 거대한 나무와도 같은 품안에서 행복을 느끼는 것은 당연한 일이다: "그것은 그의 생애에서 완전히 행복하다고 기억될 수 있을 최초의 순간이었다"(47). 또한 나무는 뿌리를 땅에 박고 서 있다는 사실에서 조상들이 남긴 유산과의 연속성, 즉 아프리카적 연속체를 암시하는 것이기도 하다. 따라서 밀크맨이 파일럿과의 만남을 계기로 해서 조상의 근원을 찾아 길을 떠나는 것 역시 예상할 수 있는 귀결이다.

밀크맨은 14살 때 자신의 왼쪽 다리가 조금 짧아서 똑바로 서 있을 수 없다는 사실을 발견하고는 신체적 결함을 숨기기 위해 자신만의 독특한 동작과 자세를 개발해낸다(62). 게리 브레너Gerry Brenner가 "절름거리는 영웅"(116)이라고 불렀던 그의 신체적 결함은, 오만과 이기심, 허영과 물질주의로 가득한 밀크맨의 정신적 결함을 상징하는 것이다. 샬리마르 마을에서 사냥에 참가하여 고향 사람들과 하나가 되고서야 밀크맨의 다리는 치유되어 "그는 절름거리지 않는다"(281). 그가 육체적인 치유를 겪은 뒤 샬리마르에서 아이들로부터 솔로몬의 노래 가사 전부를 듣게 된다는 사실은 이런 의미에서 의미심장한 것이다. 사실 파일럿이 불렀던 슈거맨의 노래는 솔로몬의 노래 중 일부에 불과했다. 따라서 솔로몬의 노래가 완전히 드러나는 순간 밀크맨 역시 육체적으로도 정신적으로도 완치되어서 '솔로몬의 노래'를 이해하게 되는 셈이다.

이와 같이 밀크맨의 대리모 파일럿은 밀크맨을 정신적 여정으로 안내했을 뿐만 아니라 서구 백인 이데올로기, 즉 물질 만능주의와 가부장제에 물든 밀크맨을 치유하여 새로운 인간으로 거듭나게 한다. 이것은 밀크맨의 친모 루스가 할 수 없었던 역할이다. 파일럿은 모리슨이 스스로 말하듯, "문화유산의 전달자"(McKay 140)이면서 아프리카의 구비 전통을 전수하는 자이지만 동시에 밀크맨의 정신적인 '재생'을 가능하게 한 자, 진정한 어머니인 것이다. 루스가 밀크맨에게 육체의 어머니라면, 파일럿은 정신의 어머니이다. 그러므로 두 번 태어난 밀크맨은 여정의 끝에 이르러 자신의 두 어머니를 생각하면서 전에는 무관심했던 어머니들의 삶에 대한 각성에 이르지 않을 수 없게 된다.

> 두 명의 예외를 제외하고, 그와 가까운 모든 사람이 그[밀크맨]가 이 세상으로부터 없어지기를 더 바라는 것 같았다. 그리고 그 두 명의 예외는 둘 다 여성이었으며, 둘 다 흑인이었으며, 둘 다 늙은이였다. 처음부터 그의 어머니와 파일럿은 그의 생명을 위해 싸웠다. 그런데 그는 두 사람에게 차 한 잔을 타드릴 정도의 일조차 한 적이 없었던 것이다. (331)

모성의 결실 – 밀크맨: 사랑과 해방의 노래

토니 모리슨은 자신의 세 번째 소설인 이 작품 『솔로몬의 노래』를 성경에 나오는 사랑과 해방의 시에서 따왔다. 토니 모리슨은 이 작품을 통해 사랑과 해방의 의미를 진정한 모성에서 찾고 있는 것이다. 실제로 작품 안에서 솔로몬의 노래를 부르는 사람은 아들 밀크맨의 거대한 정신적 뿌리 역할을 한 어머니, 파일럿이다. 『솔로몬의 노래』는 파일럿이 부르는 '슈거맨의 노래'에서 시작하여 밀크맨이 부르는 '슈거걸의 노래'로 끝나는데, 두 사람이 부르는 노래는 고향 아프리카로 돌아가기 위해 날아올랐던 비상의 선조 솔로몬을 기리는 기쁜 '해방의 노래'이며, 동시에 솔로몬이 남기고 떠난 아내와 자식들이 솔로몬을 그리며 부르는 슬픈 '사랑의 노래'이다. 그러나 '솔로몬의 노래'는 한 사람이 부르는 노래가 아니라 여러 사람이 목소리를 맞춰 부르는 '합창'이다. 밀크맨은 결국 비상의 선조 솔로몬의 뒤를 이어 아프리카로 떠나는 것이 아니라 그를 사랑하는 사람들 곁으로 돌아온다. 『솔로몬의 노래』에서 토니 모리슨이 보여주고 있는 주목할 만 한 점은 진정한 남녀의 화합이 어머니와 아들의 관계 회복을 통해, 즉 모성성을 통해 구현되고 있다는 점이다.

『솔로몬의 노래』는 이와 같이 사랑과 해방의 시를 작품 안에 담고 있는 흑인들의 블루스와 같은 작품이다. 토니 모리슨은 또한 미국 내 흑인공동체에서 살아가고 있는 흑인들이 이기주의와 물질 만능주의에 가득 찬 백인 이데올로기에 물들어가고 있는 현실을 꾸짖으면서, 동시에 불평등한 현실로부터의 도피 즉 비상이 궁극적 해결책이 될 수 없음을 이 작품을 통해 말하고 있다. 결국 토니 모리슨은 자아의 완성이 이기적인 자아 성취가 아니라 다른 이들에 대한 책임이라는 것을 진정한 모성애를 통해 거듭난 밀크맨의 정신적 성장을 통해 우리 모두에게 보여주고 있는 것이다. '솔로몬의 노래'는 어머니라는 무한하게 풍요롭고 거대한 뿌리를 통해 인간과 인간을 연결하고 그들의 화합을 꿈꾸는 현대적 시인 모리슨의 노래인 것이다.

4
재즈
Jazz

타인과의 관계성을 통한
모성성의 이데올로기 연구

흑인여성의 주체성과 모성성과의 유대관계

흑인여성의 주체성 추구의 문제, 모성성의 문제는 현대에 이르러 흑인여성 작가들의 작품 속에서 핵심적 이슈로 떠오르고 있다. 백인 페미니스트들은 백인 중산층 여성의 관점에서 여성의 주체성 문제, 성차별 문제에 접근함으로써, 인종과 성과 계급의 연관 관계 속에서 조명되어야 하는 흑인여성의 상황을 제대로 이해하고 분석하지 못했다. 결국 이러한 인종적, 성적, 계급적으로 하층에 위치한 흑인여성이 직면한 특유의 문제들을 작품 속에서 형상화시키고 또한 그것들을 표면화시킨 것은 다름 아닌 흑인여성 작가들이었다.

특히 흑인여성의 모성의 문제는 흑인여성 정체성 추구에 있어 중요한 요소라 할 수 있는데, 백인들은 흑인여성을 모성이 없는 존재, 자제할 수 없는 성욕을 가진 매춘부 등 서로 상반되고 모순되는 여러 가지 스테레오타입을 만들어내었다. 끊임없이 인내하고 복종하는 충직한 유모 이미지도 그 중 하나이다. 백인이 만들어낸 흑인 유모 스테레오타입에 의하면 흑인여성은 자신의 자녀가 아닌 백인 주인의 자녀에게 사랑과 젖을 바치고 백인 가정을 돌보는 일에 헌신했다. 또한 흑인 유모는 노예로서의 자신의 위치를 결코 망각하지 않으며 자신의 종속상태에 불만을 품지 않는 존재로 규정되었다. 백인은 이밖에도 흑인여성이 왕성한 번식력을 갖고 있으며 동물처럼 쉽게 출산할 수 있다는 허위 사실을 유포하였다. 백인에 의해 조작된 이러한 스테레오타입은 성적 존재로서의 흑인여성을 인정하지 않는다. 흑인 페미니스트 비평가 페트리샤 힐 콜린스는 "인종, 계급 및 성적 억압은 이데올로기에 의해 정당화되었기 때문에 지속될 수 있었다"(Collins 69)라고 지적한다. 콜린스의 지적대로 이데올로기에 의한 흑인여성에 대한 억압은 경제적 정치적 억압보다 더 강력하게 작용해왔다고 볼 수 있다.

따라서 흑인여성 작가들은 글쓰기를 통해 이러한 허구적이며 왜곡된 흑인여성의 이미지를 해체하고 보다 새로운 긍정적 주체성과 모성성을 지닌 그러한 여성상을 확립시키고자 노력해 왔다. 그러한 흑인여성작가 반열의 중심에 서 있는 사람이 바로 토니 모리슨이다. 모리슨은 한 인터뷰에서 "나는 사랑, 항상 그것에 대해 쓴다. 나는 사랑과 사랑의 부재에 관해 쓴다. 그렇게 시작하지 않더라도 . . . 나는 내가 언제나 똑같은 문제, 즉 사람들이 어떻게 연관을 맺고 있고 서로를 상실하거나 매달리는지 . . . 사랑에 집착하는지에 대해 쓴다고 생각한다"라고 밝혔듯이 모리슨은 모든 작품에서 연인과의 사랑, 부모와 자식 간의 사랑과 사랑의 상실이라는 문제를 다루고 있는데, 그 중에서도 『새파란 눈』, 『빌러브드』, 『재즈』는 이러한 주제를 가장 잘 형상화하고 있다고 할 수 있다 (Bakerman 60).

　　1993년 노벨문학상을 수상한 토니 모리슨의 1992년 소설인 『재즈』 Jazz는 1920년대 뉴욕의 할렘가를 배경으로 노예제도의 영향, 모성의 상실의 상처를 안고 있는 그래서 타인을 사랑할 수 없게 된 흑인들이 다름 아닌 사랑을 통해, 모성상실의 회복을 통해 상처를 치유해 가는 과정을 보여주고 있다. 『재즈』는 이렇듯 흑인들의 왜곡된 사랑과 비극적 결과를 다루고 있는 점에서 모녀간의 왜곡된 사랑을 그린 모리슨의 첫 작품 『새 파란 눈』The Bluest Eye, 그리고 딸을 노예로 살게 할 수 없어 살해하는 어머니의 비극적 이야기를 다룬 『빌러브드』와 주제 면에서 매우 흡사하다(Kubitschek 742). 이 장은 『재즈』의 조Joe, 바이올렛Violet, 도카스Dorcas, 펠리스Felice라는 중심인물들을 통해 모성상실과 결핍이 그들의 정체성에, 특히 흑인여성의 정체성에 얼마나 부정적 영향을 미치며, 그러한 상실의 치유와 회복이 긍정적 자아상 확립에 얼마나 중대한 영향력을 행사하고 있는 가를 밝히는 의미 있는 작업이 될 것이다.

모성성의 결핍으로 드러나는 부정적 정체성: 조, 바이올렛 그리고 도카스

『재즈』의 주요 인물인 조 트레이스, 바이올렛, 도카스는 모두 노예제도와 인종차별로 인해 어머니를 상실하고 가슴 속에 큰 상처를 안고 살아가는 인물들이다. 이들이 받은 내면의 상처는 파행적 행위로 나타난다. 50대의 조는 18살짜리 소녀 도카스와의 불륜 끝에 그녀를 살해하고, 분노에 찬 그의 아내 바이올렛은 도카스의 장례식에 가서 죽어 누워 있는 도카스의 얼굴에 칼자국을 낸다. 작품의 중심을 이루는 이들의 극단적 행위는 마치 잡지의 몇 줄짜리 가십기사처럼 작품의 첫 페이지에 짧게 요약되어 독자에게 전달된다. 그러나 작품이 진행되면서 이들 행위의 이면에 숨은 동인이 몽타주처럼 차츰 드러난다.

 1865년 남북전쟁의 종식과 더불어 노예제도가 폐지되었으나 미국 남부에서 주로 소작농이나 하인으로 일했던 흑인의 위치는 노예제도 하에 있을 때와 경제적, 사회적으로 크게 변화되지 않았다. 노예해방을 통해 인간다운 삶을 영위할 수 있으리라는 흑인들의 기대가 처참히 무너졌을 뿐만 아니라 흑인들은 부당하게 땅을 빼앗기고 집에서 쫓겨나거나 KKK단과 같은 백인 인종 우월주의 집단에 의해 억울하게 구타와 살인을 당하기도 하고 마을 전체가 불태워지기도 했다. 『재즈』는 4대의 역사를 다루고 있지만 중심 플롯은 1870년대에 태어난 조와 바이올렛을 축으로 전개된다. 이 시기는 계속되는 궁핍과 백인들의 폭력에 못이긴 흑인들이 남부의 농촌에서 북부 산업도시로 대거 이동하던 시기였고 조와 바이올렛 역시 흑인들의 이주가 절정을 지난 1906년에 북부로 이주한다.

 도시는 남부를 떠나는 흑인들에게 노예제도의 종식도 가져다주지 못했던 새로운 삶을 가능하게 해줄 기회의 땅으로 여겨진다. 작품 속에서 도시는 흑인 인권 운동가인 워싱턴Booker T. Washington이 백악관에서 대통령과 함께 샌드위치를 먹는 꿈과 같은 것이 현실화되는 곳이자 그들의 꿈도 실현시켜 줄 수 있는 곳으로 묘사된다. 모리슨은 기대와 흥분을 안고 1906년 도시로 전입하는 조와 바이올렛을 통해 과거의 상처를 뒤로 하고 새로운 인생을 꿈꾸는 수백만의 흑인 이주민들의 모습을 보여준다.

아직 도착도 하지 않았는데 도시가 말을 건다. 그들도 춤추고 있었다. 그리고 수백만의 사람들처럼 벅찬 가슴을 안고, 덜컹거리는 철길에 발을 딛고, 처음 모습을 드러내는 도시를 뚫어지게 응시했다. 도시는 벌써부터 그들을 너무나 사랑한다는 걸 입증해보이듯 그들과 함께 춤추고 있었다. 수백만의 사람들이 그러했듯 그들도 한시라도 빨리 도시에 닿아 사랑에 보답하고 싶어 미칠 지경이었다. (32)

도시로 이주해 온 흑인들은 즉시 "도시와 사랑"(33)에 빠진다. 그러나 그들은 몰려오는 흑인들을 환영하지 않는 북부 도시에 정착하는 것이 결코 쉬운 일이 아님을 이내 깨닫게 된다. 1917년 발생한 이스트 세인트 루이스 폭동the East St. Louis riot과 같은 인종폭동이 보여주듯이 흑인들의 이상향이었던 도시에도 백인들의 억압과 폭력이 난무하다. 따라서 흑인들의 삶은 표면적으로는 향상된 것처럼 보이지만 도시는 그들에게 인간적인 삶을 누릴만한 여건을 제공해 주지 못한다. 물질적 궁핍뿐만 아니라 남부의 농촌을 떠나 자연과 격리된 도시 속에서 생활하게 된 흑인들의 정신세계 또한 점점 황폐해져 갔던 것이다.

이처럼 소설 속의 도시는 흑인들의 기대와 바람을 충족시켜주지 못할 뿐만 아니라 오히려 서로를 소외시키고 공격적으로 만드는 곳이다. 도시 정착과정에서 흑인들이 부정적으로 변화되어가는 모습은 흑인들이 "자아를 너무 사랑하게 된 나머지 타인을 사랑하는 법을 망각했다"(33)라는 표현 속에 잘 드러난다. 조와 바이올렛 부부는 처음 도시로 오던 열차 속에서 같이 웃고 춤추며 교감하던 사이였지만, 도시로 이주해 온 20년이 지나자 서로 말도 몇 마디 건네지 않는 사이가 된다. "난 내 인생을 엉망진창으로 망쳐버렸어. 북부로 오기 전에는 나도 멀쩡했고, 세상도 그랬지. 우리는 아무것도 가진 게 없었지만, 없어도 아쉽지 않았어"(207) 라는 바이올렛의 말은 20년간의 도시의 삶의 부정적 결과를 뚜렷이 보여준다. 엘리스Alice도 조카 도카스를 도시와 재즈의 영향에서 보호하려고 안간힘을 쓰지만 "이리와. 이리 와서 나쁜 짓을 해봐"(67)라며 유혹하는 도시의 적수가 되지 못한다. 엘리스가 증오하는 재즈 음악처럼 사람들을 유혹해서 죄악을 저지르도록 부추기는 것으로 묘사되는 도시는 조, 바이올렛, 도카스의 비극적 삼각관계의 한 원인으로 작용한다. 모리슨은 이러한 설정을 통해 인간이 자신도 모르는 사이에 도시에 의해 조정되고 통제되고 있음을 지적하고 도시의 부정적 위력을 경고한다.

> 내가 장담하건데, 그는 (조는) 틀에 박힌 궤도에 꽉 묶여 있다. 궤도는 블루버드 레고드의 신나는 리듬을 타는 레코드 바늘처럼 그를 잡아당긴다. 도시를 빙글빙글 돌게 한다. 도시는 그런 식으로 사람을 돌린다. 도시가 원하는 일을 하게 만들고, 사방으로 뻗어나간 길이 가리키는 대로 가게 만든다. 그러면서도 줄곧 자기가 자유롭다고 착각하게 만든다. . . . 도시가 놓아준 궤도에서 벗어날 수 없다. (120)

도시가 이들의 파행을 조장하고 방임하는 간접적인 역할을 했다면 조와 도카스의 불륜, 조의 도카스 살해, 바이올렛의 도카스 장례식 난동, 조와 바이올렛 부부의 파경의 보다 근본적인 원인은 이들이 공통적으로 지니고 있는 모성상실에서 찾을 수 있다. 이름에서 상실을 암시하고 있듯이 조 트레이스는 태어나자마자 어머니에게 버림받고 자신의 이름을 '흔적'이라 이름 짓는다. 조는 헌터스 헌터Hunters Hunter에게서 마을과 숲에 출몰하는 여자 와일드Wild가 자신의 생모라는 암시를 받고 강한 거부감과 수치심을 느끼지만 세 차례에 걸쳐 와일드의 행방을 쫓는다.

두 번째로 와일드를 추적할 때, 가까이에 와일드가 있음을 감지한 조는 그녀에게 손을 내밀어 어머니임을 확인해 달라고 간절히 애원한다.

> 그 근처에서 누군가 숨을 쉬고 있었다. . . . 움직임 하나하나가, 잎새들의 변화가 그 여자 같았다. "그럼 나한테 표시를 해 줘요. 아무 말 안 해도 돼요. 손을 보여줘요. 어디라도 내밀어 보이기만 하면 갈께요. 약속해요. 증표를 보여줘요." 그는 빛이 더 희미해질 때까지 손을 보여 달라고 애원하고 호소하고 빌었다. "당신이 내 어머니인가요?" 예스. 노. 둘 다이든, 둘 중 어느 것이든 괜찮아. 하지만 이렇게 아무것도 아닌 상태는 싫어. (178)

조는 자신이 미친 여자 와일드의 아들이라는 것이 눈물이 날만큼 괴롭고 수치스럽지만 그녀와 한번만이라도 손을 잡는 것이 그를 버지니아에서 가장 행복한 소년으로 만들 수 있었다고 고백한다. 와일드에게 외면당한 기억은 평생 조를 따라다니며 채울 수 없는 상실감으로 자리 잡는다. 조는 미친 여자가 아니라면 창녀나 술주정뱅이, 심지어 자식을 푼돈에 팔아넘기는 어머니가 자신의 어머니가 되어도 좋다고 생각한다. 그럼에도 불구하고 조가 미친 여자 와일드에게 집착하는 것은 어머니의 존재만이 그의 존재를 증명해 줄 수 있기 때문이다. 모성의 부재는 한 인간에게 뿌리가 없음을 의미하므로 어머니를 상실한 조나 바이올렛, 도카스는 삶에 뿌리내리지 못하고 부유한다. 조가 강렬한 사랑을 느끼는 도카스도 와일드의 존재를 상기시키는 존재라는 점에서 조는 평생 어머니의 존재를 쫓고 있으며 동시에 일생동안 그 상실감에서 벗어나지 못한다고 할 수 있다. 비평가 필립 페이지Philip Page도 "도카스는 . . . 조의 어머니 와일드의 분신이고, 조가 도카스와 와일드를 동일인물로 생각하는 것은 그가 와일드를 추적하는 과정에서 드러난다"(57)라고 주장한다.

조에게 평생 동안 어머니 상실의 굴레를 씌운 와일드는 "연명하기 위해 구걸조차 할 수 없을 만큼 어리석은 백치 여인, 비천한 암퇘지조차 할 수 있는 일을 못하고 도망갈 정도로 뇌가 엉망진창이 되어버린 여자. 제 새끼에게 젖을 물리는 일조차 못하는 여자"(179)로 묘사된다. 와이드는 작품 속에서 충분히 설명되지 않으며 잠시 등장했다가 조를 출산하고 사라짐으로써 독자의 상상력을 자극하는 인물이다.

쿠비첵은 『빌러브드』에서 산달이 가까워진 몸으로 벌거벗은 채 사라진 빌러브드가 『재즈』에서 "헨리 레스토리가 와일드라고 부르는 소녀로 재등장"(159)했다고 주장하면서 배경, 등장인물, 이미지에 있어 『재즈』와 『빌러브드』의 연관성을 강조한다. 비평가 엔젤스 카라비Angels Carabi역시 "『빌러브드』의 마지막 장면에 벌거벗은 임신한 흑인여성이 나왔던 것처럼 『재즈』에는 골든 그레이Golden Gray에 관한 이야기가 있고 숲의 미친 여자가 등장한다. 그렇다면 와일드는 세스Sess의 딸 빌러브드라는 해석이 가능하다"(43)라고 주장하며 그들이 동일 인물임을 지적한다.

와일드와 빌러브드가 동일 인물이 아니라 해도 와일드가 조를 출생한 1873년은 노예제도가 종식되었으나 실질적으로 흑인들이 노예제도 하에서와 다름없이 난무하는 폭력에 대해 스스로를 방어하지 못하던 시기였다. 더구나 와일드가 어린 나이인 흑인여성이었다는 것을 고려해보면 그녀가 폭력과 성적 유린의 결과 임신했고 이로 인한 충격으로 정신 이상이 되었을 것이라는 점을 짐작할 수 있다. 바이올렛과 같은 연배인 엘리스의 회상 속에서 흑인여성들이 "접은 칼날이나 양잿물주머니, 유리 조각"(78)같은 것으로 무장하지 않을 수 없었던 것도 같은 맥락에서 해석 될 수 있다. 작품 속에서 약자일 수밖에 없는 조의 어머니 와일드, 바이올렛의 어머니 로즈디어Rose Dear, 그리고 도카스의 어머니는 미치거나 자살하거나 살해되는데, 이는 "비무장한 흑인 여자들은 말이 없거나 미쳤거나 죽은 여자였다"(78)라는 엘리스의 말이 사실임을 입증해 준다.

노예제도 하에서 그리고 그 이후에도 흑인여성은 백인 남성에 의해 쉽사리 성적으로 유린 될 수 있었기 때문에 엘리스의 부모님은 성문제에 있어 그녀를 엄격하게 통제한다. 과도한 규제 하에서 성장한 결과 엘리스는 50세가 넘은 나이에도 철저히 자신의 욕망을 억누르고 경직된 삶 속에 자신을 가둔다. 엘리스가 재즈 음악을 증오하고 멀리하는 이유 역시 재즈가 억눌린 욕망을 분출하도록 만들기 때문이다. 엘리스는 절대로 부모님이 했던 대로 자식을 감시하고 통제하지 않겠다고 맹세하지만, 세상은 여전히 그녀가 성장하던 그 시절만큼이나 위험하기 때문에 도카스에게도 부모님의 억압적 교육을 그대로 대물림할 수밖에 없다. 엘리스는 "열한 살이 넘은 백인 남자에게서 몸을 피하기 위해서라면 무슨 짓이든 닥치는 대로 하고 무조건 어디로든 도망치라는"(55) 등의 지시와 금기사항을 도카스에게 끊임없이 주입시킨다. 그러나 도카스는 이러한 이모의 통제를 참지 못하고 오히려 반항적이 되어 36살 연상인 조와 불륜관계를 맺다가 결국 조의 총에 맞고 죽음을 맞는다.

도카스가 죽은 장면에서 도카스의 친구 펠리스는 아무도 부르지 말라는 도카스의 말을 듣지 않고 앰뷸런스를 부르지만 앰뷸런스는 세 차례의 연락 끝에 도카스가 피를 너무 많이 흘려 이미 죽어버린 아침이 되어서야 도착한다. 앰뷸런스가 늦게 온 것은 빙판길이었기 때문이 아니라 흑인이 불렀기 때문이라는 펠리스의 생각처럼 도카스는 여러 면에서 인종차별의 희생자라고 볼 수 있다. 도카스에게 가장 큰 비극은 무엇보다도 미국 역사에서 최악의 인종폭동으로 기록되어 있는 세인트루이스 폭동에서 부모를 한꺼번에 잃은 사건이다. 폭동과 무관한 도카스의 아버지는 타고 있던 전차에서 끌려나와 무자비하게 구둣발에 밟혀 죽고, 도카스의 엄마는 살해당한 남편의 소식을 듣고 집에 돌아와 악몽을 잊으려 애쓰다가 누군가의 집에 불을 지르는 바람에 불길에 타죽는다. 도카스는 닷새 동안 두 번의 장례식에 참석하고도 이 사건에 대해 단 한마디도 입 밖에 내지 않지만, 처참한 부모 상실의 기억은 그녀의 삶을 짓누르는 지울 수 없는 상처로 남는다. 이러한 도카스의 내면의 상처와 분노는 이모의 억압적 교육에 대한 반발, 도시의 유혹, 그리고 도발적이고 음탕한 재즈음악의 영향으로 인해 극단적인 행동으로 이어지게 된다.

> 도카스는 대담했다. 아홉 살짜리 초등학생이었지만 대담했다. 아무리 머리카락을 단단하게 땋아 묶어도, 다른 애들은 깊게 파인 옥스퍼드화를 신고 다 드러내놓은 발목을 투박한 앵클부츠로 가리고 있어도, 아무리 까맣고 두꺼운 타이츠를 신어도 그 애의 철옹성 같은 치맛자락 아래 제멋대로 흔들리는 당돌함을 감출 수는 없었다. 그 당돌함은 안경으로도 흐리게 할 수 없었고, 딱딱한 갈색 비누와 편식 때문에 생긴 주근깨로도 전혀 감춰지지 않았다. (61)

도카스의 가장 친한 친구이면서도 도카스의 상처를 이해하지 못하는 펠리스는 도카스를 냉담한 소녀로 기억하며 "그녀는 차가웠어요. 마지막 순간까지 내내 눈물 한 방울 흘리지 않았지요. 그 애가 무슨 일로 우는 걸 한 번도 못 봤어요"(212)라고 회고한다. 반면에 도카스와 같은 상처를 지닌 조는 이러한 도카스의 냉정하고 딱딱한 부분만을 보는 것이 아니라 그것이 뼈아픈 상실에서 오는 내면의 공허 때문이라는 것을 이해한다. 조가 펠리스에게 "내 평생 그렇게 도움이 필요한 사람은 본 적이 없다"(212)고 말하는 것에서 잘 드러나듯이 도카스에 대한 연민이 그녀에 대한 조의 사랑을 더욱 깊게 한다.

도카스가 부모의 억울하고 급작스런 죽음으로 지울 수 없는 상처를 받은 반면 바이올렛은 어머니의 자살이라는 더욱 치명적인 아픔을 겪는다. 항상 흔들의자에 앉은 채 꼼작하지 않던 바이올렛의 어머니 로즈 디어는 빚을 받으러 온 백인 남자들이 횡포를 부리고 간 뒤 우물에 빠져 자살한다. 자신의 삶은 물론이고 자식마저 포기한 어머니의 죽음을 바이올렛은 더더욱 받아들일 수 없다. 한때는 활기차고 의지 굳은 여성이었던 바이올렛에게 서서히 "균열"(22)이 나타나는 것도 바로 처참한 어머니 상실의 경험에서 비롯된다. 바이올렛에게 모성의 결핍은 이유도 없이 길거리에 주저 앉거나, 어떤 소녀가 잠시 맡겨 놓은 아기를 자기도 모르게 훔치려고는 자신이 훔치려 했던 것을 전혀 기억하지 못하는가하면, 의지와는 상관없는 말을 하는 등의 자아분열 증세로 나타난다.

> 사실 빛이 닿지 않는 그곳에는 단단한 바닥은커녕 비좁은 골목길과 한 걸음 너비의 갈라진 틈새가 늘 자리하고 있다. 빛을 비춰주는 둥근 조명 역시 완전하진 못했다. 가까이서 잘 살펴보면 이음새도 있고 어설프게 땜질한 갈라진 틈과 엉성한 부분들이 보였다. 뭐가 되든 상관없다. 바이올렛은 가끔씩 넋을 놓고 있다가 그런 틈들에 발이 푹푹 빠지곤 했다. 왼발 뒤꿈치를 앞으로 내딛는 대신 뒤로 물러서서 거리에 철퍼덕 양반다리를 하고 주저앉던 그때처럼. (22-23)

자신의 의지와는 상관없는 말을 내뱉는 바이올렛은 조와 대화하다가 엉뚱하게 "당신 옆에 서 있는 저 예쁜 여자애는 누구죠?"(24)라고 말을 섞기도 하고, 몇 시쯤 머리를 해줄 수 있느냐는 손님의 질문에 "장의차가 길을 막지 않으면 두 시에 해드리지요"(24)라고 대답하는 등 언어장애를 보인다. 바이올렛이 말수가 자꾸만 줄어들다 마침내 입을 다물자 조는 아내의 침묵에 당혹스러워 하다가 마침내 우울해진다. 조가 바이올렛과 결혼한 것은 바이올렛이 그를 어머니 와일드를 상징하는 "시골의 개똥지바퀴떼와 농익은 정적으로부터 탈출할 수 있도록"(30) 해주었기 때문이다. 어머니 와일드로부터 거절당한 고통에서 조를 벗어나도록 도와준 바이올렛이 이제는 스스로의 침묵에 빠져 와일드가 그랬던 것처럼 조를 고통스럽게 만든다.

작품의 전체 구성에서 볼 때, 조, 도카스, 그리고 작품의 후반부에 잠시 등장하는 펠리스도 각자 자신을 설명하는 부분이 있는데 반해 바이올렛의 독백이 빠져 있다는 것은 주목할 점이다. 모리슨이 바이올렛에게 목소리를 부여하지 않은 것은 그녀가 자신을 설명할 수 없을 정도로 자아분열 상태에 빠져있음을 보여주는 장치라고 할 수 있다. 바이올렛의 자아분열 증세는 자신을 현재의 자신과 "자신의 피부를 쓰고 도시를 누비며 자신의 눈으로 세상을 보면서 전혀 다른 세상"(89)을 보는 "그 바이올렛"that Violet(90)으로 분리해서 생각하는 부분에서 극에 달한다. 비평가 유세비오 로드리게스Eusebio L. Rodrigues가 지적한 것처럼, "그 바이올렛"은 "도시의 강력한 영향으로 변화된"(738) 또 다른 자아, 즉 사람들에게 "바이올런트"(79)라고 불리게 된 과격하고 통제할 수 없는 자아이다.

어머니의 자살로 지울 수 없는 상처를 받은 바이올렛은 아이를 낳아 어머니의 운명을 되풀이하지도, 아이에게 자신이 겪은 아픔을 대물림하지도 않으리라 결심하고 세 명의 아이들을 유산시킨다. 유산을 귀찮은 일쯤으로 여기던 바이올렛이 임신할 수 없는 몸이 되면서 느끼게 된 출산에 대한 강렬한 욕구는 자식이 그녀의 상실감을 채워줄 수 있는 존재가 될 수 있었음을 강하게 암시한다. 어긋나기 시작한 삶의 출구가 될 수도 있었던 출산이 불가능해지자 바이올렛은 더 큰 혼란과 동요 속에 빠져든다.

　이러한 바이올렛의 모성상실의 가장 치명적인 부분은 바이올렛이 누구도 정상적으로 사랑할 수 없게 되었다는 사실이다. 바이올렛의 소유적 사랑은 앵무새와의 관계에서 잘 나타난다. 바이올렛은 앵무새를 "내 앵무새야"라고 부르면 "당신을 사랑해요"(93)라고 대답하도록 훈련시키고는 자신은 앵무새에게 사랑한다는 말을 한 번도 하지 않을 뿐더러 심지어 이름조차 지어주지 않는데, 이는 바이올렛의 상호적 사랑이 불가능한 상태를 뚜렷이 보여준다. 시체가 되어있는 도카스의 얼굴에 칼로 상처를 내고 돌아온 바이올렛이 추운 겨울에 날지도 못하는 새들을 내보내는 것은 사랑의 대가로 돌아온 배신에 대한 허망함과 분노의 표시이고 다시는 아무도 사랑하지 않겠다는 의지의 표현이다. 그러나 바이올렛은 치유되지 않은 채 방치되어 왔던 과거의 상처로 말미암아 자신이 조는 물론이고 심지어 앵무새마저 진정으로 사랑하지 못했음을 인식하지 못한다. 바이올렛의 사랑 불능과 왜곡은 그녀가 조를 한 인간이라기보다 "내 것", "내가 선택한 것"(95)으로 여기며 강한 소유욕을 드러내는 부분에서 극명하게 나타난다. 모성상실과 더불어 바이올렛이 정상적으로 사랑을 할 수 없도록 만드는데 중요한 역할을 한 골든 그레이가 바이올렛의 마음속에 자리 잡게 된 것은 어머니를 상실한 그녀에게 사랑할 대상이 필요했기 때문이다. 할머니의 이야기 속에서만 등장하기 때문에 어머니처럼 사라질 염려가 없는 그레이는 공상 속에서나마 바이올렛을 사랑해 주고 그녀가 사랑할 수 있는 대상으로 어머니를 대신하는 존재이다. 그러므로 바이올렛의 마음속에 항상 자리 잡고 있고 조를 통해 대신하고자 한 골든 그레이에 대한 욕망은 모성에 대한 욕망의 다른 형태라고 할 수 있는 것이다.

모성성의 회복을 통해 변화를 보이는 긍정적 정체성: 바이올렛, 조 그리고 엘리스

바이올렛과 비슷한 상실의 경험을 안고 있는 조가 도카스를 사랑한 것은 50세가 넘은 중년남자의 갑작스런 열정이라기보다는 도카스에게서 어머니 와일드의 흔적을 보았기 때문이다. 도카스는 조가 세 차례에 걸쳐 찾아 나섰으나 만나지 못한 어머니이다. 『재즈』는 열 개의 장으로 이루어져 있는데 이 중에서 여섯 번째 장은 1906년 비엔나에서 마지막으로 어머니를 추적하다가 와일드와 골든 그레이가 있었다는 흔적만이 남아있는 은신처를 발견한 조가 "그녀는 어디에 있단 말인가?"라고 묻는 장면으로 끝난다. 이어지는 일곱 번째 장은 "저기 그녀가 있다"(187)라는 문장으로 시작된다. 그런데 여기서의 그녀는 와일드가 아니라 1926년 재즈시대를 살고 있는 18살의 도시 소녀 도카스이다. 조가 와일드의 은신처를 찾아갈 때 반복적으로 사용되었던 "강물", "무성한 히비스커스 덤불", "혀끝에 느껴지는 설탕 밴 공기"(177)와 같은 어휘는 도카스와 연관된 묘사에서 "푸른 물결, 하얀 꽃, 공기에 묻어 있는 설탕 맛"(122)으로 변형되어 나온다. 무엇보다 조에게 도카스의 뺨에 있는 말굽무늬는 어머니를 상기시키는 명백한 흔적이다.

모리슨은 조가 도카스를 쫓는 장면을 숲에서 와일드를 추적하는 장면과 교차적으로 서술함으로써 조에게 도카스가 상실한 어머니임을 분명히 보여주는 한편, 50세가 넘어도 극복하지 못한 어머니를 상실한 자의 고통과 비극을 효과적으로 전달한다. 일곱 번째 장에서는 조가 도카스의 행방을 쫓는 현재의 장면이 묘사된 후 한 줄의 간격을 두고 그가 와일드를 쫓던 과거 장면이 병치되어 있다. 다시 한 줄 띄고 도카스 추적이 나오고 다시 한줄 띄고 와일드를 추적하는 장면이 연결되어, 조가 도카스와 와일드를 동일시하고 있음이 뚜렷이 드러난다. 그렇기 때문에 조는 도카스에게 아무에게도 해주지 않았던 자신의 이야기를 하는 것이고 "그 애하고 있으면 나 자신이 신선했고 거듭난 것"(123) 같다고 느끼는 것이다. 비평가 데보라 반즈Deborah Barnes 역시 조에게 도카스는 "그가 이제까지 가져보지 못한 어머니이자 누이이자 딸"(291)이라고 주장한다.

조가 와일드를 찾아갔다가 외면당한 "바로 그곳에"(122) 있는 도카스, 조가 쏜 총에 맞아 쓰러져 있을 때 누가 한 짓이냐고 사람들이 묻자 "이름을 알지만, 엄마는 말하지 않을 거야"(193)라고 말하는 도카스는 단순히 조의 욕정을 채워주는 어린 애인이 아니라 조가 상실한 어머니인 것이다. 펠리스는 도카스가 충분히 살 수 있었는데도 불구하고 "앰뷸런스도, 경찰도, 아무도 부르지 말라"(209)고 함으로써 스스로 죽음을 선택한 것을 이해하지 못하고 괴로워한다. 도카스가 죽는 장면은 도카스 본인의 목소리를 통해 서술되는데도 불구하고 그녀는 자신이 왜 죽음을 감수하면서까지 조의 이름을 밝히지 않는 가에 대해 설명하지 않는다. 비평가 피치는 이것을 도카스가 "아들의 이름을 누설하지 않으려는 와일드가 된 것"(Peach 136)이라고 해석한다. 피치의 주장대로 『빌러브드』에서 세스가 노예의 삶을 대물림할 수 없어 살해한 빌러브드의 유령이 육체를 지닌 인간으로 재등장하는 것처럼, 『재즈』에서 불가해한 모성의 힘을 발휘하듯 조를 위해 대신 죽는 도카스는 희생을 통해 어머니의 사랑을 구현하는 와일드의 분신으로 볼 수 있다.

조는 도카스를 총으로 쏘아 죽이지만, 조와 바이올렛이 오랫동안 지녀왔던 상실의 아픔을 딛고 새로운 삶을 출발하는 것은 도카스를 통해서이다. 조가 도카스를 잃은 슬픔에 빠져 폐인이 되어 밤낮으로 울고만 있다는 이야기를 들은 펠리스는 조를 찾아가 도카스는 결국 조를 사랑한 것이며 그를 위해서 죽었다고 말한다. 와일드는 숲에서 손을 내밀어 어머니임을 확인해달라는 조의 간청을 거부했지만, 조에게 와일드와 동일시되는 도카스는 죽는 순간 조에게 자신을 희생한 사랑을 줌으로써 조의 마음을 받아주고 어머니로부터 받은 오랜 상처를 치유해 준 것이다. 바이올렛 역시 도카스를 통해서 죽음과 같은 침묵의 세계를 뚫고 나와 자신의 삶과 조와의 관계, 자신의 정체성에 대해 생각하게 된다. 처음에 도카스를 증오하여 죽은 시체에 칼을 대기까지 한 바이올렛은 차츰 도카스에게 관심을 갖고 도카스를 자신이 유산한 딸과 동일시하다가 마침내 그녀에게 이해와 사랑을 느끼면서 변화한다.

> 관 속에 잠들어 있던 건 누구였을까? 사진 속에서 깨어 있는 채로 포즈를 취한 건 누구였을까? 바이올렛의 감정 따위는 손톱만큼도 생각지 않고, 별안간 세상에 태어나 원하는 걸 다 갖고 결과 따위는 될 대로 되라고 해버렸던 음흉한 암캐인가? 아니면 엄마가 사랑하는 토실토실한 소녀였을까? 그 애는 남편을 빼앗은 계집이었던가, 아니면 그녀의 자궁에서 도망쳐버린 딸이었던가? . . . "달리 만났더라면." 그녀는 엘리스 맨프레드에게 말했다. "달리 만났더라면 저도 그 애를 사랑했을 거예요.

당신이 그랬던 것처럼요. 조처럼 말이지요." (109)

『재즈』는 불행한 역사로 인해 부모를 상실하고, 모성상실의 상처를 안고 살아야 했던 아픔에 관한 이야기이다. 이들의 상실감은 조의 경우처럼 결국 타인과의 관계, 어머니의 역할을 대신 해주는 그러한 사람과의 관계 속에서 치유된다. 도카스가 바이올렛의 정체된 일상을 뒤흔든 존재였다면, 도카스의 이모 엘리스는 마치 어머니처럼 바이올렛의 정신적 안식처가 되어주고 상실된 자아를 찾는데 도움을 준다. 엘리스는 바이올렛이 찾아오자 처음에는 분노하지만 점점 바이올렛의 방문을 기다리게 된다. 바이올렛의 헤어진 소매와 코트 안감을 참지 못하고 기워주는 엘리스는 바이올렛의 고통과 상처 역시 외면하지 못한다. "바이올렛이 찾아올 때면 뭔가가 활짝 열리는 느낌이 들었다"(83)라는 데서 드러나듯이 이 두 사람 사이에는 피상적이고 허식적인 관계를 넘는 우정과 사랑이 싹튼다. 엘리스는 바이올렛에게 "삶이 얼마나 작고 빠른지"(113)를 환기시키고 "사랑할게 남아있으면 뭐든지 상관 말고 사랑하라"(112)고 충고한다. 바이올렛은 엘리스와의 대화를 통해 자신의 지나온 인생을 뒤돌아보고 남은 인생을 어떻게 살아갈 것인지 생각하게 된다.

상실된 자아를 회복하도록 도와주는 쪽은 엘리스만이 아니다. 그동안 자신의 욕망을 억누른 채 폐쇄적으로 살아온 엘리스 역시 바이올렛을 통해 외면해 왔던 자신의 과거와 대면하게 되고 정체성을 찾아간다. 엘리스가 바이올렛에게 하는 충고는 바이올렛만큼이나 엘리스 자신에게도 필요한 것이다. 처음에 도카스의 시체에 칼을 댄 바이올렛의 폭력성을 비난하던 엘리스는 바이올렛과의 대화를 통해 상기된 과거 속에서 바이올렛과 마찬가지로 남편의 연인에게 끓어오르는 분노와 살의를 느겼던 자신을 보게 된다. 바이올렛에게 "당신은 상실이 뭔지 몰라"(87)라고 말하는 엘리스는 비로소 바이올렛의 상실감을 이해하게 된다. 소설의 후반부에서 화자에 의해 묘사되는 엘리스는 58세의 나이이지만 "밝은 색 드레스를 좋아하고 보들보들한 물개가죽 핸드백 같은 젖가슴을 지닌 여자"(222)이다. 이는 엘리스가 욕망을 억누르고 폐쇄적으로 살아왔던 삶에서 벗어나 육체적, 정신적 정체성을 되찾아가고 있음을 암시한다.

조와 바이올렛이 상처를 치유해가는 데에는 펠리스 역시 매우 중요한 역할을 한다. 펠리스는 조, 바이올렛, 도카스와는 달리 부모가 있다. 그러나 그들은 멀리 떨어진 도시에서 일하기 때문에 펠리스는 실제로 부모와 같이 살지 못한다. 따라서 펠리스 역시 이들과 같은 상처를 공유하고 있다고 볼 수 있다. 도카스는 부모를 가진 펠리스를 부러워하지만 펠리스는 항상 부모님 사랑에 목말라한다. 이러한 펠리스의 처지는 과거의 노예에서 도시빈민층 노동자로 바뀌었을 뿐 자식마저 제대로 돌보기 어려운 흑인들의 현실을 보여준다.

펠리스가 부모와 떨어져 살아야 하는 상황은 두 세대 전에 노예제도하에서 부모에게 쫓겨나던 루이즈Louise가 트루벨Truebell을 지목했기 때문에 트루벨이 두 딸을 두고 떠나야 했던 장면과 연결시켜 생각해 볼 수 있다. 모리슨은 이 장면을 담담하지만 비극적인 어조로 서술한다.

> 노예 여인에게 있어 일하는 남편을, 어차피 멀어서 보지도 못하는 남편을 떠나는 일이 얼마나 힘겨운지 나는 알지 못한다. 두 딸을 나이 든 이모의 손에 맡기고 먼 길을 떠나는 것이 얼마나 힘든지 나는 모른다. 당시 로즈 디어와 메리는 각각 여덟 살과 열 살이었다. (141-142)

트루벨은 자신의 친자식은 돌보지 못하면서, 처음에는 루이즈에게, 그 다음에는 루이즈의 아들 골든 그레이에게 젖과 사랑을 바치는 헌신적인 흑인 유모상을 재현하고 있다. 자신의 딸과 손주들의 삶이 파탄에 이르는 동안 백인 여주인의 아들 골든 그레이에게 온갖 사랑과 정성을 바치고 있었던 비극적 상황을 보여준다. 트루벨은 건강했던 자신의 전생을 루이즈에게 모두 바치고서야 늙고 병든 몸으로 가족 곁으로 돌아온다. 모리슨은 펠리스 가족의 이야기를 통해 노예제도 하에서 가족과도 생이별을 해야 했던 흑인들의 상황이 한 세기가 지난 1920년대의 재즈시대에도 여전히 지속되고 있음을 보여준다.

조와 바이올렛이 춤을 추는 작품의 마지막 장면에서 조가 펠리스에게 같이 춤을 추자고 손을 내미는 것은 그가 이제는 숲에서 손을 내밀어 주지 않았던 와일드를 용서하고 과거의 고통에서 벗어나 누군가를 사랑할 수 있게 되었음을 보여주는 상징적 행위이다. 바이올렛은 펠리스에게 마치 딸에게 하듯이 자신의 잘못 살아온 인생에 대해 말해준다. 바이올렛은 어머니 로즈 디어가 자신에게 해주지 못했던 이야기를 펠리스에게 해주는 것이다. 이러한 대화와 유대를 통해 펠리스는 바이올렛의 불행한 과거를 되풀이하지 않게 될 것이고, 부모의 빈자리마저 펠리스에게 더 이상 큰 상처가 되지 않을 것이다. 로드리게스는 "변화된 바이올렛의 이야기를 들은 펠리스는 세상이 그녀의 자아를 변질시키지 못하게 할 것이며, 주체적인 삶을 살아나갈 것이다. 그리고 이름이 암시하는 것처럼 행복해질 것이다"(Rodrigues 749)라고 전망한다. "아직 나무에는 꽃봉오리가 하나도 맺히지 않았지만, 밤이 따뜻한걸요. 금세 필 거예요. 저 위에 있는 저 나무도 꽃을 피우려고 안달이 나 있네요. 남자 나무는 아니예요. 어린아이 나무인 것 같군요. 글쎄, 여자일지도 모르지만

요"(216)라고 희망찬 목소리로 말하는 어린 나무 펠리스는 까만 피부와 곱슬머리를 부끄러워하지 않는 흑인여성으로서 건강하고 소박한 삶을 꿈꾼다.

바이올렛과 엘리스가 그랬듯이 바이올렛과 조, 그리고 펠리스의 어긋났던 삶의 궤도는 서로 간의 유대감을 통해 제자리를 찾아간다. 이처럼 흑인들은 공동체 안에서, 서로간의 유대관계를 통해 고통과 상처를 치유하고 삶을 살아갈 원동력을 얻는다. 흑인공동체를 강조하는 것은 현대 흑인여성 문학의 두드러진 특징 중의 하나이다. 비평가 워싱턴은 흑인들에게 공동체가 얼마나 중요한지 지적하고 이를 흑인 문학 전통과의 연관 속에서 조명한다. 워싱턴은 "흑인여성 문학에서 공동체에 속한 다른 여자나 남자의 도움을 받지 않고 영웅적 탐색에서 성공하는 여성은 거의 없다. 이 전통 속에서 여성들은 다른 여성들과 이야기하고, 다른 여성들—어머니들, 자매들, 할머니들, 친구들, 연인들—과의 우정은 그들의 성장과 행복에 없어서는 안 될 요소이다"(Washington xxi)라고 주장한다. 엘리스가 도카스의 죽음과 장례식 난동사건을 겪고도 경찰을 부르지 않는 것도 흑인사회가 그런 행동을 용납할 리 없기 때문이다. 흑인사회가 조와 바이올렛의 파행을 눈감아주는 것은 이들이 한 행위가 모두가 경험한 인종적 억압에서 비롯되었음을 이해하고 있기 때문이다.

사랑과 조화로움으로 결말지어지는 모성성: 펠리스

모리슨은 이 작품 『재즈』의 마지막 부분에 조, 바이올렛, 펠리스, 엘리스가 서로간의 유대감 속에서 건강한 삶을 찾아가는 과정을 그림으로써 사랑을 통한 변화 가능성에 대한 신념을 밝힌다. 도카스를 사랑했으면서 왜 총으로 쐈냐는 펠리스의 질문에 조는 "겁이 났지. 사람을 사랑한다는 게 뭔지 몰랐다"(213)고 답하고 있다. 어머니에게서 사랑을 받아보지 못한 바이올렛이 왜곡된 사랑을 조에게 주었듯이 조는 어머니에게 주고 싶었던 사랑을 도카스에게 잘못된 방식으로 주었던 것이다. 그러나 "도카스는 예전의 도카스가 아니었어요. 늙은 남자가 자기한테 해주던 일들을 액튼Acton을 위해 하고 있었던 거에요. . . . 그 나이든 남자가 도카스에게 사람을 친절하게 대하는 법을 가르쳐 준 모양인데 그것을 액튼한테 낭비한 거죠"(203)라는 펠리스의 말에서 조의 사랑을 받은 도카스가 이제 서투르게나마 타인을 사랑할 수 있게 되었음을 알 수 있다. 모리슨은 이러한 도카스의 변화를 통해 어머니로부터 사랑받은 경험이 없고 사랑할 줄 모르는 사람을 치유하는 것은 결국 어머니로부터의 상실된 사랑을 회복한 조화로움의 사랑이라는 메시지를 피력하고 있는 것이다. 조에게서 도카스에게로, 도카스에게서 액튼에게로 전해졌던 것은 왜곡된 사랑이지만, 『재즈』의 후반부는 모성상실을 회복한 조와 바이올렛, 펠리스의 상호적 사랑이 암시되어 나타난다. 행복을 의미하는 이름의 펠리스는 조에게 와일드와 도카스를, 바이올렛에게는 유산한 딸을 대신해 주고, 조와 바이올렛은 펠리스에게 함께 할 수 없었던 부모의 자리를 메워준다.

무허가 술집에서 일자리를 구한 조와 낳을 수 없는 아기에 집착하지 않고 때때로 다른 사람의 아이를 봐주기도 하는 바이올렛의 시선은 각자의 상처를 응시하고 있는 것이 아니라 서로를 향하고 있다. 서로를 마주보고 있는 조와 바이올렛은 비로소 각자의 상처로부터 자유로울 수 있게 된 것이다.

> 그녀 옆에 누운 그는 고개를 창문 쪽으로 돌리고 유리 너머 어둠이 가느다란 핏줄기가 되어 흐르는 어깨의 형체로 변하는 걸 본다. 천천히, 천천히 그 형상은 날개에 빨간 칼날 같은 무늬가 있는 새로 변한다. 그러는 동안 바이올렛은 그의 가슴이 햇빛에 따뜻하게 달궈진 우물벽이라도 되는 듯 손을 얹고 있다. 그 우물 아래에서 누군가가 그들에게 나눠줄 선물들(납연필, '불더램' 과자, '잽 로즈 비누)을 모으고 있다. (224-225)

도카스의 피가 흘러내리는 어깨가 와일드를 상징하는 **빨간 새**로 바뀌는 환영을 보는 조를 통해 모리슨은 도카스와 와일드의 연관성을 다시 한 번 보여준다. 그러나 이제 도카스와 와일드의 자리에는 바이올렛이 있다. 바이올렛이 조의 가슴에 얹고 있는 손은 조가 어머니 와일드에게 내밀어 주기 바랐던 손을 대신해 주고 있는 것이다. 또한 바이올렛이 "햇빛에 따뜻하게 달궈진 우물벽이라도 되는 듯"(225) 조의 가슴에 자신의 손을 얹고 있는 것은 로즈 디어가 빠져 죽었던 우물은 더 이상 그녀에게 불면을 가져왔던 우물이 아님을 의미하는 것이다. 바이올렛의 아버지가 그 우물 아래서 그들 모두에게 나눠 줄 선물을 모으고 있는 것은 바이올렛이 어머니 로즈 디어와 "로즈 디어가 몸을 던진 그 곳"(100)을 잊지 못해 도저히 용서할 수 없었던 아버지와도 정신적 화해를 이루고 있음을 보여준다.

이와 같이 모리슨은 『재즈』라는 작품을 통해 사랑불능과 왜곡된 시각을 안고 있던 상실과 결핍의 인물들이 모성 회복을 통해, 타인과의 상호보완적 유대 관계를 통해 진정한 사랑의 의미를 회복하고 있음을 피력하고 있다. 모리슨은 왜곡되고 상실된 부정적 정체성을 안고 있는 조, 바이올렛, 도카스의 이데올로기가 결국은 어머니의 역할을 해 주는 타인과의 관계성을 통해 긍정적 정체성을 회복해 가는 과정을 역설적으로 제시함으로써, 역사적으로 순환하고 있는 모성성이라는 긍정적 이데올로기의 의미와 가치를 분명하게 제시하고 있는 것이다.

 모리슨은 현대 사회에서 희미해져가는 모성성의 위치를 이 작품을 통해 다시 한 번 분명하게 자리매김 시키고 있다. 즉 모성성이라는 개념은 고정적인 것이 아니라 변화하고 끊임없이 움직이는 긍정적인 힘이라는 사실을 분명하게 밝히고 있는 것이다.

상실과의 화해

토니 모리슨은 백인지배문화 속에서 미국흑인들이 겪어야 했던 역사적 상흔을 상상력이라는 용광로에서 용해한 후 그것을 다양한 기법을 통해 문학텍스트에 담는데 성공한 작가이다. 그녀의 문학은 리차드 라이트 Richard Wright 이래 제기되어 온 백인사회 속의 흑인문제를 다루면서도, 특히 성과 인종, 계급의 다층적 억압구조 안에서 흑인여성이 경험하는 다양한 삶을 세밀하게 다루고 있다. 그러나 그녀는 흑인여성의 현실을 진단하고 극복의 길을 모색하는 과정에서 작가적 통찰과 시야를 흑인여성에게만 국한시키지는 않는다. 흑인여성이 억눌리고 분열된 자신을 찾아가는 문제를 통해 궁극적으로는 흑인공동체의 보다 나은 삶, 더 나아가 인류가 지향하는 비전을 탐색해 간다. 그리고 이러한 주제를 그녀 특유의 상징과 은유, 리듬이 풍부한 시적이고 음악적인 언어와 다양하고 섬세한 문체로 형상화한다. 그녀의 소설은 이렇듯 고통의 역사를 살아낸 흑인들의 이야기에 모리슨 특유의 음악적 언어로 풀어낸 소설 미학의 형식이 완벽한 조화를 이루면서 독자로 하여금 미국문화에 대한 다면적 인식과 인간 내면의 고통에 대한 깊은 공감을 얻게 한다.

모리슨에게 노벨문학상을 수여한 스웨덴 아카데미가 모리슨 소설의 특징을 '삶을 꿰뚫어 보는 힘'과 '시적 함축'이 뛰어나 미국사회 현실의 근원적인 문제를 생생하게 그리고 있다(Nobel Prize Press 1993)라고 평가하는 데서 알 수 있듯이, 미국흑인문학에 있어서 모리슨의 업적은 정치성과 미학 사이의 갈등을 해결하여 통합된 흑인문학으로 승화시킨 점이다. 베이커Houston Baker가 지적하는 것처럼 모리슨은 이러한 두 가지 목소리double-voiced—미국사회에서의 흑인들의 소외, 인간의 보편적 소외라는—를 동시에 내야하는 흑인문학의 과제를 맡고 있다. 모리슨은 미국흑인들이 경험한 정치적이고 인종적인 이데올로기의 내용을 서구 전통 미학과는 다른 독특한 아프리카적 미학의 형식으로 표현함으로써 미국흑인문학에 있어 통합된 완성도 높은 예술의 지평을 열었다.

모리슨의 작품에 일관되게 흐르는 주제는 백인사회 속에서 타자로 억압받아온 과거의 삶에서 겪은 정신적 상흔과 원혼을 어떻게 벗어나 온전한 존재로 진정한 자유를 얻을 수 있느냐 하는 문제이다. 그런 작업을 위해 모리슨은 자신의 작가적 소명으로 백인들에 의해 전유된 흑인역사를 복원해야 한다고 생각한다. 모리슨은 민주주의를 신봉하는 자유의 나라 미국사회가 자기 기만적인 이데올로기의 포로가 되어 '국가적 기억상실'에 빠져 있다고 진단한다(Angelo 257). 백인들은 노예제도라는 치부의 역사가 노예해방령으로 해결되었다고 믿고 싶어 하며, 또 흑인들은 고통스러운 과거를 굳이 들추기를 꺼려한다. 이러한 이중의 멍에 속에서 모리슨은 백인의 문학에서 왜곡되고 가려져 온 흑인의 역사를 규명하여 미국남성작가 중심의 백인 문학 정전 속에 흑인의 문학을 제대로 끌어 올려놓은 발판을 마련한다. 모리슨은 데이비스Christina Davis와의 인터뷰에서 "역사의 많은 부분이 왜곡되며 흐려지고 또는 삭제되면서 흑인들의 존재와 맥박이 다방면에 있어서 체계적으로 소멸되었으니 그것을 복원하는 작업이 우리의 일이다"라고 말함으로써 이러한 그녀의 취지를 분명하게 밝히고 있다(224).

결국 역사란 현재와 관련이 없는 사문화된 기록이 아니고 현재의 삶에서 개인이 무엇을 어떻게 해야 하는지 방향을 설정해주는 힘과 자유를 찾게 해주는 원천이다. 개인의 정체성, 즉 '나는 누구인가'의 발견은 곧 '우리들은 어디서 출발 하였는가'라는 질문과 직결되기 때문이다. 이와 같이 모리슨은 미국흑인의 정체성을 찾는 핵심적 원천이 되는 흑인의 역사를 새로운 신화를 지어내는 것이 아니라, 오래된 신화를 재발견함으로 찾아낸다. 필자는 이러한 역사 속에서 존재함과 동시에 부재하는 미국 흑인들의 삶의 흔적과 그들이 안고 있는 상흔을 치유하고 자유를 향해 회복해가는 과정을 흑인사회에만 특수하게 적용하는데 그치지 않고, 현대 인간 사회에 보편적으로 적용할 수 있는 보편적 가치로 끌어 올리고 있는 모리슨의 여정을, 그녀의 작품 『재즈』를 통해 고찰해 보고자 한다.

존재와 부재

미국 역사에 있어서 흑인은 존재하면서도 부재하는 흔적이며 감지되어져야만 하는 표식인 동시에 균열의 역사적 표식이다(Jones 4). 흔적은 타자와의 관계 속에서 생성된다. 역사적으로 흑인이 없었던 듯이 숨겨진 부재를 창조한 흔적인 이 궤도는 재 연결을 필요로 한다. 다시 연결된다고 해도 결코 원본과 같아지지는 않는 법이다. 원래의 모습에서 변한 요소들이 가득 찬 이 상흔의 궤도에서 모리슨은 작업을 시작한다. 그리하여 무가치하고 묻혀 있던 한 인간의 내면세계가 발굴되고 그 인간의 정체성이 재구축되어 진다.

지금까지 타자에 의해 규정되어 온 흑인들은 백인들이 갖는 고정관념을 통해 단일하고 동질적이며 획일적인 주제로 정의되었고 그것은 백인 우월주의를 재확인하고 흑인들을 억압하는 수단으로 이용되었다. 흑인들 스스로도 백인중심의 정체성을 내면화하여 주체적 유동적인 정체성을 추구하는 것으로부터 자유롭지 않았다. 모리슨은 『재즈』의 바이올렛의 내면의 균열을 추적하는 긴 여정을 통해 백인들이 강요해 왔던 전형적인 흑인 정체성의 개념을 해체하고 따라서 흑인들 스스로가 정신적 식민 상태로부터 해방되어 가야함을 보여준다.

작가는 그 예를 골든 그레이Golden Gray의 이야기를 삽입시켜 보여주고 있다. 모리슨은 쌍두마차를 탄 귀공자 골든 그레이를 재즈 연주에 있어서 즉흥 변주처럼 삽입한다. 조나 바이올렛이 모계의 상실에 괴로워한다면 골든 그레이는 부계의 상실을 의미한다. 백인여성과 이름도 정확히 알 수 없는 어느 흑인과의 사이에 태어난 혼혈아 골든 그레이는 그의 모호한 실체와 관계에 있어서 신화와 같은 존재로 그려진다.[12] 남부에서 백인남성들이 흑인여자를 임신시키는 일은 재산증식으로 허용되지만 그러나 남부 여성과 흑인남자와의 관계는 치명적인 명예의 치욕이다. 베라 루이즈Vera Louise는 농장주 계급의 딸로 흑인 소년과의 사이에

---

[12] 골든 그레이가 탄 마차의 이름은 희랍 신화에 나오는 파에톤(Phaeton)이다. 희랍어로 '빛나는' 또는 '눈부신'이라는 뜻의 파에톤은 성인이 되어 자신이 태양신의 아들임을 증명하기 위해 아버지를 찾아 나선다.

임신하자 그 사실을 안 아버지에게서 쫓겨난다. 그래서 노예 트루벨Truebell을 데리고 볼티모어로 가서 부유한 미망인으로 행세하며 몰래 골든 그레이를 키운다. 황금빛 머리칼과 백색의 피부를 가진 아이 그래서 베라와 트루벨의 찬미와 사랑 속에서 아름다운 청년으로 자란 골든 그레이는 어느 날 트루벨로부터 자신의 출생에 대해 듣고 아버지를 찾아 나선다. 그러나 그의 모습은 아버지를 만나러 가기보다는 아버지를 사냥하러 가는 듯하다. 흑인 아버지 헌터의 허름한 오두막에서 그를 기다리면서 하는 그의 깊은 내면의 독백은 아버지라는 존재의 상실, 곧 그 자신의 정체성의 상실을 팔을 절단 당한 고통으로 비유하면서 자신의 운명을 괴로워한다.

> 그는 생각했다. 이제 와서야, 이제야 아버지가 있다는 사실을 실감하는구나. 아버지의 부재를 느끼는구나. 그가 있어야할 자리에 없었음을. 예전에 나는 사람들이 전부 나처럼 외팔이라고 생각했지. 이제야 수술자국이 느껴져.... 그 팔 따위 필요 없어. 하지만 팔이 있을 제자리에 놓을 거야. 그래서 잘라진 부분이 그 떨어짐을 기억할 수 있도록, 그 참혹한 변형의 단면을 기억하도록 하기 위해서니까 아마 그때 팔은 더 이상 유령이 아닐지도 모른다. (158-9)

아버지 헌터Hunter와의 만남의 순간은 또 다른 어머니와 아들의 관계에 증인이 된다. 헌터의 오두막에서 미친 여인 와일드Wild는 아들 조Joe를 낳고 사라진다. 골든 그레이 역시 텍스트 상에서 바람처럼 사라진다. 헌터와 골든 그레이가 결코 함께 할 수 없는 부자지간이라면 조와 와일드도 결코 함께 할 수 없는 모자지간이다. 골든 그레이와 와일드 모두 현존하면서 부재하는 존재들이다.[13] 트레즌Treason 강 옆 절벽 위에 있는 와일드의 동굴에서는 골든 그레이의 은 담배통 그리고 실크 셔츠, 베라의 초록색 드레스 등 단지 흔적들만 발견된다. 그렇다면 바이올렛의 할머니 트루벨이 키운 귀공자 골든 그레이는 바이올렛의 남편이 되는 조의 어머니인 와일드와 부딪히게 되었는지도 모른다. 모리슨은 이 모든 것을 환상처럼 연주한다. 바이올렛과 조는 그들이 전에 결코 본 적도 만난 적도 없었던 그 이전 세대에 벌써 이렇게 연이 이어져 있었음이 암시된다. 수십 년 뒤 도카스Dorcas의 맑은 피부는 조 내부에 있는 유기된 아기였던 자신을 상기시키고 바이올렛에게는 그녀의 환상 속에 존재했던 골든 그레이라는 소년의 모습을 연상시킨다.

트루벨은 전형적인 흑인유모의 상으로 그녀의 온 생애를 볼티모어에서 베라 루이즈 아씨와 그녀의 아들 골든 그레이를 키우는데 바쳤다. 노예제도 하에서 자신의 아이보다 먼저 백인의 아이에게 젖을 물리고 사랑할 수밖에 없었던 흑인어머니들의 전형이다. 자신의 가족은 다 포기해야만 했던 트루벨이 마지막으로 베라의 허락을 받고 자신의 딸 로즈 디어Rose Dear의 가족을 돌보기 위해 베스퍼 카운티로 돌아온다. 그리고 육체적 정신적으로 굶주린 손녀 바이올렛에게 주인마님의 아이인 골든 그레이가 얼마나 외모가 아름다운가, 자신이 얼마나 그 아이를 숭배의 대상처럼 키웠는가를 말한다. 황금빛 머리카락과 하얀 피부의 동경은 바이올렛에게도 전염된다. 골든 그레이는 바이올렛에게 자신의 연인으로, 유산한 아이로 대치된다. 밝은 빛에 대한 동경, 백색에 대한 동경은 흑인성을 거부하는 백색의 신화이다.[14] 바이올렛의 내부에 "마치 두

---

[13] 데리다(Derrida)는 흔적(traces)은 그 자체로는 현존의(presence)의 표식이라기보다는 삭감할 수 없는 부재(irreducible absence)라고 말한다(47). 개쉬(Gasche)는 이러한 흔적을 부재하는 현존을 의미하는 표식(sign)으로 설명하며 페이지(Page)는 '와일드의 텍스트 상의 흔적은 그녀가 존재하고 있는 것을 의미하지만 그것은 실존이라기보다는 실존과 부재사이의 연결점(interaction)'이라고 말한다.

[14] 서구인의 집단 무의식 속에는 흰색은 순결과 평화, 희망을 상징하고, 검은 색은 악, 빈곤, 죽음, 전쟁, 그리고

더지처럼"(208) 오랫동안 살아 있는 황금빛 소년은 사랑의 대상 이상의 의미였다("그는 소년이었지, 그러나 때때로 소녀라고도 생각했지, 남동생 같기도 하고, 남자친구 같기도 했어"). 어머니 로즈 디어의 자살이 준 부재의 자리를 골든 그레이가 채웠듯이 소녀시절 점유했던 갈망은 조로 대치되었고 그것은 결국 모성애의 갈망의 또 다른 형태이다.

반면, 조에게 개인의 정체성에 지배적인 영향을 가하고 있는 것은 모성에 대한 추구이다. 바이올렛에게 정체성의 확인이 아이를 갖고 싶은 모성에 대한 집착으로 나타났다면 조에게 정체성의 확인은 어머니에 대한 추구이다. 이러한 모성의 회귀의 욕구는 "개인적으로 자기 치유를 위한 심리적 욕구의 표현이며, 동시에 과거의 회복에 대한 정치적 욕구의 표현"이다(Badt 567). 어린 시절 자신의 출신에 대해 묻자 양부모는 그들이 흔적도 없이 사라졌다고 대답한다. 그 때문에 그는 자신의 성을 스스로 '흔적'을 의미하는 '트레이스'Trace라고 명한다. "그녀의 광대뼈에 난 말발굽 흔적"(37), "궤적"(120), "레코드판의 홈"(120), "어머니의 흔적"(176), "신호"(176), "추적"(181)은 흔적도 없이 사라진 부모의 흔적을 찾은 그의 은유로 쓰인다. 사냥감을 추격하는 장면의 반복과 더불어 조는 자신의 출생과 역사, 정체성과 존재의 비밀을 향해 미로를 더듬어 간다.

> "오, 애야, 그들은 흔적도 없이 사라졌단다." 내가 듣기에는, 그들이 남기지 않고 사라져버린 흔적이라는 게 나라고 이해했다. 학교에 간 첫날, 나는 이름이 두 개 있어야 한다는 걸 알았다. 나는 선생님에게 '조 트레이스'라고 말했다. (JZ 124)

기아를 표상하고 있다. 다시 말해서 백인은 아름다움과 미덕의 상징이며, 흑인은 악함과 추함의 상징으로 묘사되고 있다(김남주 역. 180).

사냥꾼이 사냥감의 흔적과 그 궤적을 따라가듯이 조는 자신의 근본을 찾아 그에게 남겨진 파편을 붙들고 쫓아 자신의 정체성을 찾으려고 한다. 조에게 사냥과 사나이다움을 가르쳐준 헌터스 헌터Hunter's Hunter의 암시로부터 조는 마을 부근의 들을 배회하며 숲에 숨어사는 미친 여인 '와일드'Wild가 자신의 어머니인지도 모른다는 생각을 갖게 된다. 이때부터 시작된 자신의 생모 확인에 대한 조의 집착은 그를 평생 따라다니며 지배하는 강박관념이 된다. 그녀를 찾기 위해 숲으로 간 세 번의 여행에서 조는 처음에는 그녀에 대한 공포를, 그리고서는 집착을 그리고 마지막으로 그 여자의 거부를 경험한다.

　사람들이 미친 여자라고 생각하는 와일드의 아들이란 사실은 조를 수치심에 눈물짓게 할 만큼 부끄럽기도 하고 자신이 그런 여자의 아이로 선택된 것이 괴롭기도 했다. 그러나 그녀로부터 받는 한 번의 손짓은 그를 버지니아에서 가장 행복한 소년이라는 생각을 갖게 할 수도 있었던 것이다. 그만큼 조에게 자신의 정체성 확인은 중요한 일이었다. 비록 그녀의 아들이란 사실이 더없이 수치스러울지라도 자신의 정체성을 확인받고 싶었던 그의 절규에 대한 응답은 침묵이었다. 그 침묵은 조에게 평생 내면의 공허inside nothing를 준다. 자신의 존재, 정체성, 역사에 대해 말해줄 유일한 존재인 어머니로부터 그는 침묵으로 거절당한 것이다.

　"그럼 나한테 증표를 줘요. 아무 말도 할 필요가 없어요. 손을 보여줘요. 어디론가 내밀어 보이기만 하면 갈께요. 약속할께요. 증표를 보여줘요." 그는 빛이 더 희미해질 때까지 손을 보여 달라고 애원하고, 호소하고, 빌었다. "당신이 내 어머니인가요?" 맞아. 아니야. 둘 다야. 둘 중

의 하나야. 하지만 이렇게 아무것도 아닌 상태는 싫어. (JZ 178)

이렇듯 이야기의 내용에서 지칭하는 와일드의 정체는 일차적으로 조의 어머니로 추정된다. 그러나 중첩되고 모호한 의미로 가득 차있는 작가의 상징적인 기법을 고려할 때 평자들이 지적하고 있듯이 다양한 해석을 낳고 있다.15 사냥꾼 헌터가 '야생의 여자'(167)란 의미에서 붙여준 와일드라고 불리원진 이 여인은 세스Cess의 딸, 빌러브드일 수도 있다(Carabi 43). 빌러브드가 블루스톤가 124번지에서 사라질 때는 1873년 즈음이며 임신한 몸이었다. 빌러브드는 오하이오 주에서 사라지고 와일드는 오하이오 주 바로 옆의 버지니아의 숲에서 1873년 조셉(조)이라는 아들을 낳는다. 텍스트 상으로 연결된 빌러브드와 와일드의 연관성에 대한 커터Cutter의 주장은 흥미롭다.16 골든 그레이가 처음 와일드를 발견했을 때 온통 진흙과 잎사귀로 덮혀 있는 벌거벗은 석탄같이 검은 피부를 가진 여자의 모습이었다(171). 터질 듯이 부풀은 배와 두려움으로 가득 찬 큰 눈, 사람에 대한 극한적 두려움 그리고 아주 기초적인 어휘 수준 등은 빌러브드와 와일드는 쌍둥이 같은 닮은 모습이다. 아들을 낳은 후 숲으로 도망간 와일드는 동굴17 속에 살면서 가끔 빌러브드의 옷

---

[15] 와일드에 대한 여러 평자들의 해석을 보면, 루벤스타인(Rubenstein)은 와일드는 기본적인 감성적 애정을 가진 손에 잡히지 않는 존재로, 그녀의 부재가 마음을 사로잡아, 이상화되는 현존을 보았다고 말한다(161). 히덱(Hardack)은 와일드를 모리슨이 만들어낸 그리스 신화의 목신(Pan)으로(462) 옴빌리아(Mbalia)는 아프리카 후손들 중 여성에게 있는 야생성으로(626) 또 로드리게스(Rodfigues)는 칼리 여신 같은 어머니의 성정을 가진 존재(753)로 보고 있다.

[16] 모리슨은 전편『빌러브드』의 마지막에서 엘라가 하는 "아마도 나무 뒤에서 또 다른 변신을 위해 숨어 있을지도(BL263)"라는 말 속에서 사라진 빌러브드의 재환생을 암시해 주고 있다(263). 독자가 본 마지막 빌러브드의 모습은 벌거벗은 채 서있었으며 번쩍거리는 검은빛과 배는 불룩하고 터질 듯 했다. 『재즈』에서 그해 1873년 골든 그레이는 나무 아래에 있는 "벌거벗은 체리 빛 검은 여인"을 본다. 모리슨의 의도는 이러한 사실을 우리에게 확신시키고자 하는 것이라기보다는 독자로 하여금 두 작품 사이의 상호성과 형이상학성을 읽어내게 하여 두 세계를 다시 읽게 하여 재창조 하게 하는 정교한 문학적 게임이다(Cutter 64).

[17] 존재하면서도 부재하는 와일드가 사는 장소의 상징성은 둥근 형태의 동굴로 어머니의 자궁을 의미한다. 조가 그곳으로부터 나왔고 그리고 영원히 다시 찾아 들어가기를 원하는 장소이다(Cutter 83).

음이었던 "어린 소녀 같은 웃음"(166, 167) 소리를 낸다. 와일드는 도망치다 날개에 부딪쳐 생긴 붉은 상처 자국이 있는 개똥지바귀 새에 비유되는데 이것은 세스의 톱날이 "기고 있는 여자아기"의 목에 남긴 선명한 핏빛 자국과 연계됨을 암시한다. 이렇게 붉은 핏빛과 검은 흑인성은 세대를 걸친 고통의 역사로서의 상징으로서, 전편의 빌러브드로부터 와일드로 재현되어 그 다음 세대인 조와 바이올렛 그리고 도카스에게로 이어진다. 바이올렛의 어머니 로즈 디어와 와일드 모두 노예시절과 그 후에 흑인여성 어머니로써 겪은 공포와 혹독했던 삶의 질곡을 대표하는 인물들인 것이다.

이들 어머니 세대가 겪었던 정신적 황무지는 그 다음 세대까지도 전승되어 와일드는 조의 내부에 공허를 심고 로즈 디어는 바이올렛의 정신에 균열을 낳는다. 조는 그 내부의 공허 때문에 비엔나의 들판에서 어머니의 흔적을 쫓아 다녔고 뉴욕의 거리에서도 그녀의 흔적을 찾는다. 드디어 조는 언제나 부재 속에 존재하는 어머니를 쫓는 것이 불가능함에 직면한다. 이 불가능한 조건은 도카스에 대한 사랑으로 이어지고 그 무모하고 눈먼 오이디푸스적 욕망에 사로잡힌다.

조는 사탕수수 자국 같은 흠집이 있는 도카스의 얼굴과 숲 같은 머리칼에서 키 큰 사탕수수밭 숲 속에서 출몰하던 와일드를 연상한다. 도카스의 이미지인 "푸른 물결, 하얀 꽃과 설탕 맛"(122)은 숲에 살던 와일드가 살던 공간인 "가파른 강둑, 부용초 덤불이 입구를 막고 있는 꿀과 오물이 뒤섞인 냄새가 진동하는 바위틈새"(122)와 일치한다. 조는 와일드의 또 다른 분신 도카스에게서 평생을 추적해 온 어머니 와일드의 흔적을 찾는다. 그래서 18세의 어린 소녀 도카스를 사랑의 대상으로 선택한다. 선택은 소유의 개념이다. 소유하고자 하는 의지는 무의식에 부재의 공허를 메우고자 하는 심리이다.

　바이올렛에게 있어 조가 골든 그레이라는 환상의 대리였다면 조에게 있어 바이올렛이 갖는 의미도 하나의 대리였다. 조가 결혼하기로 선택한 바이올렛에게 조는 "좋아 바이올렛, 너와 결혼하겠어. 그 이유는 '들판의 여자'가 내게 손을 내밀었는지 아닌지 볼 수 없기 때문이야"(135)라고 대답한다. 조에게 바이올렛은 어머니의 부재로부터 현존하게 하기 위한 시도이며 하나의 욕망을 채워줄 다른 충족의 대상일 뿐이다. 이제 이 욕망의 고리는 아이에 대한 갈망으로 넋이 빠져 침묵하는 아내에게서 도카스로 던져진다. 도카스를 죽이는 것은 변심한 애인에 대한 소유욕 이상의 의미가 있다. 끊임없이 의식에 영향을 미치는 억압된 무의식의 욕망은 조가 어머니 와일드의 흔적을 더듬은 장면과 도카스를 추적하는 장면이 의식의 흐름 속에 동시에 묘사되면서 고조에 달한다. 무의식이 의식을 지배하면서 사냥감을 추격하듯이 도카스의 흔적을 추적해 도달하려는 영역은 잃어버린 어머니의 자리였으며 도카스를 죽임으로써 유일하고도 영구한 충족의 대상으로 고정시키고자 하는 욕망이다. 거기엔 어머니에 대한 그리움과 버림받았다는 상실과 또 다시 버림받을 거라는 두려움이 혼재되어 있다(Otten 61). 결국 도카스가 남자친구 액톤 Acton에게로 가버렸을 때 트레즌 강가에 두고 왔던 어머니의 흔적에 총을 쏘듯 도카스를 향해 상처와 버림의 역사에 총을 쏜다.

　그러나 모리슨은 결과적으로 도카스를 죽게 만든 조에게 결코 반인륜적이라는 심판을 하고 있지 않다. 모리슨은 조와 바이올렛 모두를 선량한 인물로 묘사한다. 조는 "아무도 거들떠보지 않는 작은 동물들에게 먹이를 주고"(119), "전철을 놓치거나 밤길을 걸어가야만 할 때 여자들을 문 앞까지 데려다 주며, 어린 소년들에게 술집이나 거기에서 얼쩡거리는 남자들을 조심하라고 경고하는"(73) 사람이며 "거리의 누구나가 알고 있는 친절하고 믿을 만한 이웃"이며 "흑인의 학살에 항의하며 차갑고 고요하고 엄숙한 얼굴로 5번가를 행진하던 흑인들의 무리에도 끼어 있었을 사람"이었다고 말한다(74). 그는 나쁜 일을 하는 것이 옳지 않다는 것을 잘 알고 있었음에도 불구하고 그렇게 해버린 것이며, 그들의 삶을 조건 지우는 환경이 그들로 하여금 폭력적이고 괴상한 행동을 하도록 하고 있는 것이다.

모리슨의 남성인물들처럼 조 역시 유리시즈적 인물이다. 『빌러브드』의 남자 주인공 폴 디Paul D가 세스가 있는 방향으로 7년을 걸어왔듯이 조 역시 끊임없이 공간적으로 육체적으로 이동한다. 조는 자신이 평생 동안 새롭게 태어나는 일곱 번의 전환을 경험했다고 생각한다. 왜 조는 변해야만 했던 것인가? 그의 이름이 의미하듯 그는 흔적을 쫓는 사람이다. 정체성의 부재에서 흔적을 따라 변화한다. 이런 조의 변화는 개인의 체험 안에서 자유인이 된 흑인이 겪었던 역사적 여정을 아우르고 있다. 조의 일곱 번의 변화는 자아를 창조하는 변화가 아니다. 오히려 그의 자아를 해체시킨다. 그는 매일 생존하기 위해 새로운 인간이 되는 것처럼 느낀다고 말한다. 도카스가 그의 변화에 종지부를 찍는다. 뱀이 마지막으로 허물을 벗을 때 눈이 멀어지는 것처럼(129) 도카스는 조 내부의 공허의 문을 열고 마지막 변화를 준비한다. 조에게 도카스는 마지막 변화였으며 깨달음의 시작이었던 것이다.

치유와 변주

와일드의 재현은 이제 도카스에게로 이어진다. 바이올렛이 거실의 중앙

벽난로 선반 위에 놓아둔 죽은 소녀의 사진 도카스는 그녀 자신과 조를 비추는 거울이다. 바이올렛의 한탄처럼 두 부부는 서로에게 모두 대치물(97)이다. 도카스는 조가 잃어버린 그 무엇, 그토록 사냥해 쫓아 추적해왔던 흔적이었으며 또한 도카스는 바이올렛을 분열시키고 있는 균열의 상징이다. 바이올렛은 도카스를 통해 스스로도 설명할 수 없었던 자신 속에 있는 이 균열을 보게 된다.[18] 바이올렛은 "도대체 이 여자아이는 내 남편을 훔쳐간 여자인가 아님 내 자궁에서 도망간 나의 딸인가?"(109)라고 독백한다. 둘 다 일수도 있고 그 이상 일수도 있다. 죽은 부모를 가진 도카스는 외로움을 호소하는 자의 연인이며 조와 바이올렛이 낳지 않기로 결정한 아기이며 다시 이 모든 것이 골든 그레이와 와일드에게 상징화되어 있다. 그래서 결국은 흑인 역사에서 질곡의 삶을 살아내야 했던 사람들이 되는 것이다.

도카스는 인종 폭동의 희생물로서 1916년 동부 세인트 루이스East St. Louis 시에서 일어난 인종폭동에서 여덟 살의 나이에 5일 간격으로 아버지와 어머니를 모두 잃고 엄한 이모 앨리스 밑에서 자란다. 세인트 루이스 인종폭동은 미국 역사상 최악의 인종 마찰 사건으로 200명의 흑인이 사망했다. 도카스의 어머니는 산채로 바삭 타 죽은 꼴이 되었고 도카스의 아버지도 전차에서 끌려내려 죽음을 당한다. 어린 도카스는 아무 말도, 그 죽음에 대해 어떤 말도 하지 않은 것으로 기록되고 있다. "닷새 동안 두 번의 장례식에 갔으나 아무 말도 하지 않았다"(57). 아버지 같은 조와의 불륜과 결별, 그리고 자청한 죽음은 도카스의 정신적 파열이며 그 동인은 부모의 상실과 그에 대한 강박이었다(MBalia 630).

---

[18] 도카스는 희랍어(derkomai)로 '분명하게 본다(to see clearly)', 혹은 '혜안을 가졌다(to have sight)'는 뜻이다.

모리슨은 도카스의 행동이나 생각을 통해 재즈 시대의 반항적 속성, 사회적 성적 경계선들이 어떻게 무너지고 있는가를 보여주고 있다. 도카스는 재즈시대의 젊은이의 특성인 반항아적이며 과감하고 공격적이다. 이들은 전쟁과 파티를 함께 묶어 볼 정도로 도시에서 무엇이든 할 수 있다는 환상에 사로잡혀 있다. 진정한 자아와 결코 대면하지 않으며, 모든 현실은 쇼처럼 보이며 내적 일관성이 전혀 없다. 조에게 할 고별의 말을 거울 속에 연습하기도 하고 그녀의 세계에는 안정되고 확고한 것이 없다. 사교와 성적 접촉에도 불구하고 진정한 교류는 없다. 다른 사람의 시선을 즐기고, 모든 여자아이들이 부러워하는 액톤과 파티에 있는 것도 그들의 질투심을 즐기는 것이다. 액톤의 요구와 조의 시선사이에서, 그들의 대립된 기대 사이에서 혼란스럽고 갈등에 차 있다. 그러나 그녀는 자신과 동년배인 사람들보다 훨씬 내부의 공허가 뭔지 잘 아는 사람으로서, 이런 의미에서 조와 도카스를 결합시킨 요소는 둘이 함께 가진 내면의 공허였다고 볼 수 있다. 그녀의 어머니에 대한 갈구는 불길, 인형, 코러스 같이 반향 되는 엄마(38)라는 부름에 재만 남은 모성, 대답 없는 부름일 뿐이다. 로드리게스는 '이러한 도카스의 외침을 고뇌와 고통과 부당함과 절망으로부터 벗어나고자 하는 사람들의 외침을 반영하는 것이다'(750)라고 말한다.

역설적으로 도카스의 죽음은 두 부부의 화해와 재생의 계기로 작용하고 있다. 도카스에 대한 고통과 슬픔의 공유가 최초로 그들을 묶어준 매개였다면, 궁극적으로 이를 계기로 그들은 상실한 것들과 근본적으로 화해하게 되고, 비로소 그들은 자신들의 삶에 사랑을 확인하고 새롭게 거듭 태어나게 된다(Furman 86). 바이올렛이 다른 상황이었다면 자신도 도카스를 사랑했을 것이라고 말하듯이 도카스의 죽음으로 인해 바이올렛과 조는 화해를 이루고, 도카스와의 불륜의 삼각관계는 바이올렛, 조, 그리고 펠리스Felice라는 새로운 인간관계의 고리로 치환된다.

펠리스는 세대 간의 화합, 가족의 회복, 그리고 행복을 의미하는 존재로서 트레이스 부부와 새로운 정신적인 유대관계를 형성하고 있다. 도카스의 죽음을 지켜본 친구인 그녀는 도카스가 빌려간 자기 어머니의 반지를 찾기 위해 트레이스 부부의 집을 방문하면서 그들 부부가 정직한 사람임을 알게 된다. 그리고 도카스의 죽음으로 레녹스 거리의 "항상 젖어 있는 손수건"과 "울고 있는 다 큰 남자"(210)로 머물러 있던 조에게 도카스가 스스로 죽어갔다는 사실을 알려준다.

바이올렛은 50세에 이르러서야 얻게 된 깨달음 "삶이 너를 만들게 하지 말고 네가 삶의 주체가 되라"고 펠리스에게 충고한다. "네가 바꿀 수 없으면 세상이 너를 변하게 할 테니까. 그러면 네 잘못인 거야. 네가 그냥 내버려둔 셈이니까"(208). 바이올렛은 자신의 상상 속에서 딸에게 머리를 다듬어 주기를 열망했듯이 펠리스의 머리를 손질해주고 싶어 한다. 펠리스는 정직하게 진심으로 서로를 존중하고 사랑하고 있는 그들에게 이상적인 어머니와 긍정적인 부모의 모습을 발견한다. 이들은 대화가 단절되고 애정 없는 인간관계에서, 상징적인 부모와 건강하고 희망적인 자식의 유대로 전환된다. 그리고 이들 사이에는 세대 간에 가치관의 전달이라는 공동체의식의 연속성도 이루어지고 있다. 모리슨은 이렇게 서로 긴밀한 의사소통을 이루는 인물들의 행위를 통해서 고통스런 경험을 흑인들 전체의 것으로 공유하는 것이 흑인들의 건강한 생존에 매우 중요한 관건임을 강조한다(Morrison xi).

이제 봄이 도시에 새 생명을 잉태한다. 트레이스 부부는 도시가 이루어내는 "믿을 수 없을 만큼 아름다운 하늘"(222)을 바라보며 오후의 햇빛

속을 함께 거닐 여유를 회복한다. 펠리스의 도움으로 바이올렛은 더 이상 그녀 자신에게서 유리된, 분열된 인간이 아니다. 그녀는 더 이상 죽은 여자의 얼굴에 칼을 대는 이전의 바이올렛이 아니다. 오랜 애도의 기간이 지난 뒤, 남편 조 역시 더 이상 찾을 수 없는 흔적을 쫓는 운명의 남자가 아니다. 그리고 새로운 세대인 펠리스는 도카스와는 달리 그 누구의 "알리바이나 장난감"(222)도 되지 않는 그녀 자신의 삶을 살고자 한다. 펠리스는 도시의 거리들을 자신감을 지니고 걷고 있으며, 58세의 엘리스는 스프링필드로 다시 돌아가 그날 밤을 지낼 필요한 물건들을 대줄 수 있는 누군가를 얻게 되며(222), 바이올렛은 1906년 기억으로 돌아간다. 시골에서 종일의 고된 노동 이후 잠든 그녀를 나무 위에서 굽어보는 조를 생각하며 웃고 행복해하는 것이다. 조와 바이올렛은 다시 함께 도시의 거리를 걸으며, 과거의 추억들을 떠올리면서 사틴 조각이 불을 덮고 잠자리에 함께 누워 있는 모습을 본다.

> 그녀 곁에 누운 그는 고개를 창문 쪽으로 돌리고 유리를 통해 어둠이 피가 엷게 흘러내리는 어깨모양을 이루는 것을 본다. 천천히, 천천히 그것은 날개에 붉은 칼날을 지닌 모양의 새로 변한다. 그 사이 바이올렛은 그녀의 손을 그의 가슴 위에 얹고 있다. 마치 그의 가슴이 우물의 해를 비치는 테두리인 것처럼, 또 우물아래에는 그들 모두에게 나눠주기 위해 누군가가 선물(흑연 연필, 벌 뒤럼 담배, 잽로즈 등)을 거둬 모으고 있다. 형상은 날개에 빨간 칼날 같은 무늬가 있는 새로 변한다. 그러는 동안 바이올렛은 그의 가슴이 햇빛에 따뜻하게 달궈진 우물벽이라도 되는 듯 손을 얹고 있다. 그 우물 아래에서 누군가가 그들에게 나눠줄 선물들(납연필, '불더램' 과자, '잽 로즈 비누)을 모으고 있다. (JZ 224-225)

이 장면에서 조는 도카스 어깨에 흘렀던 붉은 피가 천천히 어머니 와일드와 연관된 새의 이미지로 변하는 것을 본다. 바이올렛 역시 어머니가 투신했던 우물이 변형되는 환영을 보는데, 마치 환상 속의 그리운 아버지가 사랑의 징표인 선물들을 가져다주는 듯한 꿈을 꾸는 것이다. 두 사람은 이처럼 함께 자신들의 상처가 치유되고 어루만져지는 듯한 꿈을 꾸면서 지치고 소외된 도시의 삶에서 위안을 얻고 있다. 도시에서의 20년의 삶이 준 환상에서 깨어나 도시와의 새로운 관계 속에서 서로에 대한 관계를 회복해 가고 있다. 이들은 비로소 과거의 기억과 상실에서 벗어나 "과거에 있었던 곳"과 "앞으로 있어야 할 자리"(227) 사이의 중간지점에서 진정한 소속장소를 찾고 있다. 조와 바이올렛이 이루어내는 거듭난 사랑은 "컵을 건네줄 때 서로의 손이 자연스럽게 부딪히는 일"이나, "전차를 기다리는 동안 서로의 옷깃을 여며주는 일" 또는 "어두운 영화관에서 밖으로 나올 때 서로 외투의 어깨를 쓸어주는 행동"(227)에서처럼 매우 자연스러운 부부애로 발전한다. 그들은 더 이상 "과거의 어두운 우물"이나 "금발의 머리카락"(223)에 집착하지 않으며, 그들의 고통과 행복과 희망이 자신들이 공유하고 있는 역사 안에서 더욱 결속되고 있음을 보여준다. 조와 바이올렛은 망각했던 그들의 기억을 함께 기억해 내어, 그것을 소중한 것으로 함께 간직하게 된다. 이러한 인물들의 스스로의 변화에 화자 자신도 인간의 신비로운 사랑의 힘에 눈뜨게 되며 자신의 기나긴 고립에 대해 이야기한다. 긴 고립에서 벗어날 손의 필요, 단절에서 벗어날 필요를 깨닫고 조용히 청원을 하는 것이다.

모리슨은 『재즈』에서 가장 포스트모던한 열린 존재로서의 화자를 창조하고 있다.[19] 이 화자는 기이하게도 전지전능 하면서도 실수투성이이

---

[19] 화자에 대한 비평가들의 견해는 다양하다. 레오나드(Loonard)는 화자는 '소설의 목소리이다'라고 해석(49)하

다. 텍스트 상의 인물이기도 하고 텍스트의 저자이며 또한 도시의 목소리이며 재즈음악의 변주이기도 하다. 화자는 전통적인 삼인칭이나 일인칭 서술을 무너뜨리고 서술의 전통적 개념마저 무너뜨린다(Philip Page 60). 화자의 인물과 경계, 화자와 독자와의 관계가 허물어져 화자인 동시에 중심인물이며 또한 독자이기도 한 복합성을 지니고 있다(김애주 45). 화자는 스스로 진실 되고 현명하다고 주장하기도 하지만 잘못 비판하고 또 오류를 범하기도 한다. 바이올렛과 조가 지난 과거를 되풀이하다가 결국은 한 사람이 상대를 죽일 것이라고 예언했는데 그 사건이 일어나지 않았다고 그의 예언의 오류를 인정한다.

> 나는 한 사람이 다른 사람을 죽일 거라 확신하고 있었다. 내가 묘사할 수 있도록 사건이 벌어지기만을 기다리고 있었다. 과거는 선택의 여지조차 없이 갈라진 틈 위로 돌고 돌아야하는 . . . 레코드였다. 나는 확신에 차 있었고, 그래서 그들은 춤을 추고 나를 밟고 지나갔다. 분주하게. 그들은 독창적이고 복잡하고 변화할 수 있는 존재가 되느라-인간답게 행동하느라 분주했다. 내가 뻔하게 내다볼 수 있는 작가인 주제에, 내 고독 속에서 혼동해 오만에 빠졌고 내 공간, 내 견해가 유일하며 또 유일하게 의미 있다고 생각했다. (160-161)

이러한 화자의 실수는 모리슨이 의도하는 창조적 실수이다.[20] 이러한 실수를 통하여 화자의 목소리는 텍스트의 확정성을 흔들고 해체시킨다.

며 옴발리아는 '작중인물이면서도 진지한 서술자인 복합적 존재'라고 해석(224)한다. 또한 펄만은 '작품 속에 육화된 저자'라고 해석(100)하며 로드리게스는 '도시의 음성'이라고 보며(748) 엑커드(Eckard)는 '재즈음악의 소리'라고 설명한다(162).

[20] 모리슨은 '당신은 실수에서 뭔가를 배워야만 합니다. 그리고 그 실수에서 잘해낸다면 그 실수는 당신을 다른 곳, 당신이 그 실수를 해보지 않았으면 결코 가 볼 수 없는 곳으로 당신을 데리고 갈 겁니다(116)'라고 인터뷰에서 말했다.

그리하여 객관성을 목표로 하고 있는 언어라는 것이 얼마나 지극히 불안정하며 주관적이며 또한 완전한 구도를 창조하는 것 같으면서도 실수를 만드는 '목표물을 겨냥했다가 놓치는 아픈 말들'(219)이라고 탄식한다. 그러면서도 이 언어의 도구 없이 작가가 존재할 수 없는 고통도 토론하고 있다. 언어 그 자체로는 불완전하고 더욱이 의미를 확정시킬 믿을만한 완전한 등장인물이나 화자, 저자조차도 없는 텍스트의 세계에서 독자의 역할은 지대하다.

모리슨은 이런 유형의 화자를 통해 독자들로 하여금 다르게 읽는 법을 가르치고 있다. 독자는 진실을 위해 화자나 그 어떤 문제에 있어 저자를 의지해서는 안 된다(Mbalia 635). 그래서 독자는 화자의 시각이나 어떤 등장인물의 시각도 정확하지 않기 때문에 이 모든 것을 아울러야 한다. 그래서 텍스트의 의미는 보는 시각에 따라 서로 상호성을 가지며 다시 탄생하여 이야기는 계속되고 각자의 읽기에 따라 재해석되고 수정되어 재창조된다. 모리슨의 텍스트는 독자로 하여금 이 소설을 다시 만들어주기를 요청하고 있는 것이다(229).[21]

『재즈』는 말하는 듯한 책으로만이 아니라 열린 결말로서의 텍스트로서 놀라운 표본 텍스트이다. 독자와 반응하는 책으로 일반의 책이 독자로 하여금 확정된 결말에 이르도록 해결을 제시하는 반면 『재즈』의 서술적 모호성은 폭넓은 해석의 여지를 남겨주고 있다(Eco 33). 『재즈』의 결말은 독자를 원래의 자리로 던져버려 독자들이 가진 예감을 확인해주지도 거부하지도 않고 끝나버린다. 독자가 작품의 목소리를 믿은 게 잘

---

[21] 모리슨이 노벨상을 수락하는 연설에서 1993년에 '우리들이 함께 작업하는 것이 얼마나 아름다운가 보라'고 말했다. 그 연설과 같은 맥락으로 독자에게 함께 아름다운 작업을 하자고 내미는 화자, 작가의 손이기도 하다. "나를 만들고, 나를 재탄생 시키는" 것이 화자의 간청이며 독자의 역할은 텍스트의 의미를 읽어낼 뿐만 아니라 생성해 내기도 하고 치유하는 참 여자다. 독자에게 사회적 텍스트를 다시 만드는 책임을 함께 감당해 내자고 호소하는 화자, 작가의 권유이다(Grewal 125).

못인가? 아니면 독자는 누구를 신뢰했어야 하는가? 독자 자신들인가? 아마도 그 자신들도 아닐 것이다. 『재즈』는 마침내 독자들에게 아무것도 절대적 시각을 가진 그 무엇인가 분별할 수 있는 시각을 별견할 수 없으리라는 정보만 제공한다. 독자 스스로 텍스트 상의 세계와 대면하여 발견하고 쓰고 그리고는 태초의 혼돈 같은 불안정하고 신비스러운, 급진적이며 끊임없이 변화하는 텍스트의 세계 속에서 추론의 상념으로 고독하게 걸어가야만 한다. 독자와 등장인물들 그리고 화자가 서로 함께 텍스트의 세계를 창조한다. 호수에 돌이 떨어져 그 파장이 중심에서 가장자리로 번져나가듯 끝없이 읽기라는 작업은 중심에서 텍스트에서 그리고 해석에서 독자로부터 점점 끝없이 번져나가는 것이다.

『재즈』는 집단적 역사적 상흔이 가져다주는 고통을 개인적 승리로 극복하는 이야기라고 말할 수 있다. 흑인들이 겪은 억압과 좌절, 폭력과 소외의 체험은 어떤 출구를 통해 극복될 수 있는가 라는 예제를 던지고 있는 것이다. 모리슨은 이에 더 나아가 인간의 소외, 좌절, 과거로부터의 억압에서 어떻게 극복될 수 있는가를 제시한다. 그녀는 서로 맞잡은 손, 따뜻한 체온이 느껴지는 여러 사람이 맞잡은 손, 결코 사라질 수 없는 사람과의 사랑을 강조하고 있다. 또한 흑인 역사의 아픔의 현장에서 태어난 음악, 재즈나 블루스도 사람들의 아픔을 달래고 그 아픔을 초월할 수 있는 하나의 극복 가능성으로 제시하고 있다(Fussell 280).

모리슨의 문학이 각광을 받게 된 것은 흑인으로서의 상흔 자체에 머물지 않는 보편성을 얻고 있기 때문이다. 미국흑인여성들의 삶을 역사적, 개인적 억압으로 풀어내는 문학적 방법이 그 특유의 기법으로 지역과 인종 그리고 성을 뛰어넘어 보편적인 감명을 주고 있다. 그녀의 문학에는 자유를 추구하려는 인간의 갈망, 속박으로부터 벗어나려는 인간의 전복적인 속성, 지배하려는 인간의 권력 의지 그리고 끊임없는 타자화 등 인간이 지닌 보편성이 편재해 있다. 모리슨은 미국에서도 흑인여성으로서 경험하는 특수한 정치적 역사적 억압을 거론하면서도, 흑과 백, 남과 여, 그리고 역사와 개인과 같은 이분법적으로 갈라진 가치 사이에 형성된 긴장과 갈등을 서사전략으로 통합해 들이는 능력이 탁월하다. 이런 점에서 모리슨의 문학적 업적은 흑인의 문제를 통해 보편적 문제로 끌어 올리는데 지대한 공헌을 했다. 그러므로 "모리슨의 소설이 문학 텍스트 상에 여성의 공간을 확장시켜 줄 뿐만 아니라 이원적 사고의 닫힌 반대 창을 열어젖힘으로서 서구 인문주의 사유의 기본적 가설을 전도시키고 있다"(3)는 릭니Rigney의 지적은 모리슨의 문학이 지니는 보편적 가치를 가장 잘 집약해 주는 평가이다.

모리슨 문학의 궁극적인 메시지는 '지상에서 온전하게 생존하기 위한 방법'이다. 모리슨에게 있어 '온전히 존재'한다는 것은 타인과의 유대를 통해서인데 그 유대는 필연적으로 가족 간의 끊을 수 없는 관계를 통해 이루어진다. 인간의 자아란 타인과의 관계, 말하자면 최초로는 어머니와의 관계, 그 다음 형성된 가족의 관계, 그리고 개인의 환경을 형성하는 모든 사람들, 즉 공동체와의 관계 속에서 형성된다고 할 수 있다. 모리슨은 베이커만Bakerman과의 인터뷰에서 "사람들이 어떻게 서로서로 관계를 맺고, 어떻게 그 관계를 상실하며, 어떻게 집착하는지 그리고 사랑에 대해 얼마나 집요한지, 그 사랑과 생존의 방법에 대해 그리고 이 세상에서 온전하게 생존하기 위한 방법"에 대해 쓰고 있다고 밝히고 있다(40). 모리슨은 이러한 관계 속에서 나타나는 사랑의 소유욕과 파괴력 그리고 그 내면에 웅크리고 있는 역사의 흔적을 쫓아 작품을 쓰기 시작했던 것이다.

여기서 온전한 생존의 문제는 곧 누구나가 다 어느 정도 희생되고 있는 부자유한 세상에서나마 개인이 누릴 수 있는 자유로운 삶의 가능성을 모색하는 문제와 직결된다. 개인의 자유는 온갖 지상의 속박에서 벗어남으로써 얻어지는 것이 아니다. 오히려 상실되고 주변화 된 타자들을 복원시키고 포괄함으로써 가능하다. 즉 타자의 존재를 인지하고 수용함으로써 가능한 것이다. 이러한 구속을 통한 자유가 바로 모리슨이 말하는 온전한 생존을 위한 철학으로 보인다. 이런 자유의 문제가 『재즈』에서는 이성에 대한 편집적 사랑, 개인의 자아 인식과 사랑의 발견, 과거의 짐을 수용하는 형제애와 자기 부정을 통한 재생의 과정으로 나타난 것이다.

『재즈』는 모리슨의 탁월한 기법이 가장 잘 드러나 있는 작품이다. 흑인교회에서 흑인목사의 설교나 부름에 응답하는 청중처럼 모리슨은 흑인정서의 특징을 사용하여 텍스트 상에 팽배해 있는 작가와 독자 사이의 격리, 소외를 극복하고 있다. 또한 저자와 독자와의 거리를 좁히려는 이러한 모리슨의 노력은 결국 열린 결말로 끝이 나도록 구성하고 있다. 흑인들의 삶이 자신의 소중한 본질을 회복함으로써 개인과 집단의 상흔을 치유하고 진정한 자유를 얻을 수 있을 뿐만 아니라 과거 조상들의 삶의 흔적을 긍정적으로 복원할 수 있음을 주창하고 있는 것이다. 모리슨이 제시하는 개인의 완전한 자유는 망각 속에 내버려진 조상들과 사회에서 주변화된 존재들에 대한 애정을 갖고 포용하지 않고는 성취될 수 없으므로 타자에 대한 관심과 책임을 역설한다. 그리하여 모리슨은 흑인, 여성, 점차 성의 구분이 해체되고 사회에서 소외된 사람들을 포괄하는 다양성을 통한 조화를 추구한다. 필자는 이 논고를 통해 문화와 인종 그리고 성의 이질적인 요소에서 나오는 차이를 인정하고 존중하면서 함께 어우러져 새로운 질서를 창조해 나가려는 모리슨의 노력을 재조명해 보고자 한 것이며, 이 과정에서 모리슨이 탐색하고 있는 집단적 상흔의 치유와 회복의 과정은 진정한 사랑의 새로운 의미망을 축조해 나가는 초석이 될 것이라고 믿는다.

5
낙원
Paradise

가부장적 가족 담론의 부조리

모리슨의 1997년 작품 『낙원』Paradise은 정치, 역사, 종교, 그리고 인종과 젠더의 관점에서 많은 논의를 이끌어 낼 수 있는 작품으로, 매우 다양한 주제를 함축하고 있다. 그러나 여러 논의 가운데서 비평가들이 어느 정도 공통적으로 전제하고 있는 점은 이 작품이 미국을 형상화하고 있다는 것이다. 많은 학자들은 『낙원』이 미국의 역사와 가치를 다루고 있다고 보는데, 그 범위 역시 다양해서 미국의 전반적인 역사는 물론 청교도주의적 관점과 예외주의 사상을 중심으로 한 논문들이 발표되었다. 실제로 작품 속 마을공동체인 루비Ruby가 보여주는 특유의 예외주의와 신민사상은 바로 미국의 모습을 극적으로 형상화시킨 것이라고 볼 수 있다. 또한 비슷한 의견 중에는 작품의 배경이 되는 루비사회가 순수한 혈통을 자랑하는 흑인마을이라는 점을 들어, 흑인민족주의를 비판하는 관점으로 이 작품을 해석하기도 한다. 루비의 인종차별의 피해 역사와 그로부터 생겨난 강한 공동체의식 등은 흑인민족주의를 설명할 수 있는 주제들이라는 점에서 이러한 주장 역시 설득력이 있다.

학자들의 이러한 고찰은 이 작품과 모리슨의 전작을 비교해 보았을 때도 역시 타당하다. 역사 재조명의 문제는 『솔로몬의 노래』Song of Solomon와 『빌러브드』Beloved에서도 다뤄지고 있으며, 『낙원』은 『빌러브드』와 『재즈』를 잇는 3부작으로 19세기에서 20세기에 걸친 미국역사의 흑인문제를 재조명 했다는 평가를 받기도 한다. 『솔로몬의 노래』가 한 흑인가족의 가족역사회복을 다루고, 『빌러브드』와 『재즈』가 노예제에서 희생되고 사라져간 사람들과 가족들에 대한 그 이후의 상실감의 회복을 다루고 있다면, 『낙원』은 미국건국과 그 후 미국역사의 양상들인 이주, 예외주의, 가부장제도, 분리주의를 다루고 있다.

이 장은 이러한 위의 논점들에 동의하며, 『낙원』에 반영된 미국 예외주의와 흑인 민족주의에 대해 다루고자 한다. 이 글에서는 카트린 달스가드Katrine Dalsgard와 애저 마리아 프레일-마커스Ana Maria Fraile-Marcon가 분석한 미국의 예외주의와 흑인 민족주의의 연결성에 주목하여 논의를 이끌어 나갈 것이다. 달스가드는 루비라는 순수한 혈통의 흑인마을의 성립과정을 통해, 흑인 민족주의 안에 내재된 미국예외주의 담론을 지적하고 있는 모리슨의 의도를 밝힌다. 프레일-마커스 역시 흑인민족주의 담론이 청교도적 건국담론을 받아들여서 자신들을 차별화하며 동시에 미국사회를 비판하고자 했다는 점에 주목하고, 모리슨이 이러한 흑인민족주의 담론과 예외주의 담론 안에 내재된 이분법적 폭력성을 비판하고 있다고 밝힌다(5-6).

본 연구가 지향하는 바가 이들과 다른 점은, 모리슨이 이런 상황을 비판하면서도 제시하고 있는 대안적 세상이 무엇인지에 초점을 맞춘다는 데 있다. 모리슨이 작품 안에서 가장 중요하게 다루고 있는 것이 가부장적 가족제도의 폐해라는 점에 주목하고 있는 것이다. 미국예외주의와 그 예외주의를 받아들인 흑인민족주의 담론은 모두 가부장적 가족형태에서 재생산되고 있으며 또한 담론들은 가부장적 가족을 공고히 하는 공생관계에 있다는 것이 이 장의 주제 가운데 하나이다.

이러한 전제는 작품 안에서 강하게 드러나는 두 소재인 '미국은 낙원이다'라는 거대담론과 여성들의 개인적 삶의 연관성을 잘 설명할 수 있다. 모리슨이 비판하는 미국에 대한 환상과 작품 속에서 드러나는 여성들의 일상생활을 연결할 수 있는 고리는 바로 가족이기 때문이다. 『낙원』이라는 제목에서부터 알 수 있듯이, 이 작품을 통하여 진정한 본향 home이 어디인가를 묻고 있는 모리슨은 미국이 가진 낙원이라는 환상을 깨는 방법으로 인종과 젠더의 측면에서 미국여성들의 가정사가 결코 행복하지 않다는 현실을 알려 줌으로써 미국을 비판하고 있는 것이다. 여기서 모리슨은 루비와 수녀원 여성들의 개인적인 삶이 가부장적 가족제도와 또 그와 공생관계에 있는 미국의 주요담론에 의해 억압받고 있다는 사실을 지적한다. 주요 담론에는 여러 가지가 있겠지만, 본 장에서 주되게 다룰 미국을 설명하는 이념들은 바로 가부장적인 가족제도안의 미국의 예외주의, 흑인 민족주의, 그리고 순혈주의이다. 이들 이념들은 가부장적 가족 내에서 구성원들에게 학습되는 방식으로 재생산되며, 각각의 이념들이 다른 이념을 보완하고 영향을 주어 스스로를 더욱 공고화하는 과정을 거친다. 문제는 그 과정에서 필수적으로 여성의 억압이 나타나게 된다는 것이다. 모리슨은 루비라는 마을을 통하여 이러한 이념들의 작동방식을 폭로하고 루비가 몰락하는 과정을 보여줌으로써 타인의 희생이 필요한 구조의 사회를 비판하고 있다. 또한 이 장이 초점을 맞추고 있는 것은 모리슨이 그러한 사회적 모순구조 속에서 여전히 대안적 공동체에 대한 비전을 제시하고 있다는 점이다.

가부장적 가족과 젠더의 문제: 루비 공동체

일반적으로 가족이란 정치적 단위라기보다는 정서적 안정을 주는 쉼터로 인식되어 왔으며 그 영향력은 예상 외로 크게 작용한다는 점을 사회학자들은 지적해 왔다. 미셸 배릿Michell Barret과 메리 맥킨토시Mary McIntosh에 따르면 가족 구성원들은 가족 이데올로기를 강압적인 것이 아니라 다른 어떤 이념보다도 소중하게 지녀져야 할 것으로 받아들이고 있다(33). 이들은 많은 사람들에게 가족은 그들의 사생활과 결정권을 침해하는 공권력에 대항하는 최후의 보루로 여겨지고 있다는 점을 지적한다. 그러나 이러한 이상적인 가족은 이제까지 여성들의 노동과 희생을 요구하는 가부장적인 조직이었기 때문에, 가족에 대한 비판은 제 2세대 페미니즘 운동의 핵심적인 화두 중 하나였다(Judith).

모리슨이 루비 사회를 통해 보여주는 가족에 대한 비판 역시 비슷한 맥락에서 이루어지고 있다. 그녀는 『낙원』에서 두 가지 이야기를 제시하며 가부장적 가족의 폐해를 분석한다. 첫째는 루비 사회가 보여주는 가부장성으로 루비 남성들은 그들만의 완벽한 가부장적 가족, 즉 마을의 모든 여성들이 충실하게 가정을 지켜주고 아이들을 낳으며 자신들은 그들의 가부장이 되는 환상을 지녔다는 점을 모리슨은 제시한다. 둘째는 환상이 아닌 실제의 가부장적 가족 관계의 부조리한 경험에서 탈출한 수녀원 여성들의 가족사를 그려냄으로써 가족의 문제가 인종을 초월해서 미국 모든 여성들의 공통적인 피해임을 지적한다. 이 장에서는 루비의 가족들이 보여주는 특징과 모리슨이 이를 통해 예외주의적 흑인민족주의의 가부장적 담론을 비판하고 있다는 점을 우선 살펴보고, 다음으로 수녀원 여성들을 통해 나타나는 가족의 모순과 이들 공동체의 한계에 대해서 생각해 볼 것이다.

먼저 흑인 민족주의가 보이는 가부장제에서의 가족 옹호론이다. 흑인민족주의는 가족을 흑인남성성을 확인하기 위한 효과적이고 유용한 개념으로 상정하고 있다. 프란시스 화이트Frances E. White는 흑인 민족주의자들이 노예제에 맞서 아프리카의 정치적 기억을 견제하기 위해서 여성들에게 불평등한 보완적인 역할을 부여하는 가족을 도입했다고 주장한다(504). 그녀는 심지어 어떤 흑인 민족주의자들은 아프리카의 전통적인 가족제도인 일부다처제와 가부장적인 확대가족을 미화하는데, 그 제도에서 여성들 간의 협동을 강조하여 남성을 돕는 역할을 강조하고 있다고 말한다. 그러나 이들의 담론 안에서는 일부다처제가 가져올 수 있는 내부의 폐해, 예를 들어 그 가운데서 벌어지는 세대 갈등이나 부인인 여성들 간의 불화에 대해서는 전혀 언급하지 않는다고 화이트는 지적한다(507). 그녀는 흑인 민족주의자들이 여성의 역할을 '가정과 가족, 아이들을 보호하는 일'에 한정했다고 비판한다(510). 이들의 관점에 따르면, 여성들 역시 민족을 형성하는 데 책임을 분담하고 있지만 그것은 어디까지나 남성의 보조자로서이며, 결코 남성과 동등한 위치가 될 수 없다(513). 화이트는 이러한 가족 중심적 유대집단을 강조하는 흑인 민족주의의 담론이 여성주의적인 시각에서 볼 때 매우 위험하다는 것을 지적하며, 흑인 민족주의자들이 강조하는 가족담론이 추구하는 것은 흑인 사이의 '거짓 유대'false unity라고 비판하다. 흑인 민족주의 담론에 따르면, 성차별적인 가부장적 확대가족이 다시 부활해야 하며, 흑인의 집단적 단결은 이러한 가부장적 가족에 기반 했을 때 생겨날 수 있다고 본다. 이것은 가족이 친족 관계를 넘어선 정치적인 장이 될 수 있음을 증명하는 담론이기도 하다. 그리고 루비는 이러한 흑인 민족주의적 담론을 구현하고 있는 곳이다.

이러한 루비 공동체의 성가족은 여성의 정체성을 인정하지 않고 가족을 구성하기 위한 수단으로 생각하는 기본적인 태도를 보여주며, 또한 성가족의 규칙을 어겼을 경우 처벌이 되는 것은 오로지 여성뿐이라는 것이 드러난다. 우선 순혈을 추구하는 담론은 근친상간적인 결혼과 접수takeover로 이루어진다. 패트리시아의 분석에서 모든 루비공동체의 성가족들은 접수의 방식으로 이루어져 있다는 것을 알 수 있다. 그런데 여기서 주목할 점은 이러한 성가족의 족보에서 접수된 여성들은 지워져 있다는 것이다. 패트리시아는 접수의 방식을 통해 아무런 증거도 없이 누군지 알 수 없는 이름만을 남기며 성가족의 구성원이 된 여성들에 대해서 생각한다.

여성들의 이름과 역사가 성가족의 계보에서 제대로 나타나 있지 않다는 점은 매우 중요하다. 정체성을 상실하는 것이 가장 두려운 것임을 루비 가부장들은 가장 잘 알고 있었다. 정체성에 대한 논의는 제커라이어가 잊히기를 매우 두려워하는 모습으로 잘 드러나 있다. 이러한 제커라이어의 두려움은 후대에 와서 성가족의 계율을 지키지 못한 벌이 루비 사회의 성가족에서 제명되고 이름이 잊히는 것이라는 점으로 이어진다. 이처럼 정체성이 사라지는 것이 큰 벌로 작용하는 루비 사회의 속성을 생각해 볼 때, 여성들의 정체성에 크게 의미를 두지 않는 가부장적 태도임을 알 수 있다. 남성들이 성가족의 족보에서 지워지는 경우가 성가족의 규칙을 깨뜨렸을 때의 처벌이지만, 여성들은 성가족을 성립시키는 존재임에도 제대로 그 이름을 남길 수 없는 위치까지 이르게 된다는 점을 주목해야 한다. 즉, 여성들은 이러한 두려움조차도 가질 수 없이 그저 성가족을 위한 도구적인 역할로서만 존재하는 것이다.

성가족에 속한 제 8층 여성들이 수순한 혈통을 위해서 희생하는 반면, 제 8층이 아닌 여성들은 가치 없는 여성들로 낙인찍힌다. 그 예가 패트리시아의 어머니인 델리아 베스트Delia Best와 딸인 빌리 델리아 케이토Billy Delia Cato이다. 그들은 성가족의 가부장격인 모건 형제들에게 "똥"(201)이나 "마을에 제일 헤픈 계집애"the fastest girl in town(59)라는 취급을 받는다. 실제로 디컨은 잔인하게도 빌리 델리아가 어떻게 되던지 상관없다는 식의 태도를 보인다. 델리아가 패트리시아의 동생을 사산하며 죽어갈 때, 마을의 남성들은 아무도 그녀를 도와주지 않고 죽게 내버려둔다(197). 빌리 델리아는 네 살 때 말을 타기 전에 기분 좋은 느낌을 받으려고 속옷을 벗어던진 사건 이후로 음탕한 여성이라는 낙인이 찍힌다. 패트리시아는 그런 대우를 계속해서 받아야하는 자신의 딸을 생각하면서, "만일 그녀의 딸이 제 8층 아이였다면, 그런 대접은 받지 않았을 텐데"(203)라고 결론을 내린다. 즉, 성가족의 작동방식은 자신의 존재에 맞는 여성을 이상화하는 과정을 통해 결국 희생시키고, 그렇지 못한 여성은 배척하고 수치를 줌으로써 스스로를 유지해 나간다. 그러므로 겉으로 보기에는 완벽해 보이는 성가족 사회 공동체 루비는 남성들의 허상인 세계로, 여성들의 희생이 반드시 필요한 곳이라는 점이 드러난다.

그런데 남성들에게는 이상하게도 그러한 순혈의 법칙이 여성들처럼 적용되지 않는다. 루비가 자신의 피를 더럽힐 수 있는 여성들, 즉 델리아 베스트나 메누스 주리Menus Jury의 연인, 그리고 수녀원 여성들을 겨냥하면서 추방하는 반면, 외부의 남성들은 그들의 성가족의 핏줄을 위협하는 존재로 인식하지 않는다. 이 마을 사람이 아닌 리처드 미스너 Richard Misner 목사는 성가족이 아니며 또한 맥락상 그들과 같은 피부색인 아닌 것으로 묘사되지만, 그의 피부색에 대한 말은 전혀 없이, 그저 잘 생기고 똑똑한 사람이라는 것만 서술되어 있다. 또한 루비 주민들은 외부인인 미스너 목사의 사상에는 반대할지라도 그가 루비의 여성들과 결혼하는 것에 대해서는 반대하지 않는다. 그의 신부 후보로 패트리시아 베스트와 애나 플러드가 있고, 또 많은 여성 신도들은 미스너 목사가 자신의 조카나 딸과 결혼하기를 바라기도 한다(119). 이러한 묘사를 통해 알 수 있는 것은 성가족을 유지하기 위해서는 여성들의 통제와 차별, 희생이 필요할 뿐, 남성들은 해당하지 않는다는 점이다. 즉, 여성들은 남성 중심적인 가계를 유지하는 도구로써, 성가족인 남성들은 혈통이 좋은 여성과 결혼해야 하는 것이 당연하지만, 여성들이 다른 남성들과 결혼한다 해도 여성들을 중심으로 성가족이 이루어지는 것은 아니다. 그러므로 여성들에게는 실질적으로 성가족의 혈통을 이룬다는 의미는 부여되지 않는 것이다. 이런 점에서 성차별이 루비의 남성사회를 지탱하는 핵심이라는 점을 모리슨은 잘 보여주고 있다.

여성을 가족의 범주 안에서만 가치 있는 존재가 되도록 하는 것은 루비 가부장제의 전략이다. 루비 남성들은 루비 여성들을 남성에게 동기부여를 해주는 존재로만 생각한다. 그래서 루비의 여성들은 남성이 지켜주어야 하는 마을의 정체성을 담고 있는 존재이며, 자부심이며, 동기를 유발시키는 대상이 된다. 루비 남성들이 가진 정체성을 설명하는 수사학을 잘 보면, 루비 남성들이 자긍심을 가질 수 있는 이유는 자신의 여성을 보호할 수 있기 때문이다. 즉, 그들의 남성성의 척도는 얼마나 자신의 여성들을 안전하게 보호하고 만족시킬 수 있느냐에 달려있다. 그들이 부유하다는 점은 여성들이 원하는 것들을 사 줄 수 있었다는 점에서 확인이 되며(15), 그들의 마을이 안전하다는 것은 여성들이 밤늦게 산책을 해도 아무런 해를 받지 않는다는 것과(8), 백인들이 여성들을 공격했을 때 모두가 무장을 하고 여성들을 지켜줄 수 있었다는 점을 통해 강조된다(13).

여성들이 대상화가 된다는 또 다른 증거는 그들의 자랑스러운 혈통이다. 검은 피부색은 루비 여성들의 조상이 백인에게 강간당하지 않았기 때문이라는 점이 스튜어드의 기억 속에 잘 나타나 있다. 이러한 그들의 태도는 여성들에 대한 염려라기보다는 여성들이 백인에게 성적인 착취를 당하는 것을 견딜 수 없는 남성들의 심리에 대한 염려라고 볼 수 도 있다. 즉, 남성들의 염려는 자신들의 혈통을 이어가야 할 깨끗한 여성들을 원하는 성가족의 담론에서 비롯되는 것으로, 여성들을 동등한 구성원으로 인정하는 태도라고는 볼 수 없다.

그러므로 여성들을 보호할 수 있는 남성의 능력이 자부심이 되는 것과 반대로, 백인들과 옅은 색 피부의 흑인들에 대한 분노에서 더욱 커지게 된다. 이것은 과거 '불허'의 역사를 회상한 스튜어드의 태도에서 잘 드러나는데, 그는 불허를 당했을 때 자신의 선조 남성들이 여성들을 보호하지 못한 데서 나오는 분노를 떠올리게 된다. 여기서 주목할 점은 불허를 당했을 때의 수치스러운 기억이 후손인 스튜어드에게 그대로 전해지고 있다는 점이다. 사실, 스튜어드는 그 당시에 태어나지도 않았지만 그 상황을 마치 자신의 부인인 도비Dovey가 당한 상황처럼 지나치게 공감하고 있다. 이것은 루비의 남성들이 외부세계에 대해 가지는 적개심이 단순히 루비의 고난의 역사에서 비롯될 뿐만 아니라, 자신의 여성들에 대한 가부장적인 남성성 평가 기준에 도달하지 못할지도 모른다는 불안감에서 비롯된다는 것을 보여준다.

이와 같이 루비 여성들의 안락하고 행복한 삶은 남성들이 자신의 남성다움을 잴 수 있는 척도가 되는 것이다. 어찌 보면 이것을 여성들의 행복을 보장하는 남성들의 헌신적인 태도로 보일 수도 있지만, 이러한 남성 중심적 헌신은 치명적인 반작용을 낳게 된다. 남성들은 자신들이 헌신할 만한 가치를 지닌 여성들만을 보호하게 된다. 그래서 남성들은 또한 여성들에게 자신들이 세운 여성다운 가치를 지닐 것을 강요하게 된다. 다시 말해 남성들은 여성을 가부장적 가족을 완벽하게 유지하고 그 안주인으로서 가치를 지니는 존재로 이상화시키고 모든 여성들이 그 개념에 맞출 것을 요구하고 있다. 예를 들자면, 디컨의 시각에서는 다음과 같은 여성들, "우아한 흑인여성, 양념한 고기를 구울 준비를 하고 있는 그러한 여성. . ."(111)이 이상적인 여성들이다.

즉 루비에서는 가정에 헌신하는 여성만이 허용되는 것이다. 그들의 생각에 이상적인 여성은 음식 준비와 가족을 생각하고 밤에는 아기를 돌보기 위해 밤잠을 설치는 여성이다(8). 이들의 생각을 구현하고 있는 인물은 스위티 플릿우드Sweetie Fleetwood로, 그녀는 성가족을 이루기 위한 근친혼 때문에 장애를 가지고 태어난 네 명의 아이들을 돌보느라 '자는 도중에도' 아이들을 지켜보고 있는 생활을 하며 7년째 집 밖으로 한 발자국도 나가지 않는 여성이다. 그러나 남성들은 그녀의 불행한 삶에 대해서 진지하게 생각하는 면은 전혀 보이지 않는다.

성가족의 측면에서 보면, 성가족 내에 속한 여성들은 모두 이러한 이상적인 여성이 되어야 하며, 이상적인 여성은 모두 성가족 여성들이어야 한다. 이 쌍방향의 명제가 성립할 때 비로소 남성들의 가부장적 낙원이 이루어지게 된다. 그러나 현실은 그렇지 않다는 것이 드러나는데, 루비 안의 성가족인 여성들은 남성들의 이러한 기대를 다 충족시키지는 못하기 때문이다. 아넷 플릿우드Arnette Fleetwood는 디컨과 스튜어드의 조카 케이디K.D.와 성관계를 즐기고, 쏘운Soane은 자신의 셋째 아이를 남편과의 상의 없이 유산시켜버린다. 그렇다면 이러한 이상과 실제의 모순을 가부장제 사회는 어떻게 처리하고 있는가? 그것은 이상적인 여성에 대한 마녀라는 타자에게 죄를 돌림으로써 가능하다. 그들에게 지킬만한 가치가 없다는 생각이 드는 여성은 죄를 뒤집어쓰게 된다. 예를 들어 아넷 플릿우드가 남자친구 페이디와 성관계를 가진 것은 모두가 문란한 여자애라고 생각하는 빌리 델리아의 책임이 되지만, 사실 빌리 데릴아는 성경험이 없는 소녀이다. 그리고 쏘운이 아이를 유산시킨 것은 결국 가정을 먼저 저 버린 디턴 때문에 그녀가 스스로 내린 결정이지만, 모건 형제는 그것을 모두 콜솔레이타 때문이라고 생각한다.

이처럼, 루비의 남성들은 여성을 두 종류, 즉 가정의 좋은 수호자여서 보호해야 하는 여성과 죽어 마땅한 가정 파괴자인 악녀로 구분하는 이분법적인 태도를 보여준다. 놀라운 점은 때로 이러한 이분법은 루비 남성들이 굉장히 집착하는 인종적 담론까지도 뛰어넘는다는 것이다. 스튜어드가 자신의 형님인 엘더 모건Elder Morgan이 겪었던 백인 남성이 흑인 매춘 여성을 폭행한 이야기에 대한 반응은 매우 주목할 만하다. 백인 남성들에게 집단 구타를 당하던 흑인 매춘 여성을 구하려던 엘더의 이야기를 그는 매우 좋아했지만, 그는 흑인여성의 편을 들기보다는 오히려 백인 남성의 입장이 된다. "그는 백인들의 기분을 대충 이해할 수 있었고, 그 주먹이 자기 것인 양 아드레날린이 솟아나는 것을 느끼기까지 했다"(95)라는 부분은 그녀를 때리는 백인 남성에 공감하기까지 하는 스튜어드의 심리가 드러난다. 즉, 그에게는 오로지 공동체의 좋은 구성원인 흑인여성만 인정받을 수 있는 것이다. 그들의 이러한 신념은 절대적인 것이며 하나의 환상적인 이미지로 자리 잡고 있다. 어릴 적 보았던 열아홉 명의 버베나 향기를 품은 흑인 처녀들(109)의 이미지를 간직하고 있는 모건형제는 이러한 성녀/창녀의 이분법을 더욱 발달시켜 수녀원 여성들을 처벌하는 것에 주저하지 않는다.

여기서 주목할 점은 루비 공동체의 남성들이 수녀원의 여성들을 위협적인 존재라고 인식한 이유는 단순히 그들이 루비 남성 사회의 규범에 맞지 않기 때문만은 아니라는 것이다. 사실 그녀들은 마을에 속한 사람들이 아니기 때문이다. 하지만 여성들이 구성하고 있는 여성만의 공동체는 남성들의 역할을 필요로 하지 않는 곳이고, 루비의 여성들이 그곳에 가서 가족이 아닌 여성의 공동체를 경험한다는 사실은 루비의 남성중심적 성가족을 파괴할 수 있는 힘이 있다는 것을 깨닫게 된다. 여성들에 대해 남성들이 생각하는 바는 수녀원을 공격하는 그들의 논리에서 잘 드러나 있다. 남성들이 분노하는 원인 중 하나가 바로 "그 여자들은 남자가 필요 없으니 하나님도 필요 없는 거야"(276)라는 논리이다. 이들의 논리에 따르면, 남성들이 필요 없는 여성은 신이 필요하지 않은 믿음 없는 여성들이 된다. 그 논리는 작품의 첫 시작에서는 남성들이 마치 수녀원에서 벌어지는 마녀들의 의식 현장을 덮치는 이단 심판관 같이 보이도록 만든다. 이들의 시선에는 마녀들의 증거를 찾으려는 바램이 들어있다. 하지만 루비 남성들이 수녀원 여성들을 죽이려는 진짜 이유는 종교적인 것이 아니라 그들의 가정의 기강이 흔들리는 것을 걱정하기 때문이다. 작품의 후반부에 나타나는 남성들의 회의에서 그 점은 잘 드러난다. 본문에 따르면 여성들이 죽어야 하는 이유는 그들이 가부장적 가족제도를 거부하고 남성이 필요 없는 공동체를 만들었기 때문이다. 루비 남성들에게는 수녀원 여성들의 이러한 태도가 여성들을 대상화시킴으로 성립되었던 그들의 가치관을 흔들어 놓기에 충분한 것이다.

수녀원을 수색하면서 그들이 보여주는 태도는 이들의 가족중심적인 사상을 잘 드러내 보여주고 있다. 그들은 여성들의 부엌과 식당을 보면서, "게으른 것들, 조금 있으면 8월인데 이 여자들은 단지를 정리해 놓기는커녕 씻지도 않았단 말이지"(5)라고 생각한다. 또한 여성들의 방에 들어가서는, 어지럽혀진 상태에 주목하며 "더러운 컵들, 옷더미에 쌓여 침대는 보이지도 않는다. 다른 방엔 인형이 잔뜩 얹어져 있는 흔들의자들이 떡하니 놓여 있고 세 번째 방에는 술주정뱅이의 흔적과 냄새가 배어 있다"(8)라는 평을 한다. 그들은 수녀원의 생활을 루비의 단정한 집들과 비교하면서 여성들을 정죄하고 있는 것이다. 그렇기 때문에 루비 남성들은 여성들이 키우는 아기용품들을 보면서 "무시무시한 유아 고문의 흔적"일고 생각하며, 더러운 방들과 그 안에 놓인 옷가지들은 평범한 물건이 아니라 "도발적인 성관계"의 흔적이라고 생각한다(8). 즉, 이들이 수녀원의 모습에 대해서 내리는 결론은, 수녀원 여성들이 루비 여성들만큼 깔끔하고 성실한 여성다움을 가지고 있지 않다는 것이며, 그러므로 그들은 가치를 지닌 여성이 아니라는 것이다. 또한 남성이 필요 없는 이 공간은 남자들에게는 그들을 거부하는, 있어서는 안 될 공간으로 알 수 없고 음탕하고 악한 공간이 된다.

그러나 수녀원 여성들이 루비 사회에 해를 끼친 것은 없다. 오히려 수녀원은 가부장제 가족아래서 도저히 견딜 수 없었던 루비 여성들이 잠시나마 머물 수 있는 피난처가 되어 준 곳이다. 남성들이 수녀원 여성들에게 덮어씌웠던 죄목들을 살펴보면, 모두 정치적 이념들이 혼재해 있는 가부장적인 성가족제도의 결과라는 것을 알 수 있다. "엄마가 차가운 눈빛을 한 딸에게 계단에서 밀려 떨어졌다"라는 사례는 페트리시아와 빌리 델리아의 이야기로, 이들 모녀가 반목하게 된 원인은 루비의 가치관을 그대로 받아들인 엄마와 계속해서 차별과 무시를 당하던 딸의 반항이 빚어 낸 결과이다. "한 집에 네 명의 장애아가 태어났다"는 것은 성가족의 근친혼이 빚어 낸 결과이다. 침대에서 일어나기를 거부한 딸과 신혼여행 중에 도망친 신부는 아넷으로, 그녀는 장애를 가진 조카들을 돌봐야 하는 집안의 분위기를 거부하고 자신의 아기를 받아주지 않을 루비 사회에서 달아나 수녀원 여성들에게 도움을 청한 것뿐이다(11).

사실 루비 남성들 역시 자신들이 수녀원을 공격하는 이유에는 근거가 없다는 것을 알고 있었다. 모리슨은 이들이 왜 수녀원을 공격했는지 그 이면의 심리를 패트리시아의 설명을 통해 보여주고 있다. 아홉 남자들 중에서, 사전트 퍼슨Sargent Person은 수녀원의 땅을 차지하고 싶어 했고, 풀Pool은 가족 안에서 자신의 입지를 확인하고 싶어 했다. 디컨과 케이디는 콘솔레이타와 지지Gigi와의 관계에서 생긴 수치심을 지우기 위해서, 메누스와 플릿우드 가문은 풀 길이 없는 자신들의 분노를 배출할 통로로 수녀원을 공격하기로 한 것이다(276-80). 패트리시아의 설명에 따르면, 그들은 자신들의 남성적인 힘을 증명하기 위해서 수녀원 여성들을 죽인 것이다. 그러므로 모리슨은 복잡한 이념이 혼재하여 성립된 루비 사회의 맨 밑바닥에는 결국 여성들을 지배하려는 남성의 폭력성이 자리 잡고 있다는 것을 이 부분에서 명백히 보여 주며 그것을 비판한다. 이러한 점은 흑인민족주의가 보여주는 가부장적 가족 담론에 대한 모리슨의 정면 공격이라고 볼 수 있다.

대안적 흑인공동체의 부조리적 한계와 비전: 수녀원

그렇다면 모리슨이 말하고자 했던 대안적 흑인공동체의 한계와 그 비전을 수녀원의 여성들의 삶의 공간을 통해 살펴보도록 하자. 『낙원』에서 루비사회에 대한 부분이 가부장적 가족에 대한 남성의 환상과 그 이면에 숨겨진 폭력적인 여성 억압의 양상을 보여준다면, 수녀원 여성들에 대한 설명 부분에서는 현실의 부조리하고 붕괴된 가족제도 안에서 자신의 위치를 잃어버린 여성의 삶을 보여준다. 모리슨은 네 명의 여성들이 저마다의 가족생활에서 어떠한 고통을 겪었는지를 그리면서 이들이 수녀원으로 오게 되는 과정을 서술한다. 수녀원으로 모이게 된 여성들은 모두 가정폭력, 유기, 이혼, 무관심 등의 피해자이지만, 사회적으로는 과실을 저지르는 부랑인에 가까운 취급을 받는 존재들이다. 모리슨은 이들이 속해 있던 가족이 보여주는 억압적이고 무책임한 태도를 드러내고, 이들 여성들의 절망적인 상황을 서술함으로써 루비 남성들이 추구하는 완벽하고 조화로운 가부장적 가족이라는 이념이 현실에서는 어떠한 모습으로 존재하는지를 그려낸다. 이들의 삶을 보여줌으로써 모리슨은 미국의 여성들이 자신들의 정체성을 잃어버리게 만드는 가부장적 가족제도의 피해자임을 고발하고 있다.

모리슨이 처음으로 서술하는 여성은 메이비스 올브라이트Mavis Albright이다. 그녀는 쌍둥이 딸들을 죽이게 되는 실수를 저지르고 불안정한 정신상태로 가출을 한다. 사실 그녀의 딸들이 죽은 것은 사고였지 그녀의 과실이 아니었음에도 불구하고 가족들과 이웃사회는 어머니의 역할을 잘 감당하지 못했다는 이유로 그녀를 비난하게 된다. 그러나 이 사건이 있기 전에도 그녀의 가정생활은 결코 행복하지 못했다는 사실은 여러 군데에서 드러난다. 그녀는 가정주부이지만 요리를 잘하지도 못하고 아이들과 엄마로서 좋은 관계를 맺지도 못한다. 그녀가 보여주는 정서적인 불안감의 특징은 자신의 아이들이 자신을 죽일 거라는 강박관념이다(31). 또한 메이비스는 가정 폭력의 희생자였다는 점을 알려주는 몇 가지 근거 역시 나타난다. 그녀는 병원에 일곱 번이나 입원했으며 유산도 여러 번 했고(28), 남편과 성적 접촉을 갖는 것을 두려워하는 태도를 보인다. 이런 점들은 그녀가 결국 차를 끌고 몰래 가출을 하는 것이 결코 일탈적인 행동이 아니라 그간 받았던 억압에서 탈출하고자 하는 노력임을 보여주는 증거가 될 수 있다.

메이비스의 가족은 그녀에게 결코 정서적인 위안이나 안정적인 관계를 제공하지 못한다. 그것은 그녀가 친정어머니에게 갔을 때도 마찬가지로, 어머니는 메이비스를 이해하려는 태도를 보이지 않으며, 오히려 나중에 남편에게 전화를 걸어 딸을 데려가라는 통화를 하게 된다(32). 결국 그녀가 수녀원에 머무는 동안, 그녀의 남편인 프랭크는 그녀를 "절도, 유기, 자식 둘을 살해한 혐의"로 고소하여 수배령이 내려진다(168). 메이비스는 네 여성들 중에서 유일하게 남편과 아이들로 이루어진, 겉보기에는 정상적인 가족의 구성원이었지만 그런 가정이라도 결코 가치 있고 유익한 삶을 보장해 주지 않는다는 점을 보여 주는 예라고 할 수 있다.

두 번째 여성인 지지/그레이스 깁슨Gigi/Grace Gibson은 결손 가정의 사례를 보여주는 예이다. 그녀의 아버지는 교도소 수감자이고 어머니는 가정을 버리고 가출했으며, 할아버지가 홀로 미시시피 주 앨콘Alcon의 트레일러에서 살고 있다. 그녀는 수녀원 여성 중에서 흑인일 가능성이 가장 높은 여성인데, 그녀가 처음 루비에 왔을 때 루비의 젊은 남성들에게 그녀는 두려움이나 배척의 대상이 아니라 성적인 호기심의 대상이었기 때문이다(54). 이런 점들로 미루어 보아 그녀는 미국 흑인사회의 가난하고 불안정한 가족을 대표하는 인물이라고 볼 수 있다. 그녀는 가족에 대한 환상이나 가족 관계에 대한 집착을 갖지 않으며, 정착하는 삶을 보여주는데, 이것은 역으로 이 사회에 정착하기 힘든 흑인 빈민층의 상황을 나타낸다.

세 번째 여성인 세네카Seneca는 다섯 살 때 언니라고 생각했던 미혼모 어머니에게 버려진 아픔이 있다. 그 후 두 번 입양된 경험이 있지만, 모두 파양되고 부랑자가 되고만 그녀는 입양된 가정에서 성적 착취를 당한 경험이 있으며, 자신의 처지를 이해하는 가족을 만나지 못한 아픔이 있다. 세네카가 성장한 후 만난 에디 터틀Eddie Turtle이나, 노마 킨 폭스Norma Keene Fox같은 인물들은 그녀에게 머물 곳을 제공하지만, 그들은 그녀를 자신이 필요한 대로 성적인 도구나 인간이 아닌 애완용 존재로 이용했을 뿐 그녀에게 정말로 필요한 가족적인 사랑은 전혀 주지 않기 때문에 가족에 대한 그녀의 애착을 더욱 심하게 만든다. 어머니가 립스틱으로 쓴 편지를 항상 지니고 다니는 것과(128), 입양되었던 가정에서 입양된 오빠에게 성추행을 당하다 핀에 긁힌 경험 뒤로 시작된 자해는 세네카가 가진 가족에 대한 욕망과 거부된 아픔을 보여주는 예이다. 이런 점들로 미루어 보아 세네카는 가족의 사랑을 강조했을 때, 가족을 갖지 못한 외부인들을 대변하는 존재라고 볼 수 있다. 그녀를 통해 모리슨은 가족제도의 주변인을 부각시키면서 가족제도의 외부인들에게 어떠한 박탈감이 존재할 수 있는지를 보여주고 있다.

마지막으로 등장하는 펠러스 트루러브Palla Truelove는 부유한 변호사 아버지를 둔 십대 소녀이다. 그녀의 아버지와 어머니는 이혼했고, 팰러스의 양육을 맡은 아버지 밀턴Milton은 그녀에게 무관심하다. 그는 팰러스가 일으키는 문제에 직접적인 관심을 가지기보다는 "디디(디바인)는 무책임하고 부도덕했어. 솔직히 말하자면 창녀나 마찬가지였지"(254)라고 말하며 전부 그녀의 엄마 디바인Divine에게로 책임을 돌린다. 그녀의 어머니 디바인은 그 말대로 팰러스에게 어머니 역할을 하지 않는다. 팰러스가 어머니 집에 머물 때, 오히려 같이 도망쳤던 애인인 카를로스와 함께 디바인이 자는 것을 팰러스가 보게 됨으로 그녀는 딸의 연적이 되고 만다. 그 후 가족에게서 도망친 팰러스는 길에서 집단으로 폭행을 당하게 되고, 누구의 아이인지 알 수 없는 아이를 임신하게 된다. 하지만 그녀에게는 아무 곳도 갈 곳이 남겨지지 않는다. 이러한 팰러스의 특징은 그녀가 모리슨의 인물들 중에서 특이하게도 가장 어리고 부유하며 정규적인 교육을 받은 상류사회에 속한 인물이라는 점이다. 그녀가 있음으로 수녀원 여성들의 구성은 굉장히 다양해지게 되며, 모리슨은 그녀를 통해 가족의 문제는 모든 사회 계층과 세대에 공통된 문제라는 것을 서술하고 있다.

이처럼, 모리슨이 설정한 수녀원 여성들은 가부장적 가족사회의 현실적 희생자이지만 사회적인 측면에서 보자면 이들은 아이를 부주의하게 죽인 어머니, 마약 중독자, 부랑자, 임신한 십대 미혼모 등 오히려 문제 그 자체로 낙인찍혀 추방당한 사람들이다. 즉 이 여성들은 루비 사회의 엄격한 가족제도의 잣대에서 문제가 될 뿐 아니라 실제로 가족 중심적인 미국하회에서도 있어서는 안 될 부정적인 존재인 것이다. 그러므로 루비 여성들이 완벽한 가족의 환상으로 인해 고통당하는 것과, 수녀원 여성들이 현실적으로 모순이 많은 가부장적 가족제도에 적응하지 못하는 것은 모리슨이 완벽한 가족이란 환상을 이념적으로 현실적으로 해체하고 있다는 것을 보여준다.

　이런 점들을 고려했을 때, 일견 가부장적 가족에서부터 소외된 여성들이 모인 수녀원이라는 공간은 이런 여성들에게 그들이 맛보지 못했던 진정한 가족애를 느낄 수 있는 대안적인 공간이라고 생각하기 쉽다. 모리슨은 수녀들에게 구원을 받았다 할 수 있는 콘솔레이타를 비롯하여 갈 곳이 없는 네 여성들과 루비에서 해결할 수 없는 문제를 가지고 있는 루비 여성들이 머무는 공간으로 수녀원을 설정해 놓고 있다. 가족에게서 버림받은 여성들이 모이는 수녀원은 전통적인 가족의 개념과는 거리가 먼 곳이라는 점 역시 대안적인 공동체로 보일만한 요소이다. 이들 여성들은 아무런 혈연관계도 없고 공동으로 추구할 이익이 있는 것도 아니다. 그런 점에서는 이 공간은 가부장적 가족이 아닌 대안적 공간이 될 가능성을 보인다. 이들 여성들은 아무런 혈연관계도 없고 공동으로 추구할 이익이 있는 것도 아니다. 그런 점에서는 이 공간은 가부장제 가족이 아닌 대안적 공간이 될 가능성을 보인다.

　이런 식으로 가족을 넘어서서 존재하는 공동체는 흑인여성작가들이 많이 다루는 주제 중 하나이다. 이미 조라 닐 허스턴Zora Neale Hurston의 『그들의 눈은 신을 보고 있었다』Their Eyes Were Watching God에서 주인공인 재니Janie와 그녀의 파란만장한 인생 이야기를 먼저 말하도록 격려해주고 그녀를 편견 없이 이해해 주는 친구 피비Phoeby가 있었고, 앨리스 워커Alice Walker의 대표작인 『컬러 퍼플』The Color Purple에서 셀리Celie와 셔그Shug의 관계, 그리고 글로리아 네일러Gloria Naylor의 『브루스터 플레이스의 여성들』The Women of Brewster Place에서 매티Mattie, 에바Eva, 에타Etta의 관계가 가족을 넘어선 감정적 지지를 보내주는 것이 잘 나타나 있다. 모리슨 역시 앞선 작품들에서도 이러한 여성공동체를 소재로 즐겨 사용하고 있다. 『술라』Sula에서 에바Eva의 여관이라든지, 『솔로몬의 노래』Song of Solomon에서 파일럿Pilate의 가정, 『재즈』Jazz에서 도카스Dorcas의 이모와 바이올렛Violet이 보여주는 유대감 등이 이와 비슷하다.

그러나 모리슨은 앞선 작품들에서도 이러한 여성공동체가 완전하지는 않으며 서로 이해할 수 없는 부분이 존재한다는 균열의 기미를 명확하게 보여 왔으며, 『낙원』에서는 여성이라는 이유만으로는 이상적인 여성공동체가 존재할 수 없다는 것을 수녀원 공동체를 통해서 보여주고 있다. 아무리 가부장제 가족 안에서 받는 저마다의 상처를 안고 있는 여성들이 모였다고 해도, 그들이 반드시 서로를 완벽하게 이해할 수 있는 것은 아니라는 점이 수녀원 여성들의 태도에서 잘 드러난다. 수녀원이 이상적인 공동체가 아니라는 점은 많은 비평가들 역시 지적하고 있다(Sweeney 46). 그리고 아직까지 이들에게 수녀원은 진정한 공동체라기보다는 잠시 머무르는 곳의 위상밖에 지니지 않을 뿐, 그곳의 생활이 이들을 변화시키지는 못한다. 메이비스와 지지는 그들이 수녀원에서 처음 만난 날부터 싸우기 시작하며, 세네카는 그녀가 계속했던 자해를 수녀원에서도 멈추지 못한다. 펠러스는 수녀원에서도 계속해서 떠나려고만 하며, 콜솔레이타는 급기야 모든 여성들을 미워하기에 이른다.

이러한 여성들 사이의 반목은 수녀원 여성들의 관계 내에서 뿐만이 아니라, 수녀원에서 도움을 받았던 루비의 여성들 역시도 수녀원에 적대적이라는 사실에서도 드러난다. 예를 들어 아넷 플릿우드는 자신이 수녀원에서 머물면서 조산된 아기를 죽도록 버려두고 갔음에도 수녀원 여성들이 아기를 죽였다고 말한다. 아기들을 돌보느라 수년간 집에서 갇히다시피 생활한 스위티 플릿우드Sweetie Fleetwood는 수녀원 여성들이 아니었으면 길에서 쓰러져 얼어 죽었을 뻔했는데도, 수녀원 여성들이 자신을 납치했다고 주장한다(130). 그녀는 자신을 구해준 세네카를 "죄악"으로, 다른 수녀원 여성들을 "매"라고 표현한다(129). 이처럼 모리슨은 수녀원을 일시적인 쉼터로 설정한 것이지 모든 여성들이 자신의 마음을 치유하고 변화를 받는 여성들의 낙원으로 설정해 놓은 것은 아니다. 이런 식으로, 모리슨은 여성들이 쉽게 여성연대 혹은 소위 자매애를 가지는 것을 거부하며, 여성들의 모임 역시 남성 중심적인 사회에서 살아왔던 방식과 똑같이 서로 다투며 고립된 삶을 보여주고 있다는 것을 오히려 강조한다.

반목하는 여성들의 수녀원 공동체는 여성 연대가 얼마나 어려운 일인지를 보여주는 사례이다. 네 명의 여성들과 루비 여성들은 계급과 인종, 세대가 매우 다양하다. 루비의 여성들은 지방의 중산층 흑인들이고 자신들만의 문화 속에서 성장해 왔다. 지지와 세네카는 도시의 부랑자들이고 메이비스는 가족이 있지만 가난한 여성이며 팰러스는 서부의 부유한 십대 소녀이다. 단순히 여성만 모여 있다는 것이 여성의 문제를 해결할 수 없을뿐더러 그들이 인종과 가부장적인 성담론에 기초한 차별로 받은 상처를 치유할 수 없다는 것은 수녀원 여성들이 오랫동안 그곳에 머물러도 변한 것이 없다는 데서 알 수 있다.

그러나 모리슨이 수녀원 여성들이 연합할 수 없는 근본적인 이유로 들고 있는 것은 바로 수녀원 여성들의 의식 속에 가부장적 가족제도가 여전히 남아 있다는 점이다. 수녀원 여성들이 그곳에서 생활하는 것을 보면, 그들이 가족의 아픈 기억에서 벗어나지 못했다는 것을 잘 알 수 있다. 세네카는 입양된 가정에서 버림받은 일에서 시작된 자해를 수녀원에 와서도 멈추지 못하고, 여성들 안에서도 자신의 위치를 가늠하며 마음을 편하게 갖지 못한다. 팰러스는 수녀원의 여성들이 헌신적으로 보살펴 주지만 마음을 붙이지 못하고 오히려 자신에게 사랑을 주지 않는 아버지의 집으로 다시 돌아간다. 그 중에서도 메이비스와 콜솔레티아는 다른 이들보다 훨씬 더 가족에 집착하고 있다는 것을 모리슨은 그려낸다.

우선 메이비스는 그녀의 죽은 쌍둥이 딸들이 수녀원에 살아 있으며, 그들이 자라고 있다고 믿는다. 그래서 그녀는 딸들을 위한 물건들을 사고 정말 딸들이 그것들을 이용하고 있다고 확신하며, 간헐적으로 들려오는 딸들의 웃음소리 환청에 즐거워한다. 또한 밤에는 꿈 귀신의 습격을 받는데 그것은 점차 남자의 모습으로 변해서 그녀를 강간한다. 그러나 그녀는 꿈 귀신을 거부하지 않고 오히려 악몽인 그 관계를 즐기면서, 급기야는 자신의 남편 대용이라고 생각하게 된다. "즐겁게 웃는 아이들, 그리고 어머니같이 자신을 사랑해주는 콜솔레티아에다가 밤에 찾아오는 꿈 귀신까지 더하면 그럴듯한 행복한 가족 같다는 걸 그녀는 콜솔레티아에게 시인하고 인정해야 했다"(171)라는 말에서 알 수 있듯이, 그녀는 어머니 같다고 생각하는 콘솔레티아와 더불어 이 모든 것이 그녀가 수녀원 이전의 생활에서 가졌던 가족관계의 대응이라고 생각하게 된다. 가족관계에서 심한 폭력과 아픔을 경험하고 정신적으로 불안해지기까지 했는데도, 그녀는 수녀원 안에서조차 가족제도를 다시 재생산하고 있는 것이다.

수녀원을 지키며 여성들을 돌보는 가장 역할을 하는 콘솔레이타는 항상 자기가 머무를 가족을 가지려고 애써 왔던 인물이다. 어렸을 때 메리 마그나 수녀가 브라질 빈민가 거리에서 데려온 그녀는 항상 가족을 가지기를 소망한다. 그녀는 디컨과 성적인 관계를 가지면서 자신만의 집 같은 공간을 상상한다. 그 후 많은 수녀들이 수녀원을 떠나고 마지막으로 자신의 어머니같은 메리 마그나 수녀가 죽을 때가 되자, 그녀를 신비한 능력을 이용해서 계속해서 되살려내게 된다.

메리 마그나 수녀가 죽자, 콘솔레티아는 수녀원에 혼자 머물면서 그곳에 찾아와 머무르는 여성들에게 어머니와도 같은 헌신적인 사랑을 베푼다. 그녀의 집에 대한 갈망은 수녀원 여성들에게 헌신적인 어머니가 되도록 스스로를 몰아갔다고 볼 수 있다. 모리슨은 콘솔레이타 장의 첫 부분에서 결국 그녀가 여성들의 말을 들어주고 위안을 주어야 하는 상황에서 정서적인 고통을 느끼고 지쳐가고 있음을 묘사한다. 그녀는 그런 상황이 계속됨에 따라 알코올 중독, 우울증에 기억을 잃어버리는 증상까지 보이고, 급기야는 한 때 애정을 주었던 여성들을 죽여 버리고 싶다는 생각까지 하게 된다(223). 그 과정이 자세하게 나와 있지는 않지만 수녀원 여성들은 콘솔레이타에게 감정적인 노동을 강요했다고 볼 수 있는데, 그 증거로 볼 수 있는 부분이 콘솔레이타가 의식을 거행하는 위엄 있는 여사제의 모습으로 그들 앞에 나타났을 때이다. 이제까지의 다정한 모습에 익숙해져 있던 네 여성들은 그녀의 변모에 매우 놀라워한다.

이 대목은 여성들이 콘솔레이타를 그들이 가족 안에서 경험하지 못한 헌신적 어머니로 생각하고 있었음을 보여준다. 즉, 이들은 그녀를 자신들을 위해서 희생하는 존재로 대상화시킨 것인데, 이러한 태도는 루비 남성들이 여성들에게 가지고 있는 가부장적인 환상과 전혀 다를 것이 없다. 그러나 이들은 콘솔레이타라는 헌신적인 어머니 존재를 가졌음에도 불구하고 그들 스스로 행복한 가족을 만들지 못한다. 오히려 콘솔레이타를 우울증에 걸린 주부로 만들어 놓았을 뿐이다. 이 부분을 통해 모리슨은 수녀원 여성들이 루비 사람들과 마찬가지로 자신들이 원하는 이상향을 건설하는데 실패하는 모습을 통해서, 대안적인 공동체를 갖는 것이 가부장적인 가족체계 하에서는 불가능하다는 것을 의미하며, 누군가의 희생을 필요로 하는 관계는 결코 대안적 공동체에 있어서는 안 된다고 역설하고 있다.

이제까지 살펴본 바에 따르면 수녀원은 이상적인 공간이 아니라 작가가 고의적으로 문제를 가지도록 만든 실험적 공간이다. 의식ritual 전의 수녀원 여성들의 모임이 결코 이들을 만족시킬 수 없음을 먼저 보여줌으로써, 모리슨은 루비 여성들의 삶에서뿐만 아니라 수녀원 여성들의 삶 역시 강하게 지배하고 있는 가부장적 가족 담론의 부조리함을 폭로한다. 또한 기존의 많은 작가들이 손쉽게 성립시켰던 행복한 여성공동체에 의문을 제시하고, 여성들의 모임이라고 해서 반드시 자신들의 상처를 치유하는 대안적 공동체를 쉽게 만들게 되는 것은 아니라는 것을 보여준다. 모리슨은 수녀원 여성들이 대안적 공동체가 되려면 이러한 차이가 차별이 되지 않는 공간을 성립시켜야 하며, 그것은 차별을 낳는 이념을 생산하고 여성을 대상화하는 가부장적 가족제도에서 벗어나야 함을 주장한다. 그러나 이러한 가족에서 벗어나는 것이 결코 쉽지 않다는 것 역시 모리슨은 가족제도에서 탈피했어도 무의식중에 다시 가부장제 안에서 이상화된 어머니의 역할을 요구하는 등, 여성의 희생을 필요로 하는 공간을 재창조하는 수녀원 여성들을 제시함으로써 강조하고 있다.

그러나 모리슨이 대안적 공동체가 쉽지 않다는 것을 강조한다 하더라도, 상처받은 이들이 없는 대안적 공동체, 꿈꿔왔던 본향과도 같은 곳이 불가능한 이상이라고 비관적인 결론을 내리고 있지는 않다. 수녀원의 의식을 통하여, 모리슨은 콘솔레이타를 비롯한 다섯 명의 수녀원 여성들이 가족에게서 받은 상처를 치유하고 새롭게 태어나는 모습을 보여줌으로써, 진정한 본향이라 말할 수 있는 공동체는 무엇인지, 그리고 그 여성들은 어떤 존재인지 제시하고 있다.

모리슨이 발표했던 「본향」Home이라는 짧은 연설은 그녀가 꿈꾸고 있는 새로운 세계, 진정한 고향을 구체화하려는 작업의 일환이라고 볼 수 있다. 그녀는 거기서 "인종이 각각 다양하지만 인종차별이 없는 집"a race-specific yet nonracist home(5), 그리고 "인종이 문제가 되지 않는 세상"a world in which race does not matter(3)이라는 그녀의 비전에 대해 말한다. 여기서 나타난 그녀의 목적은 낙원을 단순히 이상적이고 실현 불가능한 개념으로만 두지 않고, 실제로 있는 공간으로 만들려는 것이다. 그런데 이 글이 소설과 이어졌다고 볼 수 있는 재미있는 증거는 이 글에 『낙원』의 첫 부분 일부가 인용되어 있다는 점이다(9-10).

모리슨이 이렇게 같은 내용을 두 작품에 넣었다는 것은 의미심장하다. 『낙원』이 철저하게 자신들의 진정한 본향을 추구하는 사람들의 이야기라는 점을 고려할 때, 작품 안에서 이러한 모리슨의 본향에 대한 생각이 반영된 곳은 상처 입은 흑인들의 낙원인 루비와 버림받은 여성들의 낙원인 수녀원이다. 그렇다면 이 작품은 정치적으로 이상적인 공간을 단순히 환상으로 설정해 놓은 것이 아니라 적극적으로 그 공간을 현실 안에서 구체화시키려는 그녀의 노력이 표출된 것이라 볼 수 있다. 즉 그녀만의 비전을 구체화시킴으로써 자신이 비판하는 진정한 본향이 아닌 미국사회의 현실을 거부할 수 있는 대안을 설정하는 것이다. 『낙원』 안에서의 본향은 루비 남성들이 수녀원 여성들을 죽이러 갈 때, 자신들의 완벽한 마을인 루비를 떠올리는 장면에서 등장한다. 즉 이 부분은 남성들의 환상으로 작품 속에서 존재하여, 이상적인 자신들의 마을을 위협하고 더럽힌다는 혐의가 쓰인 여성들을 죽이러 가는 마음가짐을 정당화시켜주는 심상이다. 이렇듯 모리슨은 이상적인 집을 구체화시키기 위해서 먼저 기존의 이상을 허물기 위해 현실을 직시하고 루비라는 구체적인 사례를 제시한 것이다. 그곳에서는 흑인이 차별받지 않고 안전하게 살 수 있기 때문이다. 그러나 단순히 차별받지 않는 흑인의 사회라는 곳이 모두 행복한 본향의 충분조건이 될 수는 없다는 것을 모리슨은 보여준다. 그녀는 낙원으로 설정된 흑인마을 루비의 여성들과 인종에 관계없이 불행한 수녀원 여성들을 제시함으로써 인종의 문제와 젠더의 문제를 제시하고 있다. 인종차별에서 자유로운 세상에서는 성차별 역시 없어야 한다는 의견을 인종과 젠더의 맥락에서 강력히 피력하고 있는 것이다.

또한 모리슨은 가부장적 가족의 폐해를 갖지 않은 대안적 공동체가 매우 어렵다는 것을 『낙원』에서 말하고 있다. 그 이유는 바로 여성들의 인종, 세대, 계급이 모두 다르기도 하지만, 바로 여성들이 대안적 공동체라는 개념을 갖지 못하게 하는 "진정한 가족" 이데올로기에 사로잡혀 있기 때문이다. 그러나 모리슨은 사회에서 받은 상처를 극복하는 대안을 제시할 수 있는 공동체는 반드시 필요하다는 점을 강조하고 있으며, 콜솔레이타가 주관하는 지하실의 의식 후의 여성들을 새롭게 제시하고 있다. 가부장적 가족의 기억에서부터 벗어나는 여성들의 의식을 통해 비로소 서로를 이해하는 공동체가 되는 수녀원 여성들의 모습을 그림으로써 모리슨은 인종주의를 양산하는 토대가 되는 가부장적 가족을 벗어나 서로를 치유하고 새로운 관계를 맺을 수 있는 인종을 초월한 공동체라는 비전을 제시하고 있는 것이다.

모리슨은 이들 여성들이 죽은 후에 다시 살아나는 모습을 통해, 그리고 가족에 얽매이지 않고 자신들끼리 공동체를 이루면서 떠도는 모습을 제시함으로써, 완전한 낙원이 무엇인지는 제시하지는 않았다 하더라도 어떤 자세로 그곳을 포기하지 말아야 하는가는 보여주고 있다. 또한 모리슨은 가부장제 가족의 정치적 효과를 폭로하고, 그 모순에서 벗어나야만 모두에게 진정한 본향이 이루어질 수 있다는 것을 주장하고 있는 것이다.

상실과 복원 · 변화로 이어지는 흑인정신

많은 흑인 작가들의 작품 속에 그려지는 대표적 주제 중의 하나는 분열과 해체, 혼란스러운 정체성이다. 모리슨은 이러한 흑인 정체성의 정신적 기반을 이루는 것을 공동체적 차원에서 찾고자 했던 작가이다. 『낙원』은 대 이주의 과정 속에서 실재했던 흑인 자치마을을 모델로 하여 이루어진 작품이다. 즉 모리슨은 대 이주라는 역사의 단면을 배경으로 하여 한 흑인 자치마을 공동체를 통해서 미국 흑인들이 염원하는 흑인 공동체로서의 진정한 조화와 화합의 영역인 천국의 의미를 제시하고자 했다. 이러한 천국의 영역을 제시하는데 있어 모리슨은 지상에서의 천국이라고 스스로 주장하는 한 가상의 흑인공동체 내에서 반복되고 있는 차별과 포괄적인 지상 천국으로서의 흑인공동체의 가능성을 또 다른 공동체인 수도원이란 영역을 통해 제안하고 있는 것이다.

그렇다면 모리슨은 루비마을과 수도원이라는 두 상징물을 통해 그들 삶속에 스며들어 있던 인간사회의 정치학과 역사를 문학적 형식 내에서 어떻게 풀어내고 있는 것일까? 이 글에서는 이 두 상징적 집단속에서 사회공동체의 그릇된 의식이 초래하게 되는 체제적 모순, 극단적, 그리고 집단적 배타주의의 풍토를 살펴보고, 이러한 시행착오적 상실의 과정을 거쳐 복원, 그리고 각성과 변화의 전환점을 마련하게 되는 사회구성원 개개인의 자아회복, 사회적 범주, 문화적 변화가 갖는 의미를 되새겨 보고자 한다.

상실의 공간: 루비마을

우선 모리슨은 루비Luby마을이라는 상징물을 통해 지상에서의 천국이라고 스스로 주장하는 한 가상의 흑인공동체 내에서 반복되고 있는 차별과 배척의 문제를 그리면서, 미래를 위해 수용적이고 포괄적인 지상 천국으로서의 흑인공동체의 가능성은 어디에서 찾을 수 있는지를 묻고 있다.

이 소설에서 모리슨은 루비마을이라는 상징적 사회공동체를 통해 흑인 간의 극단적 배타주의가 가상적인 흑인 마을을 파국으로 이끄는 과정을 그려내면서, 자신을 억압했던 자의 방식을 그대로 닮아가는 억압당했던 자들에 대한 이야기를 통해서, 억압당한 역사와 기억을 가진 자들이 진정으로 자유로운 인간이 되기 위해서 무엇이 필요한 것인가에 대한 의문을 제기하고 집단적 배타주의의 병폐가 야기하고 있는 공동체의 몰락 위기의 과정을 제시하고 있다.

내게 가장 힘든 의문은 . . . 바로 그 풍부한 사람들, 살아남은 자들, 엄청난 혁명적인 기질을 가진 사람들이 그 자신을 억압했던 자들처럼 그렇게 되든가, 그렇지 않으면 자기들이 도망쳐 나온 바로 그 길로 들어섬으로써 자기 멸망을 초래하는 가하는 것입니다. (McKinney-Whetstone 14)

모리슨은 대 이주 도중에 오클라호마에 실제로 건설되었던 100여 개의 흑인 마을 중 하나를 근거로 하여 이 소설을 집필한 것임을 밝혔는데, 1865년 이후 남부에서 이주한 흑인들이 세운 이들 흑인 마을들은 은행, 학교, 교회들을 자체로 소유하고 있었을 뿐만 아니라, 당시 미국 전역에서 존재했던 흑인에 대한 제도적인 차별이 존재하지 않는 곳으로써 흑인들이 운영, 유지하는 흑인으로만 구성되어 있는 지역이었다 (Carabi 40). 작가는 특히 이들 가운데 '준비하여 오든가, 아예 오지 마라'Come prepared or not at all라는 모토를 앞세운 흑인 자치 마을을 알게 되는데, 이 마을의 모토가 시사하듯이 흑인사회에서는 19세기 말 경제적인 기준에 의해서 계급 분화 현상이 가속화되고 있었다(Gray 64). 이 실제의 마을은 『낙원』에서 루비마을의 창립자들인 해방 노예의 무리가 여정 도중 들르게 되는 한 부유한 흑인 자치 마을로써 형상화되고 있는데, 가난에 찌든 행색을 하고 있는 이들에게 '준비하여 오든가, 아예 오지 마라'를 모토로 하는 마을 사람들은 먹을 것을 제공하지만, 결코 마을에 정착하지는 못하게 한다. 보다 부유한 혼혈 흑인들의 마을에 입장할 것 자체를 거부당한 해방 노예들은 단지 거절당한 것에 대한 분노를 느낄 뿐만 아니라 그들이 누구인가라는 정체성에 대한 첫 번째 질문을 스스로 제기하게 되면서 혼란에 빠진다.

그들은 우리를 모르고 우리에 대해서 모른다. . . . 우리는 그들처럼 자유민이고 그들처럼 노예였었다. 그런데 뭐가 다르다는 건가? (14)

같은 흑인들에게 거부당한 이 해방 노예들의 상처는 이 거절당한 여정을 하나의 신화로 삼고서 그 신화를 통해서 공동체 의식을 다짐으로써 존재 의미를 갖고자 하는 결의로 이어진다. 그러나 이 거절의 신화는 단지 공동체 의식의 정신적 근거가 아니라 마을에서 권력을 가진 자들이 소유한 것들을 유지할 수 있는 기반으로 변질되면서 문제가 제기되는 것이다. 이 문제는 바로 현대의 흑인공동체에서 제기되고 있는 인종간 인종차별이나 경제적 불평등 등과 동일한 성격의 문제인 것이다.

루비마을이 언급하고 있는 거절 신화의 의미는, "피부가 검은"Blue-Black 헤이븐의 시조들이 북쪽으로 강행된 이주 과정에서 배고픔과 피곤에 지친 여정에서 발견하는 흑인 마을에서 쉬고 갈 수 있기를 청할 때마다, "피부가 흰 흑인"fair skinned colored men들은 그들이 너무나 가난한 몰골을 하고 있었고 그들의 피부가 너무나 검었기 때문에 그들을 거절했다(193). 그들은 동족의 흑인에게 받은 인종차별을 분노와 긍지를 가지고 기억하기로 결정하고 이 사건은 불허disallowing라고 불리는 마을의 건립 신화로 대대로 전승되어 내려온다. 해방 노예들의 이주의 종지부로써 흑인들의 자족적인 마을을 건립해 내었다는 이야기를 전승하는 불허 신화는 오로지 신의 뜻에 의해서 선택을 받은 자들에게만 천국이 허락된다는 메시지를 담고 있다. 해방 노예들은 비록 노예 신분은 아니라고 하나 사실상 제도적으로나 인종적 이데올로기로나 그들이 살고 있는 사회에서 소멸될 위기에 처해 있었다.

즈카리야 모건이 이끌었던 재건 시대에 해방 노예 158명들은 이제야말로 흑인들이 진정으로 자유롭고 행복해질 수 있을 것이라는 희망이 수포로 돌아가자 그러한 혼란과 자존의 상황을 새로운 공동체 안전이 보장된 진정한 천국을 설립해 내리라는 희망을 안고 길을 떠남으로써 극복하고자 한다. 원래는 커피라는 이름의 흑인 노예였으나 즈카리야라는 예언자적 이름으로 바꾼 지도자의 영도 하에 이들은 "미시시피와 루이지애나 두 군"을 떠나 북쪽으로 향한다(13). 그러나 "너무도 초라하고 너무도 지저분한 차림새의too poor, too bedraggled-looking 해방 노예들은 백인 마을, 흑인 마을, 인디언 마을 등 여정 중의 그 어느 곳에서도 거절당하여 쉬어 갈 곳이 없었다(14). 이런 그들에게 있어서는 백인들에 의해 인종차별을 당하는 것보다 오히려 더욱 더 불가해하고 치욕적인 일은 바로 백인과 흑인의 혼혈인들이 백인과 혼혈이 아닌 흑인에 대해서 보이는 차별이었다. 이러한 불허 이야기는 독점된 기억이 선민사상과 결부되어 루비마을을 결속하는 정치적인 이데올로기를 이루게 된다.

루비마을이라는 공동체를 공고히 유지하는 결속력은 배타적이고 집단적인 선민의식에서 비롯된 것이다. 헤이븐이 재건시대와 그 후의 제도적 인종차별에서 벗어나고자 했던 해방 노예들에 의하여 1889년에 설립되었던 것과 마찬가지로 루비마을의 생성 역시 미국의 근대사와 함께하고 있다. 헤이븐은 성공적으로 성장했고 미국이 그러했던 것처럼 1934년에 번영의 가도를 달리게 되지만 제 2차 세계대전 후 경제적 공황에서 벗어나지 못하여 마을의 인구가 감소하는 등 1948년에는 마을이 거의 소멸될 위기에 직면한다. 루비마을은 이러한 소멸 위기를 탈피하기 위해서 1949년 더욱 깊숙한 서쪽으로 이주하여 새로이 건설된 마을이다. 또한 마을의 배타주의는 더욱 공고해졌는데 이는 모건 형제처럼 많은 흑인 병사들이 미국의 세계 평화 수호에 동참한다는 사명 의식을 가지고 전쟁에 참여하여 피를 흘렸지만 2차 세계 대전이 끝난 이후, 그들에게 돌아온 것은 변함없는 차별이었다는 위기의식에 의해서 더욱더 정당화될 뿐만 아니라 극단화된다. "어떻게 마을을 지켜내는가를 가르쳐준 지난 3세대에 걸친 교훈"에 힘입어, 더 이상 마을의 배타적인 태도는 백인에 대해서만 적용되는 것이 아니었다(16). 마을의 새로운 권력자들인 새 아버지들New Fathers, 즉 헤이븐 창립자들의 직계 후손이자 루비마을의 창립자들이 결정하는 바, 원래 루비마을 사람들이 아닌 외부인들은 모두 배척되어야 할 대상으로 간주된다. 이 과정은 불허 이야기의 신화와 제도화에 의해서 이데올로기적 정당성을 확보하여 루비마을의 소수 권력자들을 중심으로 견고히 진행된 것이다.

모리슨은 루비마을을 통해 흑인공동체의 배타주의는 필연적으로 인종적인 순수성의 수호에 집착하게 된다는 역설을 날카롭게 지적하고 있다. 백인 가부장 사회는 그 체제를 유지하기 위해서 겉으로 보이는 피부색이 아니라 조상을 거슬러 올라가 단 한 사람이라도 흑인이 있을 시에 그 자손은 흑인으로 간주된다는 한 방울의 법칙One-drop rule을 내세웠다. 이를 위반할 시에는 살인도 서슴지 않는 린치가 자행되었고 많은 흑인 남자들이 강간범으로 몰려 죽임을 당했고 백인여성들도 예외는 아니었다. 루비마을의 인종적 순수성에 대한 집착은 한 방울의 법칙의 등가물로서 루비마을 사람들은 외부 사람들뿐만 아니라 흑인 중에서도 혼혈 흑인을 철저히 거부하고 억압한다. 그러나 파트리시아가 지적하듯이 "백인이 만들어낸 원드랍 법칙은 아무도 그렇다고 말하지 않는 한 따르기 어려운 것이다"(200).

따라서 외모적으로 판별하는 인종성의 한계를 감안하여 루비마을의 배타주의를 굳건하게 하기 위한 제도적인 장치로 이용되는 것이 불허 신화라는 공식적인 기억인 것이다. 즈카리야 모건을 비롯한 루비의 조상들은 해방 노예에게 가해졌던 혹독한 사회적인 억압을 피하여 이주를 감행하였고 처음에 그들이 속한 것은 이와 같은 자유를 향한 열망이었다. 그러나 불허라고 명명된 이주 과정에서 경험했던 치욕에 대한 기억은 그들이 스스로에게 인종에 기반한 공동체적 정체성을 부여하게 되는 계기가 되었던 것이다. 그들은 동족이라고 믿었던 혼혈 흑인들에게서 인종 차별을 당함으로써 경험했던 수치감을 선민사상의 확인으로써 극복하고자 결단을 내리고 그들의 검은 피부는 "오염되지 않은"Unadulterated and unadulterated 인종적인 순수성을 보여주는 자랑스러운 지표라고 정당화한다(217).

    루비마을이 극단적인 가부장적인 체제에 의해서 운영되고 있는 것은 인종적 공통성에 기반을 둔 공동체가 그 정체성을 수호하기 위해서는 필연적으로 생식과 관련된 여성성과 관능sexuality을 억압할 수밖에 없다는 점을 환기시킨다. 외부인 못지않게 경계해야 할 것은 "행실이 단정치 못한" 루비 여인이 루비마을 사람들이 아닌 남자와의 사이에서 "순수한 혈통"이 아닌 자손을 낳을 가능성이다. 패트리시아가 인식하듯이 "마을의 핵심 인물들을 걱정시키는 모든 것들은 여자들에게서 비롯되는" everything that worries them must come from women 것이며 인종적인 순수성을 지키기 위해서 "모든 세대들은 인종적으로 순수해야 할 뿐만 아니라 간통을 저질러서도 안 되는"the generations had to be not only racially untampered with but free of adultery too 것이다(217). 루비의 남자들은 그들이 지키고자 하는 혈통의 순수성을 지켜내기 위해서 필연적으로 여자라는 성에 대해서 배타적이고 가부장적인 태도를 견지할 수밖에 없는 것이다. 또한 남성들이 여성을 장악하기 위해서는 여성 스스로가 자신의 관능성과 그것이 남성들에 대해서 가지는 지배력을 깨닫게 되어서는 안 되는 것이다. 따라서 여성을 종속해야 할 필요가 있었던 남자들은 여성들이 주체적 존재로 감정을 느끼고 지배력을 가지는 존재임을 자각하기를 원하지 않았다. 남성이 지배하는 기독교 문화에서 여자는 이브 대 성모마리아의 이분법적인 존재로 타자화 되는데, 스스로의 관능성을 인식할 수 있는 여성은 남성의 지배력을 무력하게 하는 사악한 여인인 이브이자 마녀로 간주된다. 따라서 자손 번식과 남성과의 종속적인 성 역할에서 자유롭게 살고 있는 수녀원 여자들은 그들에 의해서 "성모마리아에 의지해서 용서받지 못할 뻔뻔스러운 흑인 이브"Bodacious black Eves unredeemed by Mary 또는 "음탕한 계집들 아니 마녀들"Bitches. More like witches로써 규정되는 것이다(18, 276). 루비마을의 3개의 교회들의 수장들마저 서로 오고 가는 반목에도 불구하고 수녀원 여자들을 그냥 두어서는 안 된다는 결의에는 만장일치하고 그녀들에 대한 마녀 사냥을 감행하고 있는 것이다. 이렇듯 루비마을은 철저하게 집단적 배타주의의 성향을 이어가며 그들이 동족들로부터 받았던 상흔을 극복해내지 못하고 더욱 철저하게 부패, 몰락해 간다. 다시 말해 루비마을은 집단적 배타주의의 하극상을 보이고 있다 하겠다.

복원의 공간: 수녀원

모리슨은 루비마을에서 드러나는 집단적 배타주의의 병폐를 수녀원 Convent이라는 전환적 장소를 통해 화합시키고 복원시키고 있다. 이와 동시에 수녀원이라는 상징물은 이러한 인종적 과거에서 자유로우며 인간을 이데올로기나 체제의 아래로 종속시키지 않고 인간의 주체적인 성장을 배양해 내는 공간으로서의 공동체를 제안하고 있다. 모리슨은 정체성과 역사에 대한 이원론적 가치관으로 무장된 배타적인 루비마을에 대한 대안으로써 역시 종교적인 색채가 강한 공동체인 수녀원convent을 그리고 있다. 수녀원이라는 공동체에서 살고 있는 다양한 배경의 여인들은 수녀원이 그 구성원을 받아들임에 있어서 수용적이고 포용적인 입장을 견지하고 있음을 알 수 있다. 인간의 정체성을 외적으로 규정해 내는 도구인 인종, 계급, 성별, 가족의 계보 등 사회적인 틀에 얽매인 루비마을과는 반대로, 수녀원에서 살고 있는 여인들의 삶에서는 그러한 범주화가 문제시되지 않는다. 더 나아가, 수녀원은 단순히 생존을 위해서 모인 집단이 아니라 그 영역 안에 모인 사람들이 과거의 개인적 역사에 있어서의 역사적 상흔을 치유하고, 서로 그 치유를 도우며 결국 구성원들의 주체적인 자아의 성장을 이루어낼 수 있는 공간이다.

물리적인 공간으로서 수녀원은 유동적인 역사를 지닌 혼합적 성격을 띤 장소이다. 원래 1922년에 한 관리가 횡령한 공금으로 지어진 건물로 "횡령자의 부정"an embezzler's folly으로 증축된 건물이었으나 그 후 인디언들과 흑인들을 위해 일하던 포르투갈 출신 가톨릭 수녀들이 아라파호 인디언 소녀들을 교육하기 위한 기숙학교로 썼다(3). 미국 정부가 학교 폐교를 결정하고 난 뒤 대부분의 수녀들이 떠나지만 수녀원장인 마그나 수녀와 마그나 수녀의 피보호자인 콘솔라타 만이 남아서 수녀원에서 살고 있다. 1954년 루비가 세워진 후에도 수녀원은 그대로 수녀원으로 불리면서 종교적인 피정의 공간으로 존재하고 있었다. 그러나 기독교에 기반을 둔 하나의 역사 서술만이 공식적으로 허락되고 있는 루비와는 달리, 수녀원은 종교적 사회적으로 여러 가지 역사의 단면을 간직한 장소이자, 현재로서는 세속적인 장소로서 다양한 과거사와 개인적 배경을 지닌 여인들이 오고 가는 곳으로 쓰이고 있다. 또한 외부 세계와 단절되어 자립자족으로 살아가는 루비와 달리 수녀원은 루비와 경제적인 교류를 지속해왔다. 수녀원에서 재배하는 "농산물과 바비큐 소스, 맛있는 빵, 그리고 세상에서 가장 매운 고추"produce, barbeque sauce, good bread and the hottest peppers in the world를 구입하기 위해서 루비 여인들은 수녀원을 찾아온다(11).

기독교적 동질성에 의해서 타인을 배척하는 루비마을과는 달리, 수녀원은 특정한 종교의 제도화를 배격하며 다양한 종교적인 배경을 가진 사람들도 수용하는 곳이다. 부정 축재자의 저택으로 지어진 당시 이교도적인 육체와 관능을 숭배하는 이미지들로 장식되었던 수녀원은 그 이후 가톨릭뿐만 아니라 가톨릭과 아프리카의 신앙을 결합시킨 캔돔블이라는 브라질 토속 종교까지 공동체 사람들이 다양한 종교를 가지는 것을 허용한다(Bouson 238). 악녀 대 성녀의 이분법적 기독교 여성관은 수녀원에서는 존재하지 않을 뿐 아니라 수녀원의 핵심적인 인물인 콘솔라타는 "정신과 육체를 분리해서는 안 됩니다. 어느 하나를 우선시 하는 것은 안 됩니다"never break them[body and mind] in two. Never put one over the other라고 설파하면서 다른 여인들에게 영혼과 육체를 결합시켜야 한다고 가르친다(263).

혈통의 순수성을 수호하기 위해서 고립주의를 견지하는 루비와 달리 수녀원은 다양한 인종적인 배경을 가진 사람들이 유입해 와서 살고 있는 것이다. 수녀원의 여인들의 인종은 다양하다. 다양한 사회경제적 계급의 미국 흑인 여인들과 브라질 출신의 혼혈 여인인 콘솔라타, 그리고 한명의 백인 여인까지 있다. 그런데 수녀원은 구성원에 대한 인종적 범주화가 불가능한 곳이자 인종적 언어가 가능한 장소로써 인종적 담론이

불필요한 곳으로 형상화되어 있다. 소설은 "그들은 백인 여자를 먼저 쏘았다"they shoot the white girl first로 시작되는데 이 백인여성이 누구인지는 소설 전체에 걸쳐서 알 수가 없다(3). 이 백인여성이 하는 말과 행동만을 근거로 하여 인종적 범주화를 해내기는 불가능하다. 모리슨은 그레이와의 인터뷰에서 백인여성의 정체성은 의도적으로 모호하게 설정되어 있다고 밝힌다.

> 그것은 의도적인 것입니다. 나는 독자들이 인종이란 것이 문제가 되지 않는 다는 것을 깨달을 때까지 그 여인들의 인종에 대해서 생각해 보았으면 합니다. 나는 사람들이 문학을 읽을 때 이런 식으로 하는 것을 [인종적으로 읽는 것] 저지하고 싶어요. . . . 인종이란 사람에 대해서 얻을 수 있는 가장 신뢰할 수 없는 정보지요. 현실적인 정보이기는 하지만 아무 것도 말해 주진 않습니다. (Morrison and Gray 67)

누가 그 백인여성인가 하는 수수께끼는 독자들에게 수녀원에서는 인종에 대한 담론자체가 시도되지 않기 때문에 누가 백인인지 밝혀낼 필요조차 없다는 것을 알려 준다.

수녀원은 계급과 개인적 성장 배경이 다양한 여인들이 모여 사는 공동체이다. 8-rock 가족인지의 여부가 권력을 부여하는 중요한 잣대인 루비마을 사람들과 달리 수녀원의 여인들에게는 그들의 가족이 누구이며 그들은 어떤 출신인지가 중요하지 않다. 가장 연장자인 70세의 콘솔라타는 "길거리 쓰레기"the street garbage처럼 버려져 남자들의 성적 노리개로 살고 있던 어린 소녀시절, 수녀들이 '납치'하여 수녀원에서 길러 왔다(223). 한편 가장 어린 16세의 팔라스Pallas는 부유한 집안 출신으로 이혼한 부모 밑에서 자랐다. 리무진을 타고 세 개나 되는 짐 가방을 들고 수녀원을 잠깐 방문했지만 지금까지 머무르고 있다(261). 메비스Mavis는 흑인 하층 계급출신으로 장보는 도중 어린 쌍둥이 아들들을 실수로 뜨거운 차 안에서 질식사시켰으며, 남편의 폭력과 강간으로 상처받은 과거를 가진 여인이다. 지지Gigi의 아버지는 죽었고 엄마는 찾을 길이 없다. 흑인 민권운동 중 경찰이 쏜 총에 맞아 죽은 주검들의 기억에 괴로워한다(170, 68). 세네카Seneca는 언니인 줄 알았던 어린 엄마에 의해 고아원에 버려졌으며 남자들에게 유린당하면서 전전하며 살아왔다. "스스로의 팔에 작은 거리, 골목길, 샛길"short streets, lanes, alleys into the arms 등의 무늬를 칼로 그으면서 상해를 입힌다(261).

수녀원은 과거의 상처로 인하여 부서진 자아관을 가지고 그 속에 억압되어 있는 인간이 새로운 정체성을 모색하는 작업을 할 수 있는 공간이다. 수녀원에 모인 여성들은 모두 가부장주의 및 인종차별과 성차별 등에서 기인한 과거의 상흔을 지닌 채 그 기억에 짓눌려 현재를 살아가는 사람들이다. 스스로가 깨달음의 순간을 겪으면서 통찰력 있는 인물로 성장하는 콘솔라타는 시끄러운 꿈꾸기loud dreaming라는 집단적 치유 과정을 주도하고 촉진한다. 이 시끄러운 꿈꾸기는 "고함지르기와 다를 바 없는"no different from a shriek(264) 집단적인 부르짖음과 그에 대한 응답이다. 스스로에게 상흔을 내는 아픔과 사랑받고 싶은 욕구에 대해서 이야기하는 세네카, 자신의 성을 이용하는 남자들에 대한 복수심과 시체들의 기억으로 인한 괴로움에 대해 이야기하는 지지, 집단 강간의 결과로 임신한 태아와 자신을 배반한 엄마에 대한 사랑과 증오에 대한 이야기를 하는 팔라스 등 수녀원 여인들은 과거의 고통스런 경험과 개인사를 드러내어 함께 이야기를 하면서 서로를 이해해 나가는 과정을 가진다. 수녀원 여인들은 집단적으로 이야기하기를 통해서 각자의 과거를 인정하고 그 과거와 현재의 자신 사이의 관련성까지도 받아들일 수 있는 주체적인 인간으로 성장한다.

그러나 수녀원은 완결된 천국이 아니라 그 곳을 거쳐 가는 사람들이 끊임없는 자아성장과 연대적인 작업을 하고 있어야만 유지되는 전환기적인 장소이다. 기독교적 구원사상에 기인한 고립된 흑인공동체인 루비에 대해서 수녀원은 대안적인 장소이기는 하지만 결코 영원한 천국은 아니다. 수녀원의 여인들은 루비마을 사람들과 달리 내적인 평화를 얻게 되지만 그것만으로 천국을 얻을 수는 없다. 소설의 마지막 문장이 말하듯이 수녀원 여인들은 "여기 지상의 천국에서 끊임없는 작업을 짊어지고 가도록 태어난"shouldering the endless work they were created to do down here in Paradise 것이다(318). 이 끊임없는 작업은 천국을 창조하고 유지하는 것에 필수 불가결한 요소이다. 또한, 수녀원 여인들의 시신이 사라졌다는 대목은 사실상 그녀들이 과거의 트라우마를 완전히 극복해냈는지의 문제를 불가해하게 남겨둠으로써 자기 의문과도 같이 과거의 상흔을 해결해 낸다는 것이 쉽지 않은 과제임을 시사한다. 그러나 최소한 이곳에서는 그 어떤 사람도 인종의 뿌리에 상관없이 또한 그 어떠한 여성도 성의 구분에 의한 차별 없이 평등한 한 인간으로 인정받으며 자아추구를 이루어 낼 수 있는 정신적 복원의 장소임은 분명하다 하겠다.

깨달음과 각성: 디콘

이 작품 『낙원』에서 모리슨은 후기 민권 운동의 환멸과 반성적인 시각을 바탕으로 하여 이러한 흑인공동체를 역동적인 역사의 주체로서 창조하고 유지해내는 인물들을 형상화하는 가운데서 흑인공동체의 자기 결정적 능력을 구체적으로 가시화 해내는 작업을 하고 있다. 소설의 인물들은 억압자들의 이데올로기를 받아들인 채 재생산해내고 있었음에도 불구하고, 결국은 해방적이고 활동적인 주체로 재탄생하기 위한 노력을 하게 된다.

모리슨은 노예제도와 인종차별이라는 험난한 과거를 살아 온 흑인공동체가 현대에서 이상적인 공동체로써 발전할 수 있는 가능성을 역사를 통해서 지속되어 왔던 흑인들 특유의 정신력과 포용력에서 찾고 있다. 『낙원』에서는 역사와 사회의 제약을 망각하거나 회피함으로써 자유를 획득하는 것이 아니라, 공동체의 역사 속에서의 존재성을 획득하는 개인이 되어야 할 것임을 제안한다. 모리슨은 역사를 왜곡한 채 그 왜곡된 역사를 전승함으로써 집단의 긍지를 지켜내려 하는 루비마을 사람들의 파멸적 과정을 통하여 흑인들이 불가능한 일이라는 점을 보여준다. 루비마을의 새로운 세대들이 기존세대들을 비판하면서 인간의 자주적인 의지를 표방하는 글귀를 마을의 공동 화덕인 오븐에 새겨야 한다고 도전하는 것은 바로 이러한 흑인공동체의 미래에 대한 작가의 비전을 의미한다.

또한 역사를 부정하거나 왜곡하려는 노력 대신 역사를 인정하고 주체적으로 해석하는 것이 필요하다는 각성은 수녀원 습격 후 마을의 권력자인 모건 형제 중 한 명인 디콘Deacon에게 일어난 내면적인 변화를 통해서 드러난다. 수녀원 습격에 참가했었던 디콘은 여인들의 시신이 사라진 일에 대한 온갖 추측이 난무하는 정황에도 불구하고 오히려 오랜 침묵에 빠진다. 그리고 그는 놀랍게도 최초로 형이 아닌 다른 자와 인간관계를 맺기 시작하는데, 디콘이 외부 인사인 미즈너와 친교를 맺으려고 결심하는 것은 고착된 채 움직이지 않던 마을의 기존 권력구조가 유동적으로 변화할 수 있다는 암시이다. 특히 디콘은 지금까지 마을을 결속하는 이데올로기적 바탕이 되었던 불허 신화의 보존에 앞장서 왔음에도 불구하고 이제는 그 신화의 전승에 대한 의구심을 가진다. 자신들 모건 형제가 기억하고 보존해 온 마을의 역사는 누구를 위한 역사이며 그 역사 서술이 이면에 숨기고 부인하고자 하는 부분은 무엇인가에 대한 성찰은 그가 기억하고 있는 선조들의 역사에 까지 미친다. 미즈너 목사를 찾아가 이야기를 나누는 디콘을 통해서 공식적인 불허 신화의 내용과는 다른 마을 창립에 연관된 기억이 드러난다. 디콘의 비공식적인 기억을 통해 미즈너는 마을이 공식적으로 기억하는 예언자적 모습과는 달리 부정을 저질러 수치심에 압도된 즈카리야 모건의 과거를 알게 된다. 즈카리야는 아직 해방 노예로서 커피로 불리던 시절, 공무기관에서 일하던 중, 부정한 행동을 했다는 혐의 하에 기소 당하여 직위 해직 되었던 것이다. 미즈너 목사는 디콘의 이야기를 들으면서 불허는 이미 혼혈 흑인 마을 사람들에게 거부당하기 이전에 부정을 행하고 탄핵 당함으로써 "흑인에게는 수치이자 백인에게는 위협이자 웃음거리"an embarrassment to Negroes and both a threat and a joke to whites가 되었던 즈카리야의 내면에서 이미 경험했었던 것이라고 생각한다(302).

한편, 모리슨은 흑인 운동에 대한 작가의 생각을 대변하는 인물인 미즈너 목사를 통해서 백인 주류 사회의 답습에 지나지 않는 흑인 민권주의와 고립주의를 고집하는 흑인 분리주의를 모두 비판하고 있다. 미즈너는 흑인민권운동 이후의 미국에 있었던 변화는 오직 '장식적인' 것임에 불과하다고 생각하며, 민권운동을 실패로 이끌어 갔던 것은 무엇 때문이며 누가 그 책임이 있는가에 대한 의문을 가진다.

마틴 루터 킹의 살해사건 이후 새로운 계명에 대고 맹세를 했었고, 법들은 도입되었지만 석상, 거리 이름, 연설 등 모든 것이 장식적인 것이 되었다. 마치 귀중품은 전당잡혔는데 전표는 잊어버린 것과도 같았다. 그게 데스트리, 로이, 작은 머쓰나 그 나머지 사람들이 찾고 있었던 것이다. 아마도 오븐의 주먹을 그린 화가도 같은 것을 찾고 있었을 것이다. 어떻든 간에 전표를 찾지 못하면 전당포를 부수고 쳐들어갈 지도 모른다. 문제는 누가 전당잡고 있는가 하는 것과 왜 그랬냐는 것이다. (117)

뿐만 아니라 디콘 역시 수녀원 습격 이후 마을의 고립주의에 대해 회의한다. 수녀원을 습격한 아홉 명의 남자 중 한 사람이자 마을 최고의 부자이며 창립자의 후손인 그는 "우리가 한 짓이다. 우리만 한 거다. 그리고 우리에게 그 책임이 있는 거다"라는 반성을 하게 된다(291). 디콘은 자신들이 처한 모순적인 처지를 깨달으면서 그들의 선조들을 억압했던 그 백인들, 바로 "도움이 필요한 자들, 무력한 자들, 다른 자들을 판단하고 패배시키고 심지어 파괴시키고자 했었던 그런 사람"이 되어 있다는 것을 깨닫는 성찰을 한다(302).

이와 같이 모리슨은 흑인민권운동과 분리주의의 실패의 원인을 흑인 공동체 내에서 찾으면서 현대의 미국 흑인들이 이상적인 공동체를 성공적으로 건설해내기 위해서는 과거의 역사를 검토하는 것에서 시작해야 한다고 본다. 로메로는 흑인 운동이 가졌던 한계에 대해, 그 문제점이 흑인 운동가들이 공유했던 백인 주류사회에 대한 반동적 정치학에 있다는 점을 지적한다(Romero 427). 그와 같은 지적처럼, 모리슨은 흑인민권운동 이후의 흑인 운동의 실패는 "절대적으로 백인의 가치관에 대한 반동적인 격발"absolute fit of reacting to white values에서 연유한 것이라고 이미 밝힌 바 있다(Morrison, "Rediscovering" 14). 모리슨은 흑인 스스로가 노예제도와 차별주의 등의 흑인의 역사를 낭만주의적 회고주의에 희석시킴으로써 그 시절에 살았던 무명의 흑인들을 망각하기를 선택한 것임을 비판한다. 모리슨은 흑인민권운동의 반동적 정치학은 흑인공동체의 역사에 대한 백인들의 시각만을 염두에 둔 것임을 비판하면서 진정한 흑인 정체성 문제의 탐구는 그러한 흑인 역사에 대한 백인적인 향수나 망각이 아니라 과거에 대한 흑인들의 재평가와 재검토에서 시작되어야 한다고 주장하고 있는 것이다.

> 나은 직장과 주택을 구하고자 하는 합법적이고 필수적인 충동에 이끌려서 우리는 과거와 더불어 그 과거와 함께 존재하는 수많은 진실과 본질을 단념했던 것이다. 그리고 민권이 흑인의 힘이 되었을 때 우리는 곧잘 현실 대신에 이국의 정서를 선택하곤 했다. 흑인들이 만든 낡은 진실, 이 나라에서 흑인으로 살아간다는 것을 상상할 수 있는 가장 역동적인 존재로 만들어 놓은 낡은 진실-만족스럽고 도전적이고 그냥 재미있는 많은 것들-. . . 노예제도와 그 이후라는 암을 치료하기 위한 노력의 와중에 악성 세포뿐만 아니라 건강한 세포도 파괴되어 버린 것이다. (Morrison, "Rediscovering" 14)

모리슨은 흑인공동체 내에 재현되는 문제들이 단순한 접근으로는 설명하기 힘든 다양한 배경을 가지고 있음을 지적하고 있다. 루비마을의 혼혈 혈통의 주민들에 대한 가혹한 배척이나 부가 극단적으로 불평등하게 소유되고 있는 사실 등은 흑인공동체의 인종 간 인종차별이나 계급 차별 등의 문제를 드러내고 있는 것이다. 동시에, 루비마을의 가부장적 체제를 둘러싸고 억압된 채 살아가는 마을 여인들과 수녀원 여인들의 초월적인 성장이라는 대조를 통해서 이제까지 흑인사회에서 제기되지 않고 있던 흑인여성의 사회적 지위 문제에 대한 작가의 지속적인 관심이 드러나 보인다.

이러한 상징적 공동체를 통해 모리슨은 다양한 이데올로기적 관계들을 포괄적으로 다루고 있으며 이 흑인공동체에서 종교가 과거와 현재를, 상실과 회복을 연결시켜주는 고리 역할을 하고 있음을 보여주고 있는 것이다. 즉 수녀원과 같은 전환적 장소는 인종간의 화합, 인간적 성숙, 정신적 복원을 이끌어낼 수 있는 통로의 역할을 하고 있는 것이며, 그러한 통과의례를 거침으로써 그들은 잊혀져가던 과거의 유산을 재검토하고 흑인정신을 되찾고자 하는 의지를 다짐하게 되는 것이다. 이러한 상징적 치유의 장소를 거친 세대들의 희생과 경험으로 인해 체득된 교훈들을 실험하고 실현해 내고자하는 다음 세대들의 젊음과 결단이야말로 작가가 제시하는 건강한 인종적 미래를 건설해 낼 수 있는 희망일 것이다. 결국 미래의 흑인에 대한 작가의 비전은 긍정적 젊은 세대들의 미래에 대한 도전의식과 과거 역사에 대한 검토, 그리고 그들의 인생에 대한 주체적 태도라 할 수 있겠다.

참고문헌

Angelo, Bonnie. "The Pain of Being Black: An Interview with Toni Morrison". Ed. Danielle Taylor-Guthrie. *Conversations with Toni Morrison*. Jackson: UP of Mississippi, 1994. 255-261.

Ashcroft, Bill, et al. *The Empire Writers Back: Theory and Practice in Post-Colonial Literatures*. London: Routledge, 1989.

Awkward, Michael. *Inspiriting Influence: Tradition, Revision and Afro-American Women's Novels*. New York: Columbia UP, 1989.

Badt, Karin Luisa. "The Roots of the Body in Toni Morrison." *African American Review* 29(1995): 210-243.

Baker, Houston A. Jr. *Blues, Ideology, and Afro-American Literature: A Vernacular Theory*. Chicago: U of Chicago P, 1984.

Bakerman, Jane. "The Seams Can't Show: An Interview with Toni Morrison." *Black American Literature Forum* 12, 1979.

Baldick, Chris. *The Concise Oxford Dictionary of Literary Terms*. New York: Oxford UP, 1996.

Barbeito, Patricia Felisa. "Making Generations" in Jacobs, Larsen, and Hurston: A Geneology of Black Women's Writing." *American Literature* 70. 2, 1998: 366-367, 369-370.

Barnes, Deborah. "Movin' on up: The Madness of Migration in Toni Morrison's *Jazz*" *Toni Morrison's Fiction*, New York and London: Garland, 1997.

Barrett, Michle, and Mary McIntosh. *The Anti-Social Family*. 2nd ed. London; New York: Verso, 1991.

Berdjaeo, Nicolas. *The Fate of Man in the Modern World*. Ann Arbor: U of Michigan P, 1969.

Blake, Susan L. "Folklore and Community in *Song of Solomon*." *MELUS* 7, 1980.

Bouson, J. Brooks. *Quiet As It's Kept: Shame, Trauma, and Race in the Novels of Toni Morrison*. Albany: SUNY P. 2000.

Brenner, Gerry. "*Song of Solomon*: Rejecting Rank's Monomyth and Feminism." *Critical Essays on Toni Morrison*. Ed. Nellie McKay. Boston: G. K. Hall&Co. 1988. 114-25.

Butler-Evans, Elliott. *Race, Gender and Desire: Narrative Strategies in the Fiction of Toni Cade Bambara, Toni Morrison, and Alice Walker*. Philadelphia: Temple UP, 1989.

Byerman, Keith E. "Intense Behaviors: The Use of the Grotesque in The Bluest Eye and Eva's Man." *CLA Journal* 25.4 (1982): 447-457.

_____. Fingering the Jagged Grain: Tradition and Form in Recent Black Fiction. Athens: U of Georgia P, 1985.

Carabi, Angeles. "Toni Morrison." *Belle Lettres* (1994): 89.

_____. "Interview with Toni Morrison." *Belle Letters* 10. 2 (1995): 40-43.

_____. "Toni Morrison." *Belle Letters: A Review of Books by Women* 10. 2, 1995.

Chodorow, Nancy. *The Reproduction of Mothering: Psychoanalysis and the Sociology of Gender*. Berkely: U of California P, 1978.

Christian, Babara. "Trajectories of Self-Definition: Placing Contemporary Afro-American Women's Fiction." *Conjuring: Black Women, Fiction, and Literary Tradition*. Ed. Marjoire Pryse and Hortense J. Spillers. Bloomington: Indiana UP, 1985. 233-48.

_____. *Black Feminist Criticism: Perspective on Black Women Writers.* New York: Pergamon, 1985.

Christian, Barbara. *Black Women Novelists: The Development of a Tradition.* 1892-1976.

_____. *Black Feminist Criticism: Perspectives on Women Writers.* New York: Pergasmon, 1985.

_____. "Community and Nature: The Novels of Toni Morrison." *Journal of Ethnic Studies* 7.4(1980): 65-78.

Collins, Patricia Hill. *Black Feminist Thought.* New York: Routledge, 2000.

Cutter, Martha J. "The story Must Go On and On: The Fantastic, Narration and Intertextuality in Toni Morrison's Beloved and Jazz." *African American Review* 34.1 (2000): 78-92.

Dalsgrd, Katrine. "The One All-Black Town Worth the Pain: (African) American Exceptionalism, Historical Narration, and the Critique of Nationhood in Toni Morrison's Paradise." *African American Review* 35.2(2001): 231-50.

Davis, Christina. "An Interview with Toni Morrison." *Conversation with Toni Morrison.* Ed. Danielle Taylor-Guthrie. Jackson: UP of Mississippi, 1994. 224-5.

_____. "An Interview with Toni Morrison." *Conversation with Toni Morrison.* Ed. Danille Taylor-Guthrie. Jackon: UP of Mississippi, 1994. 223-233.

Dixon, Melvin. *Modern Critical Views: Toni Morrison.* Ed. Harold Bloom.

Du Bois, W. E. B. *The Souls of Black Folk.* New York: Bantam, 1989.

Dubey, Madhu. "'No Bottom and No Top': Oppositions in *Sula*." *Black Women Novelists and the Nationalist Aesthetic.* Bloomington and Indianapolis: Indiana UP, 1994. 51-75.

Eckard, Paula Gallant. "The Interplay of Music, Language, and Narrative in Toni Morrison's Jazz." *CLA(College Language Association) Journal* 36.1(1994): 11-19.

Eisenstein, Hester. *Contemporary Feminist Thought*. Boston: G. K. Hall & Co. 1983.

Ellis, Kate. "Can the Left Defend a Fantasized Family?" *Feminist Review* 14(1983): 45-49.

Fabre, Genevieve. "Genealogical Archeology or the Quest for Legacy in Toni Morrison's Song of Solomon." In Critical Essays on Toni Morrison. Ed. Nellie Y. McKay. Boston: G. K. Hall, 1988.

Fraile-Marcos, Ana Maria. "Hybridizing the 'City Upon a Hill' in Toni Morrison's Paradise." *MELUS* 28.4(2003): 3-35.

Furman, Jan. *Toni Morrison's Fiction*. Columbia: U of South Carolina P, 1996.

Gates, Henry Louis. Jr. "Binary Oppositions in Chapter One of Narrative of the Life of Frederick Douglass an American Slave Written by Himself." *Figures in Black: Words, Signs, and the "Racial" Self*. New York: Oxford UP, 1987. 80-97.

Gillespie, Diane, and Missy Dehn Kubitscheck. "'Who Cares?' Women-Centered Psychology in Sula." *Toni Morrison's Fiction: Contemporary Criticism*. Ed. David L. Middleton. New York: Garland, 1997. 61-91.

Gilligan, Carol. *In a Different Voice: Psychological Theory and Women's Moral Development*. Cambridge: Harvard UP, 1982.

Gilroy, Paul. "Living Memory: A Meeting with Toni Morrison." *Small Acts: Thoughts on The Politics of Black Cultures*. London: Serpent's Tail, 1993: 175-182.

Grant, Robert. "Absence into Presence: The Themantics of Memory and

'Missing' Subjects in Toni Morrison's *Sula*." *Critical Essays on Toni Morrison*. Ed. Nellie Y. McKay. Massachusetts: G. K. Hall & Co., 1988. 90-103.

Gray, Paul. "Paradise Found." *Time*. 151. 2 Jan.(1958): 62-68.

Grewel, Gurleen. *Circles of Sorrow, Lines of Struggle: The Novels of Toni Morrison*. Baton Rouge: Louisiana State UP, 1998.

Hardack, Richard. "A Music Seeking Its Words: Double-Timing and Double-Consciousness in Toni Morrison's Jazz." *Callaloo* 18. 2(1995): 451-457.

Harding, Wendy and Jacky Martin. "The Character and Its Double." *A World of Difference: An Inter-Cultural Study of Toni Morrison's Novels*. London: Greenwood Press, 1994. 37-60.

Harris, Trudier. *Fiction and Folklore: The Novel of Toni Morrison*. Knoxville: Tennessee UP, 1992.

Hernton, Calvin. *The sexual Mountain and Black Women Writers*. New York: Doubleday, Anchor P, 1987.

Hirsh, Marianne. *The Mother/Daughter Plot: Narrative, Psychoanalysis, Feminism*. Bloomington: Indiana UP, 1989.

Holloway, Karla. *Moorings & Metaphors: Figures of Culture and Gender in Black Women's Literature*. New Brunswick, New Jersey: Rutgers UP, 1992.

Hooks, Bell. "Revolutionary Parenting." *Feminist Theory: From Margin to Center*. Boston: South End, 1984.

_____. *Yearning: Race, Gender, and Cultural Politics*. Boston: South End P, 1990.

Hurston, Zora Neale. *Their Eyes Were Watching God*. New York: Amazon Remainders Account, 1998.

Irigaray, Luce. "Women on the Market", *This Sex Which is not One*. New

York: UP of Cornell, 1985.

Johnson, Miriam. *Strong Mothers, Weak Wives: The Search for Gender Equality.* Berkeley: U of California P, 1988.

Kirk J., James F. T. Bugental, J. and Fraser Pierson. eds. *The Handbook of Humanistic Psychology.* Calif: Sage P, 2001.

Klotman, Phyllis R. "Dick-and-Jane and the Shirly Temple Sensibility in The Bluest Eye." *Black American Literature Forum* 13(4) (1979). p. 29, p. 124.

Krumholz, Linda J. "Reading and Insight In Toni Morrison's Paradise". *African American Reviews 36* (2002): 21-34.

Kubitschek, Missy Dehn. *Toni Morrison: A Critical Companion.* Connecticut & London: Greenwood. 1998.

LeClair, Thomas. "An Interview with Toni Morrison." *Conversations with Toni Morrison.* Ed. Danille Taylor-Guthrie. Jackson: UP of Mississippi, 1994. 117-128.

Lee Dorothy H. "Song of Solomon: To Ride the Air." *Black American Literature Forum* 16 (1982): 64-71.

Lewis, David Levering. *When Harlem was in Vogue.* New York: Oxford UP, 1981.

Lorber, Judith. *Gender Inequality: Feminist Theories and Politics.* Calif: Roxbury Pub, 2005.

Lubiano, Wahneema. "Black Nationalism and Black Common Sense." *The House That Race Built.* Ed. Wahneema Lubiano. New York: Vintage Books, 1998.231-54.

Mbalia, Doreatha Drummond. "Women Who Run With Wild: The Need for Sisterhood in Jazz." *Modern Fiction Studies* 39.3(1993): 93-107.

McDowell, Deborah E. "'The Self and the Other': Reading Toni Morrison's *Sula* and the Black Female Text." *Critical Essays on Toni Morrison.*

77-90.

_____. *The Changing Same: Black Women's Literature, Criticism, and Theory*. Bloomington: Indiana UP, 1982.

Mckay, Nellie. "An Interview with Toni Morrison." Contemporary Literature 24.4. (1983): 413-429.

_____. "An Interview with Toni Morrison." *Conversations with Toni Morrison*. Ed. Danille Taylor-Guthrie. Jackson: UP of Mississippi, 1994, 138-155.

Mckenna, Irene. *The Grotesque in the Early Novels of Sherwood Anderson and Luigi Pirandello*. Univ of California, 1978.

McKinney-Whetstone, Daine. "A Conversation with Toni Morrison." *BET Weekend Magazine*.(Feb. 1998): 12-14, 16.

Miner, Madonne M. "Lady No Longer Sings the Blues: Rape, Madness, and Silence in *The Bluest Eye*", Toni Morrison. Ed. Harold Bloom. New York: Chelsea House Publishing, 1990.

Mohanty, Chandra Talpade. "Under Western Eyes: Feminist Scholarship and Colonial Discourses". *Colonial Discourses and Post-Colonial Theory*. 1994.

Morrison, Toni. "Home." *The House That Race Built*. Ed. Wahneema Lubiano. New York: Vintage Books, 1998. 3-12.

_____. *Paradise*. New York: Plume, 1997.

_____. *Paradise*. New York: Plume, 1998.

_____. "Rootedness: The Ancestor as Foundation." *Black Women Writers (1950-1980): A Critical Evaluation*. Ed. Mari Evans. New York: Anchor P, 1984: 339-45.

_____. "Rediscovering Black History." *The New York Times* 11 Aug. 1974: 14-24.

_____. *Jazz*. New York: Plume, 1992.

_____. "Rootedness: The Ancestor as Foundation." *Black Women Writers*. Ed. Mari Evans. New York: Doubleday, 1984. 332-345.

_____. "Memory, Creation, and Writing." *Thought* 59:235, (1984): 385-390.

_____. "Noble Lecture(1993)." *Toni Morrison: Critical and Theoretical Approaches*. Ed. Nancy J. Peterson. Baltimore: Johns Hopkins UP, 1997. 267-273.

_____. "The Art of Fiction." *Paris Review* 128(1993): 83-125.

_____. *Song of Solomon*. New York: Plume, 1987.

_____. *Sula*. New York: Plume. 1973.

_____. *Sula*. New York: Knopf, 1973.

_____. *Toni Morrison: Lecture and Speech of Acceptance, upon the Award of the Nobel Prize for Literature, Delivered in Stockholm on the Seventh of December, Nineteen Hundred and Ninety-three*. New York: Knopf, 1997.

_____. "Rediscovering Black History." *The New York Times* 11 Aug. 1974: 14-24.

_____. "Unspeakable Things Unspoken: The Afro-American Presence in American Literature." Ed. Harold Bloom. *Michigan Quarterly Review* 28(1989):1-34.

_____. *Jazz*. New York: Plume. 1992.

_____. *Recitatif. Confirmation: An Anthology of African American Women*. Eds. Amiri and Amina Baraka. New York: Quill, 1983:243-61.

_____. *The Bluest Eye*. Washington Square P, 1972.

Moyers, Bill. "A Conversation with Tony Morrison." Conversation with Toni Morrison. Ed. Danielle Taylor-Guthrie. Jackson: UP of Mississippi, 1994. 262-274.

Newton, Judith and Deborah Rosenfelt. Ed. *Feminist Criticism and Social Change: sex, class and race in literature and culture*. 1985.

O'Neale, Sondra. *Feminist Studies*. Ed. Teresa De Lauretics. UP of Indiana. 1986.

O'Reilly, Andrea. *Toni Morrison and motherhood: a politics of the heart*. NY: SUNY P, 2004.

Otten, Terry. *The Crime of Innocence in the Fiction of Toni Morrison*. Columbia: U of Missouri P, 1989.

Page, Philip. "Furrowing All the Brows: Interpretation and the Transcendent in Toni Morrison's Paradise." *African American Review* 35.4(2001): 637-649.

Page, Philip. "Shocked into Separateness: Unresolved Oppositions in *Sula*." *Dangerous Freedom*. Jackson: UP of Mississippi, 1995. 62-83.

_____. *Dangerous Freedom: Fusion and Fragmentation in Toni Morrison's Novels*. UP of Mississippi, 1995.

Parker, Betty Jean. "Complexity: Toni Morrison's Women". *Conversation with Toni Morrison*. Ed. Danille Taylor-Guthrie. Jackson: UP of Mississippi, 1994. 60-66.

Peach, Linden. *Toni Morrison*. London: Macmillan Press LTD. 2000.

Rich, Adrienne. *Of Woman Born: Motherhood as Experience and Institution*. New York: W. W. Norton, 1986.

_____. "The Kingdom of Fathers." *Feminism: Critical Concepts in Literary and Cultural Studies*.(Vol. 4) Ed. Mary Evans. London and New York: Routledge, 2001, 77-100.

Rigney, Barbara Hill. *The Voice of Toni Morrison*. Columbus: Ohio State UP, 1991.

_____. *The Voices of Toni Morrison*. Columbus: Ohio State UP. 1991.

Rodrigues, Eusebio L. "Experiencing Jazz." *Modern Fiction Studies* 39 (1993): 733-753.

Romero, Channette. "Creating The Beloved Community: Religion, Race, and

Nation in Toni Morrison's Paradise." *African American Review* 39. 3(2005): 415-431.

Said, Edward W. "Representing the Colonized: Anthropology's Interlocutors." *Critical Inquiry* 15(1989), p. 207.

_____. *Culture and Imperialism*. Random House: New York, 1994.

_____. *Orientalism*. New York: Pantheon Books, 1978.

Samuels, Wilfred D., and Clenora Hudson-Weems. *Toni Morrison*. Boston: Twayne, 1991.

Schultz, Elizabeth. "African and Afro-American Roots in Contemporary Afro-American Literature: The Difficult Search for Family Origins." *Studies in American Fiction* 8, 1980.

Showalter, Elain. "A Criticism of Our Own, Autonomy and Assimilation in Afro-American and Feminist Literary Theory". *Feminism*. New Brunswick: Rutgers UP. 1991.

Smith, Amanda. "Toni Morrison." *Publishers Weekly* (1987), pp. 47-53.

Smith, Barbara. "Toward a Black Feminist Criticism". *The New Feminist Criticism*. Ed. Elain Showalter. New York: Pantheon Books. 1985.

_____. "Toward a Black Feminist Criticism." *Feminist Criticism and Social Change ed., Judith Newton, Deborah Rosenfelt* New York: Methuen, 1985, p. 8, pp. 165-186.

Smith, Valerie. "The Quest for and Discovery of Identity in Toni Morrison's Song of Solomon." *Southern Review* 21. 3. 1985.

Spivak, Gayatri Chakravorty. "Can the Subaltern Speak?" *Marxism and the Interpretation of Culture*. Ed. Cary Nelson and Lawrence Grossberg. Chicago: U of Illinois P, 1988. 271-316.

Stepto, Robert B. "Intimate Thinbgs in Place: A Conversation with Toni Morrison." *Conversations with Toni Morrison*. Ed. Danille Taylor-Guthrie. Jackson: University Press of Mississippi, 1994. 10-29.

Story, Ralph D. "Gender and Ambition: Zora Neale Hurston in the Harlem Renaissance." *Analysis and Assessment* 1980-1994. Ed. Cary D. Wintz. New York: Garland, 1996.

Sweeney, Megan. "Racial House, Big House, Home." *Meridians: Feminism, Race, Transnationalism* 4.2(2004): 40-67.

Tate, Claudia. "Toni Morrison." *Conversations with Toni Morrison.* Ed. Danille Taylor-Guthrie. Jackson: University Press of Mississippi, 1994, 156-170.

Taylor-Guthrie, Danille. Ed. *Conversations with Toni Morrison.* Jackson: U of Mississippi P, 1994.

The Combahee River Collective. "A Black Feminist Statement." *All the Women Are White, All the Blacks Are Men, But Some of Us Are Brave.* New York: The Feminist, 1982.

Thomson, Philip. *The Grotesque.* London: Methuen & Co., 1979.

Walker, Alice. *In Search of Our Mother's Gardens.* New York: Harcourt Brace, 1983.

Washington, Mary Helen. "The Darkened Eye Restored: Notes Toward a Literary History of Black Women." *Reading Black, Reading Feminist.* ed., Henry Louis Gates, Jr. pp. 29-44.

Washington, Mary Helen. *Invented Lives.* Doubleday, 1987.

Watkins, Susan. *Twentieth-Century Women Novelists: Feminist Theory into Practice.* Houndmills: Palgrave, 2001.

White, Frances E. "Africa on My Mind: Gender, Counterdiscourse, and African American Nationalism." *Is It Nation Time?* Ed. Eddie S. Glaude. Chicago: Chicago UP, 2002. 504-24.

Widdowson, Peter. "The American Dream Refashioned: History, Politics and Gender in Toni Morrison's Paradise." *Journal of American Studies* 35.2(2001): 311-37.

Wilentz, Gay. "Civilizations Underneath: African Heritage as Cultural Discourse in Toni Morrison's Song of Solomon." *Toni Morrison's Fiction*. Ed. David L. Middleton. New York: Garland, 1997. 109-134.

Wilfred D. Samuels & Clenora Hudson-Weems. "The Damaging Look: The Search for Authentic Existence in *The Blues Eye*", Toni Morrison. Ed. Warren French. Twayne. 1990.

Willis, Susan. *Specifying: Black Women Writing the American Experience*. U of Wisconsin P, 1987.

곽신환 역. 『중국철학의 정신』. 숭실대학교 출판부, 1987.

구은숙. 「『술라』: 흑인여성의 정체성과 여성으로서의 글쓰기」. 『영미문학 페미니즘』 1(1995): 165-80.

권택영. 「토니 모리슨『술라』: 실재계와 몸의 정치성」. 『현대영미소설』 9.1 (2002): 5-29.

김명주. 「토니 모리슨『술라』의 정체성 탐구양상: 미국 1970년대 문화적 나르시즘」. 『미국사연구』 16 (2002): 279-299.

김성곤. 『미국현대문학』. 서울: 민음사, 1997.

김성곤 · 정경호 역. 『문화와 제국주의』.

_____. 「탈식민주의 시대의 문학」. 『외국문학』. 31(1992): 11-17.

김애주. 『토니 모리슨 연구』. 서울: 한국문화사, 1999.

김열규. 『페미니즘과 문학』. 문예출판사, 1998.

박일봉 역. 『壯者』. 육문사, 1993.

박홍규 역. 『오리엔탈리즘』. 서울: 교보문고. 1991.

신현욱. 「토니 모리슨의『술라』:『술라』와 술라의 도전적 실험성」. 『근대영미소설』 12.2(2005): 183-209.

우현민 역. 『老子』, 박영사, 1991.

이경순. 「탈식민주의 페미니즘」. 외국문학. 31 (1992):

_____. 「Black Feminism: Sula와 Meridian」. 『영어영문학』 38 (1992): 585-99.

조지형 역. 『자유를 위한 탄생』. 이화여자대학교 출판부. 1998.

김미아
1998년 미국 Washington D.C. Maryland 대학에서 석사학위 논문을 위한 자료수집과 준비과정을 마쳤다. 2003년 작고하신 아버지가 함께 하셨던 전북대학교 영어영문학과에서 박사학위를, 2004년 California State Univ. Fresno University에서 TESOL certificate을 취득했다. 현재 전주대학교 교양학부 교수로 재직 중이다.

랠프 엘리슨(Ralph Ellison), 엘리스 워커(Alice Walker)를 비롯하여 또 한사람의 노벨문학상 수상자인 흑인여성작가 토니 모리슨(Toni Morrison)에 대한 논문을 수차례 연구, 발표해 왔다.

문화관광부 후원 하에 이루어진 〈2012 아리랑 축제〉의 한 향연으로 "세계 속의 아리랑, 문화속의 아리랑"이라는 타이틀 아래 열린 국제비교문학학회에서 본 작가의 「미국흑인영가, 블루스, 그리고 아리랑 속에 드러나는 진실과 체험의 민족이데올로기」라는 논문을 발표했다. 토니 모리슨에 관해 발표한 다른 여러 논문을 통해 흑인들의 긍정성과 화합의 이데올로기의 근간을 탐구하고 입증하고자 하였다.

2009년 KBS 라디오 클래식 음악 프로그램인 〈노래의 날개〉 중 "영화 속의 블루스 그리고 재즈"라는 코너를 이끌며 미국흑인영가와 블루스 음악의 역사적 배경과 재즈로의 변천사를 영화를 통해 소개했다. 음악과 인연이 깊어 International Sori Festival에 초대된 몇몇 연주자들의 공연에서 그들의 음악세계가 관객들에게 잘 전달될 수 있도록 통역을 하기도 했다.

세상을 향해 자유의 꽃을 피우게 한 흑인여성작가
토니 모리슨의 사색

초판 1쇄 발행일 2012년 11월 30일

지은이 김미아
발행인 이성모
발행처 도서출판 동인_서울시 종로구 명륜동2가 237 아남주상복합빌딩 118호
등 록 제1-1599호
전 화 (02)765-7145 / **팩스** (02)765-7165
이메일 dongin60@chol.com

ISBN 978-89-5506-518-3
정 가 20,000원